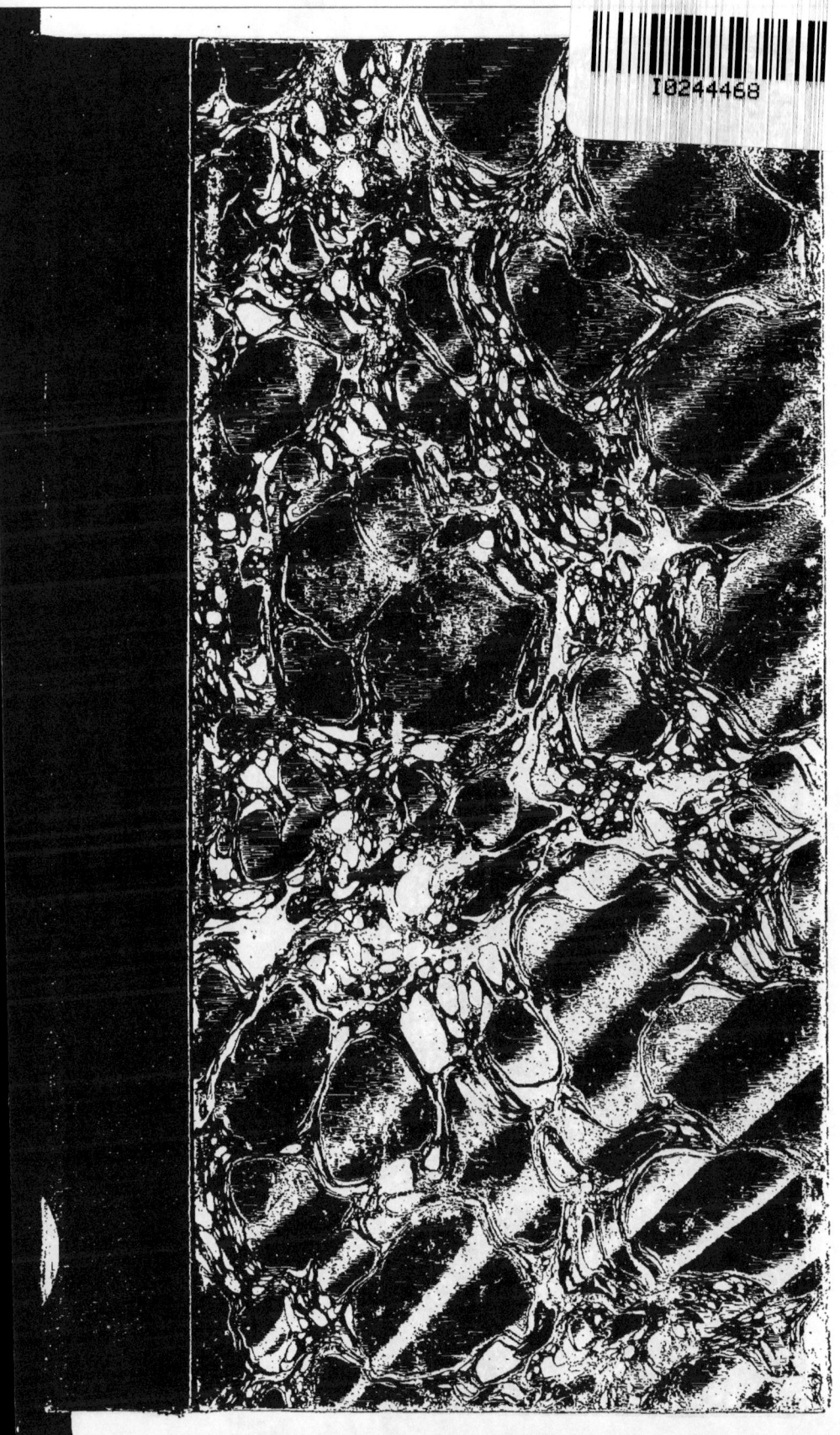

Basque
Z
187

(Vinson 51 d.)

GRAMMAIRE
DE LA
LANGUE BASQUE.

GRAMMAIRE

DE LA

LANGUE BASQUE,

D'APRÈS CELLE

DU P. Manuel de LARRAMENDI

INTITULÉE

EL IMPOSIBLE VENCIDO,

Par S.-H. Blanc.

LYON ET **PARIS.**

ANCIENNE MAISON CORMON ET BLANC,

S.-H. BLANC ET Cie, ÉDITEURS.

—

1854.

Prologue du P. LARRAMENDI.

On avait regardé comme impossible, jusqu'à ce jour, de soumettre la langue basque à une méthode et à des règles. Les ignorants n'étaient pas seuls à avoir cette opinion ; c'était aussi celle des gens instruits, des étrangers, et même des habitants des pays basques. Aujourd'hui encore, il est un grand nombre de personnes qui tiennent pour certain que *grammaire* et *langue basque* sont les termes les plus inconciliables. De semblables erreurs sont très-communes en d'autres matières. Les uns veulent que ce qu'ils n'aiment pas et ne peuvent voir soit impossible ; d'autres resserrent trop les limites du possible, les mesurant à leurs courtes vues ; d'autres enfin disent impossible ce qui demande application, étude et travail. Mais, en ce qui concerne la langue Basque, les premiers doivent actuellement modifier leur jugement, les autres reconnaître la faiblesse de leur raisonnement, et découvrir dans l'étude je dirai presque de l'omnipotence : *Labor improbus omnia vincit.* Quelle que soit l'origine de cette opinion, qu'une grammaire de la langue basque est tout-à-fait impossible, on peut se convaincre, par le fait même, de la fausseté de cette allégation, et avouer dès-lors la réalité du titre qui m'aurait d'abord fait accuser d'arrogance (1). Si on appelle impossible ce qui présente une grande difficulté, je me rends aussitôt et j'ajoute que, outre la difficulté de faire ressortir l'art de parler quelque langue que

---

(1) *El impossible vencido,* l'impossible vaincu.

ce soit, dans celle qui nous occupe, la singularité de son génie et l'absence de tout chemin frayé présentent une telle quantité de difficultés et d'obstacles, que je ne puis trouver étonnant le découragement de ceux qui auraient eu la pensée de remplir cette tâche ; épouvantés, ils ont abandonné l'entreprise. Je n'ai trouvé aucun guide pour me conduire. J'ai dû tracer un chemin pour lequel les matériaux employés d'ordinaire ont pu tout au plus me servir de points de comparaison, et cela, parce que le Basque est une langue très peu en rapport avec les autres. Que de réflexions, que d'études, que de recherches j'ai dû faire ! Combien de dialectes différents j'ai dû examiner et mettre en harmonie avec le corps de la langue commune à tous ! C'est le travail d'un grand nombre d'années, non-seulement en raison de sa difficulté, mais aussi parce qu'il n'a pu être l'objet principal de mes obligations. Le mobile qui m'a porté à entreprendre une étude si épineuse n'a pas été uniquement la jouissance d'annoblir et d'illustrer notre langue et de glorifier ainsi ma patrie. Il en est un autre plus grand et plus en rapport avec mon caractère, c'est le bien et l'utilité que tout le pays Basque doit en retirer ; telle est du moins mon espérance. Et au fait, ici cette langue est nécessaire, car l'espagnole est bien peu usitée parmi le peuple : d'un autre côté, on ignore ses beautés, sa phraséologie, sa construction variée et régulière, ou tout au moins on en sait très peu de chose. De là vient qu'ordinairement on ne prêche pas avec l'éloquence et l'efficacité dont cette langue est susceptible, et que le nombre de ceux qui s'adonnent à ce ministère est petit. On s'effraye effectivement de la difficulté d'expliquer, comme il le faudrait, la doctrine chrétienne; et il n'existe pas de livres qui puissent remplacer ce moyen important, personne n'osant les traduire d'une autre langue. Mais, possédant enfin une grammaire avec des règles fixes, et bientôt un dictionnaire que, s'il plait à Dieu, nous ferons imprimer aussi, ces inconvénients disparaissent, et les prédicateurs, les missionnaires, ainsi que messieurs les curés et toutes les personnes dévouées au bien des âmes pourront facilement remplir leur ministère. Ce que je viens de dire suffit pour ceux qui, jusqu'à présent, ont mesuré l'utilité de mon travail à leur seule préoccupation et à d'autres causes peut-être encore. Il ne me reste que quatre explications à donner aux Basques qui doivent lire cette grammaire. La première est que je n'ai pu corriger quelques défauts que je reconnais dans ce livre, par suite de mon absence du pays où j'aurais pu m'éclairer. La seconde, qu'ils ne doivent pas se borner à lire l'une ou l'autre partie de la grammaire, mais la suivre avec réflexion d'un bout à l'autre, s'ils veulent se rendre compte des règles et de leur connexité, puisque ce qui est expliqué dans la première partie dépend de la seconde et de la troisième, *et vice versa*. La troisième explication est qu'ils doivent remarquer en tout cas, que la construction ou syntaxe basque, comparée avec celle des autres langues, est subordonnée : c'est la négligence de cette observation qui a causé en partie la difficulté de former une grammaire Basque. Ainsi, dans cette phrase : *Pour celui-ci, qu'il le mange*, la préposition *pour* du datif, le pronom *celui-ci*, le relatif *qu'il* et l'article *le* qui ici est à l'accusatif, précèdent le verbe. Le Basque dit : *Jatenduenárentzat*, cette locution étant composée de différents mots, n'en présente qu'un seul. Le verbe *jaten-du* précède et renferme l'accusatif *le* ; le relatif *en* ou *ená* vient ensuite ; *jatenduená*, puis le pronom avec son article *arentzát* pour celui-ci : pour distinguer, on pourrait écrire *jaten-duén-arentzát*. Enfin, la quatrième explication est que, dans les conjugaisons transitives, spécialement du verbe neutre, j'emploie quelques traductions impropres, me servant de termes non usités, dans le seul but de démontrer toute la signification basque, et non pour les offrir comme des modèles à suivre.

GRAMMAIRE BASQUE.

PREMIÈRE PARTIE.

CHAPITRE I.

DU NOM, DE SES ARTICLES ET DE SA DÉCLINAISON.

La langue *euscára*, *escuára*, *cusquéra* ou basque ne présente aucune difficulté, aucune confusion dans la déclinaison des noms, bien que ces noms aient des terminaisons diverses. Sans s'arrêter à la variété des cas, on doit porter toute son attention sur les articles, comme dans les langues espagnole, française, etc. Toutefois, il existe deux différences que nous allons expliquer : 1° les articles, en espagnol et en français, précèdent le nom ; mais en basque, ils sont toujours postposés ou ajoutés à sa terminaison ; 2° dans les autres langues, le *singulier* et le *pluriel* se distinguent non-seulement par les articles qui diffèrent, mais aussi par l'adjonction, et souvent le changement, au pluriel, d'une ou plusieurs lettres : *l'homme*, *les hommes* ; *le cheval*, *les chevaux* ; *la oracion*, *las oraciones*. Le nom basque, au contraire, est invariable, et l'article seul établit la différence du *singulier* au *pluriel* : *Guizon-á*, *guizón-ac*. Il est vrai que l'article, bien que placé après, bien que distinct et séparé du nom, se prononce toujours comme finale ou partie du nom même : nous expliquerons ceci dans la Prosodie. L'article étant dès-lors le régulateur des noms et des pronoms, il est indispensable d'en connaître exactement le caractère et la déclinaison.

Nous parlerons ensuite du pronom et de ses articles.

§ I.

DES ARTICLES DU NOM ET DE LEUR DÉCLINAISON.

Le nom est ou appellatif ou propre ; on fait cette distinction à l'aide des articles qui marquent les cas. L'article de tous les noms appellatifs se décline ainsi :

	Singulier.		Pluriel.	
Nom.	*á, ác,*	le, la.	*ac,*	les.
Gén.	*arén, aréna,*	du, de la.	*en, ena, enac,*	des.
Dat.	*ari, aréntzat,*	au, à la, pour.	*ai, entzat,*	aux, pour les
Acc.	*á,*	le, la.	*ac,*	les.
Voc.	*ó, á,*	ô.	*ó, á,*	ô.
Abl.	*aréquin,*	avec le,— la.	*acquin,*	avec les.
	agátic,	par le, par la.	*acgatic,*	par les.
	agábe,	sans le,— la.	*acgabe,*	sans les.
	án, eán, agán,	dans le,— la.	*etan,*	dans les.

Pour plus de clarté, on remarquera que :

1º Cet article est commun à tous les noms que dans les autres langues on nomme masculins, féminins et neutres : nous en parlerons dans le dernier chapitre de cette première partie : on dit : *guizon-á,* l'homme ; *emacume-á,* la femme ; on dit aussi : *guizon on-á,* l'homme bon ; *emacumé on-á,* la femme bonne.

2º Le nominatif du singulier a deux articles : *á, ác* ; on ne doit pas les confondre. Le premier sert avec les verbes neutres et passifs : *Jaun-á dátor,* le seigneur vient ; *hume-á il da,* l'enfant est mort. Le second sert avec les verbes actifs : *jaun-ác emandit*, le seigneur me l'a donné ; *hume-ác artzendu*, l'enfant le prend. Ces deux articles reçoivent l'accent ; c'est ce qui distingue l'article *ác* du singulier, de l'article *ac* du pluriel, lequel n'a pas l'accent. Je ferai observer que l'accent basque est toujours l'accent aigu ʹ.

3° Le génitif a deux articles : le premier qui lui est propre, *arén*, signifie possession, et s'emploie avec un substantif ou un adjectif pris substantivement : *ait-arén seme-á, guizon-arén ederrá*. Le second, *aréna*, est composé du premier *arén*, et du premier du nominatif *á*, comme en espagnol *de el, de la*; et de même qu'en espagnol, on emploie quelquefois *de* et d'autres fois *de el*, ainsi, en basque, on dit parfois *arén*, dont nous avons expliqué l'usage, ou *aréna*, qui s'emploie quand le génitif de possession est seul, comme par exemple dans une réponse : *norená da? jaunaréna*; ou quand il est séparé du substantif : *aitaréna da zaldi ori*. Si le substantif est au pluriel, le génitif est *arénac* : on dit alors *aitarénac*.

4° L'accusatif est semblable au premier article du nominatif *á* et jamais au second : *edáten-det urá*, je bois de l'eau ; *itzali-núen arguiá*, j'éteignis la lumière. Il en est de même du vocatif : *agó igilic berritsu-á*; si on omet l'article postposé, on a coutume de placer alors au commencement une de ces deux voyelles, *á*, *ó* : *á guizon, ó mutil gaisto-á*.

5° Je donne quatre articles à l'ablatif, mais ce ne sont pas de simples articles, de même que ceux qui leur correspondent en français ; ce sont plutôt des particules qui correspondent aux prépositions latines et espagnoles ; nous en parlerons dans la Syntaxe.

Je fais la même observation sur les articles de l'ablatif du pluriel. Je désignerai spécialement *agábe*, en prévenant que souvent il perd l'*a* initial, soit l'article du nominatif; cela arrive dans les mêmes circonstances qui transforment l'article espagnol, *sin el*, *sin la*, sans le, sans la, en *el* et *la*, le, la. Sans pain, sans lumière, *ogui-gabé*, *argui-gabé*.

6° Parmi les articles du pluriel, on doit remarquer que *ac* du nominatif ne prend pas l'accent comme il le prend au singulier; ainsi on dit *guizon-ác* au singulier, et *guizón-ac* au pluriel. Au génitif, on trouve *en ena, enac*. Le premier sert quand vient immédiatement un autre nom : *cerú-en edertasuna*, la beauté des cieux; le second, quand le génitif est seul, ou séparé de l'autre nom qui le régit, celui-ci étant au singulier : de qui est cette maison? *norená da eche au?* des hommes, *guizón-ena*, ou *eché au da guizón-ena*. Le troisième s'emploie dans les mêmes circonstances que le second, pourvu que le nom qui régit le génitif soit au pluriel : ces maisons de qui sont-elles ? *norénac dira eché oiec?* des hommes, *guizón-enac*.

Enfin, on doit observer que cet article commun du nom est en outre pronom de la troisième personne, principalement au singulier, et qu'il correspond à l'article grec *ho, he, to*. Je dis principalement au singulier, parce que au pluriel, quand il devient pronom, il prend une syllabe de plus, comme nous le verrons plus loin. En outre, au singulier comme au pluriel, l'accentuation diffère : *aréna, aréntzat*, article; *arená, arentzát*, pronom, etc.

A l'aide de ces explications, il est très-facile de décliner quelque nom que ce soit; toutefois, nous donnerons pour exemple la déclinaison suivante :

	Singulier.		Pluriel.	
Nom.	Jaun-á, Jaun-ác,	le Seigneur.	Jáun-ac,	les Seigneurs
Gén.	Jaun-arén, -aréna,	du —	Jáun-en, -ena, -enac,	des —
Dat.	Jauna-art, Jaun-arentzat,	au —	Jáun-ai, -entzal,	aux —
Acc.	Jaun-á,	le —	Jáun-ac,	les —
Voc.	á Jaun-á,	ô —	á Jáun-ac,	ô —
Abl.	Jaun aréquin, -agátic, -agábe, agán,	avec —	Jáun-acquin, -agatic, -acgabe, -etan.	avec —

§ II.

DES AUTRES ARTICLES DU NOM.

Outre les articles que nous venons de faire connaître, le basque en a d'autres spéciaux pour tout nom appellatif; le français ni les autres langues n'ont d'équivalent. Au nominatif et à l'accusatif du singulier, le nom appellatif a deux autres articles, *ic*, *ric*, qui s'emploient souvent, surtout dans certaines locutions, et par exemple, en demandant ou niant quelque chose. Ils ne s'emploient pas indifféremment, mais d'après les règles que voici : si le nom se termine par une consonne, on prend *ic* : *mutilic eztagó*, il n'y a aucun jeune homme ; *guizonic agueri eztá*, il ne paraît aucun homme. Mais si le nom se termine par une voyelle, on ne peut faire usage que de *ric* : *badezú oguiric?* avez-vous un pain? *bururic eztú*, il n'a pas de jugement.

Le génitif a quatre autres articles qui s'emploient lorsque ce cas n'indique pas possession ; ce sont *az*, *zaz*, *z*, *ez*. Expliquons d'abord l'usage des deux premiers : *az* s'ajoute au nom, soit qu'il se termine par une voyelle ou par une consonne : *jaincoáz, oroitzen eztá*, il ne se souvient pas de Dieu ; *astú dá beré buruaz*, il s'est oublié lui-même. Le second *zaz* s'ajoute à l'article propre du génitif *arén* : *jaincoarénzas, buruarénzas*, et il a la même signification. C'est ce second article qui s'emploie au génitif du pluriel : *jáunenzas* et non le premier, puisque *jaunáz* est du singulier. *Z, ez* semblent appartenir plutôt à l'ablatif : *oguiz ase -á*, rassasié de pain ; *autsez beteá*, plein de cendre. Voici la règle de leur emploi : si le nom est terminé par une consonne, on prend l'article *ez* : *auts*, poussière, *cillár*, argent, *berún*, plomb ; *autsez, berunéz, cillaréz*. Si le nom est terminé par une voyelle, on peut employer le même article *ez*, mais l'article *z* est beaucoup plus convenable et plus usité ; il se joint à la dernière voyelle : *arri, burú, escú; arriz, burúz, escuz*.

L'article *az* s'emploie souvent aussi à l'ablatif ; il se place à la suite du nom et répond à la préposition *avec* : *espatáz, maquilláz jo-deu, il-zuen*.

Il est encore d'autres articles pour différents cas du singulier et du pluriel : ils appartiennent tous aux autres dialectes basques ; tels sont : *jaun aréndaco*, pour *jaun aréntzat*; *jaun-agaz, jaun aréqui*, pour *jaun-aréquin*; *jaun-agáiti*, pour *jaun-agátic*; *jaun-aréngatic*, pour *jaun-agátic*; *jáun-engatic*, pour *jaun-acgátic*, l'article *gátic* étant précédé du génitif du nom singulier ou pluriel ; *jaun-abágue*, pour *jaun-agabe* ou *jaun-gabe* ; au pluriel *jáun ec*, pour *jáun ac*; *jáun ci*, pour *jáun ai*. Et puisque je parle des dialectes, je veux, avant de continuer, les expliquer ici succinctement.

§ III.

DES DIALECTES BASQUES.

Le dialecte, dans une langue, n'est autre chose qu'une différence introduite par quelques personnes, mais non adoptée par toutes celles qui parlent cette langue, et en usage seulement dans tel ou tel endroit, dans telle ou telle province. De même que le grec, outre d'autres dialectes moins importants, en compte quatre principaux : le Dorien, l'Eolien, l'Ionien et l'Attique, le basque a ceux du Guipuzcoa, de la Biscaye et de la Navarre ou du Labour, dans chacun desquels on remarque souvent un mélange des autres dialectes, ce que l'on trouve surtout à Alava, qui emprunte à tous, en les syncopant et les variant plus ou moins. La différence est que les dialectes basques sont très-réguliers et raisonnés ; on croirait que l'étude, la convenance et l'opportunité y ont présidé, ce que ne présentent nullement les dialectes grecs ni ceux de beaucoup d'autres langues. Et, de même que les Grecs possèdent ce corps ou centre commun de leur langue, on le retrouve dans tous les dialectes basques. Ce centre du basque comprend tous les noms et tous les verbes pris en eux-mêmes, c'est-à-dire déclinables et conjugables, ainsi que toutes les autres parties du discours, tous les modes de l'infinitif, etc., sans différence aucune. Les dialectes se réduisent donc aux déclinaisons du nom et du pronom qui consistent dans les articles, et aux conjugaisons du verbe, qui consistent en terminaisons ou inflexions différentes ; nous les indiquerons à leur place.

Or, puisqu'on appelait *Grec* celui qui parlait un dialecte particulier, tout comme celui qui, n'étant attaché à aucun, les employait tous, de même doit-on appeler *Basque*, non-seulement celui qui parle le dialecte du Guipuzcoa ou de la Biscaye et du Labour, mais aussi et avec plus de raison celui qui se les rend tous familiers : quant à moi, je serai du nombre de ces derniers dorénavant, et je m'appuierai sur Quintilien (*Instit. Orator.*, lib. I, cap. 9, *circa finem*).

§ IV.

DÉCLINAISON DU NOM ACCOMPAGNÉ.

Les noms appellatifs, comme les noms propres, se déclinent ordinairement accompagnés ; ils sont régis par les articles du nom que nous venons de faire connaître, et sans les répéter pour chaque adjectif, s'il y en a plusieurs, mais en les plaçant une seule fois, à la suite du dernier de ces adjectifs : *guizón edér galant-á*. De même qu'en français le même article régit plusieurs noms : *l'eau claire, limpide et pure*. Voici un autre exemple pour la langue basque :

Nom. *ur garbi-á, ác.* — Gén. *ur garbi arén*, etc.
— Dat. *ur garbi-ari*, etc.

On voit par-là combien est grande l'erreur de ceux qui croient que tout nom basque se termine en *á*, erreur dans laquelle sont tombés Garibay, Echabes et beaucoup d'autres, certainement inexcusables, puisqu'ils pouvaient très-facilement s'éclairer par une infinité d'exemples et en examinant la construction basque, qui n'a au contraire qu'un bien petit nombre de noms terminés en *a*. Si à la personne qui demande la

traduction des mots *lumière, pain, main,* le Basque
répond *argui-á, ogui-á, escu-á,* cela vient de ce
que l'usage n'est pas de répondre par le nom seul,
mais en l'accompagnant de son article, qu'il perd
souvent dans la construction. Autant vaudrait dire
que tous les noms féminins français commencent
par *la*: *la main, la pierre, la tête, la simplicité,*
et tous les noms masculins par *le*: *le froid, le chaud,
le bien, le mal,* etc. Il est de fait qu'il est des gens
assez sots pour rabaisser le basque sur ce que tous ses
noms se terminent en *á*. On vient de voir le contraire, s'il est question des noms par eux-mêmes;
mais si on entend parler des articles, on sait qu'ils
ont les terminaisons variées de *á, ac, n (jaun-arén),
i (jaun-ari),* à moins que l'on ne veuille que,
dans leurs cas obliques, les noms cessent d'être des
noms. Ce serait trop d'ignorance, que de ne pas
savoir ce que sont les cas directs et les cas obliques
du nom. Mais encore le fait fût-il vrai, que peut-on
en inférer, si ce n'est l'impertinence et l'ignorance de
ceux qui en rient? Pourquoi ne pas se moquer alors
de la langue espagnole, dont tous les noms pluriels
se terminent par *s*: *los hombres, los simples, los im-
portunos,* et pourtant la langue espagnole est la plus
belle des langues.

Il est une autre objection que l'on fait contre la langue basque; pourquoi, dit-on, la construction des
phrases est-elle renversée par la postposition des articles: *ur garbi-á, burú uts-á*? Nous devrions donc
dire: *eau claire la, tête vaine la*? Quelle simplicité!
et d'où vous vient donc l'opinion que cette construction basque est renversée? Je vous dirai que, bien

au contraire, c'est votre construction française qui est à rebours. Vous le savez, les Hébreux écrivent de droite à gauche, et vous, vous écrivez de gauche à droite : quel est donc celui qui écrit à rebours? Puis, d'après cette observation, on devra retrancher du latin le *que*, *ve*, *ne*, et d'autres adverbes, bien plus, toute sa syntaxe. Si vous traduisez cette phrase : *semper enim hic homo leones inter, ursosque commoratus est*, car cet homme lions entre ours et vécu a, c'est admirable! Mais pourquoi me fatiguer à ces puérilités? *Goazén emendic.*

§ V.

DES NOMS PROPRES ET DE LEUR DÉCLINAISON.

Les noms propres de femmes suivent en tout la déclinaison commune des appellatifs avec les articles *a*, *ac*; *a* se joint à la terminaison du nom, mais sans doubler cette lettre; ainsi on dit : *Jóana, Jóanac, Jóanaren, Jóanari*, etc. Je n'ai qu'une seule observation à ajouter, celle que l'accent ne se met pas sur les articles, comme cela a lieu pour les noms appellatifs, mais on le met à l'une des syllabes du nom; c'est pour cela qu'on dit *Joanac*, et non *Jóanac*.

Les noms propres d'hommes ont deux manières, l'une pour les noms qui se terminent par une voyelle, l'autre pour ceux que termine une consonne. Pour la déclinaison des premiers avec les verbes neutres, on n'ajoute rien au nominatif; l'*o* final du nom sert d'article, comme l'*á* dans les noms appellatifs : *Pedro dátor, Pablo dirudi*; avec les verbes actifs, on ajoute pour article un *c* : *Pedroc dio, Pabloc il nau*. Dans les autres cas, on emploie l'article commun, en retranchant seulement la lettre initiale *a* : *Pédroren, Pédrori, Pédrorenzat*, etc., et l'accent reste sur le nom. Voici la déclinaison des seconds : avec les verbes neutres, la consonne finale sert d'article, sans ajouter aucune lettre : *Martin gaisto-á da, Juan il omen da* : mais si un verbe actif vient à la suite, le nominatif prend pour article *ec* : *Martinec iltzen nau, Juanéc ecarri dit*. Les autres cas prennent l'article commun réduit de moitié, en retranchant la syllabe initiale *ar* dans les cas où elle se trouve, et en retranchant l'*a* (initial) dans les autres : *Martinen, Martinena, Martini, Martinentzat*, etc. Ce que nous avons dit des noms propres s'étend aux noms de famille, basques ou non ; exemple nom basque terminé par une voyelle : *Larraméndi, Larramendic, Larramendirena* ; terminé par une consonne : *Veroiz, Veróisec, Veróizena ; Idiáquez, Idiáquezec, Idiáquezena ;* non basques : *Prado, Pradoc, Prádorena* ; terminés par une voyelle ou par une consonne : *Nuñez, Nuñezec, Nuñezena,* etc.

CHAPITRE II.

DES PRONOMS ET DE LEURS DÉCLINAISONS.

Les pronoms se divisent régulièrement en personnels, possessifs, démonstratifs, relatifs, indéfinis. Laissant de côté l'explication de ces qualifications bien connues, passons à leurs déclinaisons basques, en conservant cette division ; nous séparerons chaque classe.

§ 1.

PRONOMS PERSONNELS.

Je suppose que tous les pronoms ont au nominatif du singulier deux terminaisons ou articles qui servent aux mêmes fins que dans le nom, comme il est dit plus haut, ce ne sont pas proprement des articles, car le pronom ne les admet pas plus en basque qu'en français ; mais on va voir que les diverses terminaisons imitent les articles du nom. Je ne mettrai ni accusatif ni vocatif, parce qu'ils sont semblables à la première terminaison du nominatif.

PREMIÈRE PERSONNE.

	Singulier.		Pluriel.	
Nom.	*Ni, nic,*	je *ou* moi.	*Gu, guc,*	nous.
Gén.	*Nizás,*	de moi.	*Guzás,*	de nous.
Dat.	*Niri, neretzát,*	à, pour moi.	*Guri, guretzát,*	à, pour nous.
Abl.	*Nerequin, nigabé,*	avec moi, sans moi.	*Gurequin, gugabe,*	avec, sans nous.
	Nigatic, nigán,	par moi, en moi.	*Gugatic, gugán,*	par, en nous.

AUTRE PREMIÈRE PERSONNE SYNONYME.

Nom.	*Neu, neuc,*	je, *ou* moi.	*Gueú, gueuc,*	nous.
Gén.	*Neuzás,*	de moi.	*Gueuzás,*	de nous.
Dat.	*Neuri, neuretzát,*	à, pour moi.	*Gueuri, gueuretzát,*	à, pour nous.
Abl.	*Neurequin, neugabe,*	avec, sans moi.	*Gueurequin, gueugabe,*	avec, sans nous.
	Neugatic, neugán,	par, en moi.	*Gueugatic, gueugán,*	par, en nous.

Bien que le nom ait deux articles au génitif, les pronoms n'ont que celui que j'y mets, et la raison en est que les pronoms ne peuvent pas signifier possession au génitif comme les noms. Les dialectes font, au génitif : *Nitáz, neutáz* ; datif *neretaco, neuretáco;*

ablatif *nerequi, nigáz, nigaiti*; tant au singulier qu'au pluriel.

<table>
<tr><td colspan="3">2ᵉ PERSONNE.
Singulier.</td><td colspan="3">Autre 2ᵉ personne synonyme.
Singulier.</td></tr>
<tr><td>Nom.</td><td>*Hi, hic,*</td><td>toi.</td><td>*Eu, euc,*</td><td></td><td>toi.</td></tr>
<tr><td>Gén.</td><td>*Hizás,*</td><td>de toi.</td><td>*Euzás,*</td><td></td><td>de toi.</td></tr>
<tr><td>Dat.</td><td>*Hiri, hiretzát,*</td><td>à, pour toi.</td><td>*Euri, euretzát,*</td><td></td><td>à, pour toi.</td></tr>
<tr><td>Abl.</td><td>*Hirequin, higabe,*</td><td>avec, sans toi.</td><td>*Eurequin, eugabé,*</td><td></td><td>avec, sans toi.</td></tr>
<tr><td></td><td>*Higatic, higán,*</td><td>par, en toi.</td><td>*Eugatic, eugán*</td><td></td><td>par, en toi.</td></tr>
</table>

Ces deux pronoms prennent le pluriel du suivant.

DEUXIÈME PERSONNE MOYENNE.

<table>
<tr><td colspan="3">Singulier.</td><td colspan="3">Pluriel.</td></tr>
<tr><td>Nom.</td><td>*Zu, zuc,*</td><td>toi.</td><td>*Zúec,*</td><td></td><td>vous.</td></tr>
<tr><td>Gén.</td><td>*Zuzás,*</td><td>de toi.</td><td>*Zúenzas,*</td><td></td><td>de vous.</td></tr>
<tr><td>Dat.</td><td>*Zuri, zuretzat,*</td><td>à, pour toi.</td><td>*Zúei, zúenzat,*</td><td></td><td>à, pour vous.</td></tr>
<tr><td>Abl.</td><td>*Zurequin, zugabé,*</td><td>avec, sans toi.</td><td>*Zúecquin, zúecgabe,*</td><td></td><td>avec, sans vous.</td></tr>
<tr><td></td><td>*Zugatic, zugan,*</td><td>par, en toi.</td><td>*Zúecgatic, zúetan,*</td><td></td><td>par, en vous.</td></tr>
</table>

Ce même pronom admet à tous ses cas un *e*, que l'on place ainsi : *Zeu, zeuc, zeuzás,* etc.

Remarque. — Bien que ces deux pronoms de la seconde personne, *hi, hic, eu, euc,* soient synonymes et équivalents, *zu, zuc, zeu, zeuc* ne sont point synonymes comme les deux précédents; il existe au contraire entr'eux une différence d'un bel effet, qui ne se trouve dans aucune autre langue. Ainsi, les deux pronoms, *hi, hic, eu, euc* s'emploient d'une manière plus familière, moins polie; l'article *zu, zuc,* ou *zeu, zeuc,* tient le milieu entre le *vous* et le *tu* français; il n'est ni aussi poli que le premier, ni aussi familier que le second, bien qu'il se rapproche davantage de la politesse du premier, au point que, dans le Labour, on emploie le pronom *zu* pour correspondre au *vous* français. Cette différence remarquable dans les pronoms s'étend également aux secondes conjugaisons des verbes, comme on le verra plus loin.

TROISIÈME PERSONNE.

	Singulier.			Pluriel.	
Nom.	*A, ac,*	celui-là, celle-là.	*Aiec,*		Ceux, celles-là.
Gén.	*Arená, azás,*	de celui-là.	*Aiena, aienzas,*		de ceux-là.
Dat.	*Ari, arentzat,*	à, pour—.	*Aiei, aienzat,*		à, pour —.
Abl.	*Arequin, agabe,*	avec, sans celui-là.	*Aiequin, aiecgabe,*		avec, sans ceux-là.
	Agatic, agán,	par, dans celui-là.	*Aiecgatic, nietan,*		par, dans ceux-là.

Ce pronom a deux génitifs, parce qu'il admet celui de possession : cette maison est de celui-ci : *eché au arená da*; et par cette raison, il a aussi le pronom *zu, zúena*; si l'objet possédé est au pluriel, *arénac, zúenac*.

Les dialectes de ce pronom sont, outre les précédents, au singulier : N. *hurá,* arc. G. *arzás.* AB. *argatic, argán, huragabe.* Au pluriel, il perd l'*i* dans tous ses cas : *áec, áena, áentzat,* etc. *ec, hec,* ceux-ci; *hei,* à ceux-ci; *henzas,* de ceux-ci; *hequien,* pour *aien,* etc.

§ II.

PRONOMS POSSESSIFS.

Les pronoms possessifs basques sont : *nerc-á, neure-á,* mon, mien, à moi; *hire-á, eure-á,* ton, tien, à toi, plus familier; *zure-á, neure-á,* ton, tien, à toi, plus poli; *bere-á,* son, sien, à lui; *gure-á, geure-á,* nôtre, à nous. Tous ces pronoms, quand ils sont seuls, se déclinent avec les articles communs du nom : *nereá, nereác, nerearéna,* etc. Je dis quand ils sont seuls, ce qui n'arrive que dans les questions et les réponses, alors que le substantif vient d'être exprimé : *norénac dira?* à qui sont-ils? *neréac,* à moi. Mais ordinairement dans

DES PRONOMS.

la phrase, ils sont accompagnés d'autres noms qui ont les articles postposés : *neré, aitá, nere, aitaréna*, etc.

PRONOMS DÉMONSTRATIFS.

Le basque en a de deux sortes : les uns, communs aux autres langues, d'autres, qui lui sont particuliers. Les communs sont :

	Singulier.		Pluriel.	
Nom.	*Au, onéc,*	celui-ci, celle-ci, cela.	*óiec,*	ceux-ci, celles-ci.
Gén.	*Onend, onenác, onézas,*	de celui-ci.	*óiena, óienac, óienzas,*	de ceux-ci.
Dat.	*Oni, oneuzát,*	à, pour —.	*óiei, óientzat,*	à, pour —.
Abl.	*Onequin, augabe,*	avec, sans celui-ci.	*óiequin, óiecgabe,*	avec, sans ceux-ci.
	Onegatic, onegán,	par, dans celui-ci.	*óiecgatic, óietan,*	par, dans ceux-ci.

Ce pronom, comme les suivants, a trois génitifs : les deux premiers indiquent possession, l'un quand l'objet possédé est au singulier, l'autre quand il est au pluriel. Les dialectes, outre ceux donnés plus haut, sont : *au, auc ; haur, hunec,* en changeant l'*o* initial en *hu* dans tous les cas du singulier, et de même en retranchant l'*i* dans tous les cas du pluriel : *óec, oena, óei,* etc.

	Singulier.		Pluriel.	
Nom.	*Ori, orrec,*	ce, cette, cela.	*Ortec,*	ces, cette.
Gén.	*Orrend, orrenác, orrenzás*	de —.	*Ortena, ortenac, órienzas*	de —.
Dat.	*Orri, orrentzát*	à, pour —.	*Ortei, ortentzat*	à, pour —.
Abl.	*Orrequin, origabé,*	avec, sans —.	*Ortecquin, ortecgabe,*	avec, sans —.
	Orregatic, orregán,	par, dans —.	*Oriecgatic, ortetan,*	par, dans —.

Les dialectes, comme aux pronoms personnels. Ce pronom *ori, orréc,* comme le précédent, a une autre terminaison commune en *se* ou *xe* avec la *x* latine, et en *chec*, dont l'addition rend le pronom un peu plus démonstratif, comme si nous disions celui-ci même, celui-là même. Pour connaître mieux leur emploi, voici la déclinaison entière de ces deux pronoms.

	Singulier		Pluriel	
Nom.	Auxe onechéc,	celui-ci, celle-ci même.	óiechec,	ceux-ci, celles-ci.
Gén.	Onenchená, onechenzás,	de —.	óiechena, otechenas,	de —.
Dat.	Onixé, onenchentzat,	à, pour —.	óieixe, óiechentzat,	à, pour —.
Abl.	Onequinche, auxegabe, Onexegatic, oneganche,	avec, sans —. par, dans —.	óiequinche, óiechecgabe, óiechecgatic, oiechetan,	avec, sans —. pour, dans —.
Nom.	Orixé, orrechéc,	celui-là, celle-là même.	Ortechec,	ceux-là, celles-là même.
Gén.	Orrenchena, orrenchenzás,	de—.	Ortechena, ortechenzas,	de —.
Dat.	Orrixé, orrechentzát,	à, pour —.	Orteixe, ortechentzat,	à, pour —.
Abl.	Orrexegátic, orrexegán, Orrequiuche, orixegabe,	avec, sans —. par, dans —.	Ortecquinche, ortechecgabe, Ortechecgatic, ortechetan,	avec, sans —. par, dans —.

Comme la prononciation de *xe* ressemble beaucoup à celle de *che*, l'usage a introduit *che* pour *xe*, et souvent le contraire, soit en prononçant, soit en écrivant. On donne aussi cette terminaison au pronom de la troisième personne : *axé, huraxé, archéc, arixé, óiechec*, etc.

Il est un autre pronom démonstratif : *berá*, le même, la même ; on doit le distinguer de *berad*, doux, et de *beerá* ou *beherá*, en bas ; mais comme sa déclinaison est en tout conforme à celle du nom, et avec les mêmes articles, nous ne la donnons pas à part. Avec ce pronom et les deux *au onec, ori orréc*, on forme deux autres démonstratifs particuliers, *berau, beronéc, berori, berorréc*, dont nous allons parler.

DES PRONOMS.

Les pronoms démonstratifs particuliers au basque sont en raison de la diversité des personnes, et correspondent à ceux qui, en français, se forment avec le mot *même*, et en latin, avec *ille ego, ipse ego, ego me, tu me*, etc.

	Singulier.		Pluriel.	
Nom.	Nerau, neronéc,	moi-même.	Gueroc,	nous-mêmes.
Gen.	Neronena, nerenenzás,	de —.	Guérena, guérenzas,	de —.
Dat.	Neront, neroréntzat,	à, pour —.	Guéroi, gueréntzal,	à, pour —.
Abl.	Neronéquin, neraugabe,	avec, sans —.	Guérocquin, guérocgabe,	avec, sans —.
	Neronegatic, neronegán,	par, dans —.	Guérocgatic, gueregán,	par, dans —.

	Singulier.	
Nom.	Herort, herorrec,	toi-même.
Gen.	Herorrená, herorrenzas,	de —.
Dat.	Herorrt, herorrentzat,	à, pour toi.
Abl.	Herorrequin, herorigabe,	avec, sans toi.
	Herorregatic, herorregan,	par, dans toi.

	Singulier.		Pluriel.	
Nom.	Cerori, cerorrec,	toi-même.	Zuec, ceroc,	vous mêmes.
Gen.	Cerorrená, cerorrenzás,	de —.	Cérena, cérenzas,	de —.
Dat.	Cerorri, cerorréntzat,	à, pour —.	Céroi, céréntzat,	à, pour —.
Abl.	Cerorrequin, cerorigabe,	avec, sans toi.	Cérocquin, cérocyabe,	avec, sans —.
	Cerorregatic, cerorregan,	par, dans toi.	Cérocgatic, cérocgan,	par, dans —.

Dans ce pluriel, *cérena, cérenzas, cérentzat* se distinguent par l'accent du singulier du pronom relatif *cer*, que l'on trouvera plus loin, et qui se prononcent *cerená, cerenzás, cerenzát*, avec l'accent sur la dernière syllabe.

Il y a deux autres pronoms démonstratifs, dont nous avons fait mention un peu plus haut; ce sont : *berau, beronéc*, celui-ci même ; et *berori, berorréc*, celui-là même; mais le premier se décline en entier comme le pronom *au onec*; le second se décline comme *ori orréc* au singulier. Voici son pluriel :

	Singulier.		Pluriel.	
Nom.	*Béroc*,	ceux-ci, ceux-là mêmes.	*Éuroc*,	ceux-ci, ceux-là mêmes.
Gen.	*Bérena, bérenzas*,	de —.	*Éurena, éurenzas*,	de —.
Dat.	*Béroi, bérentzat*,	à, pour —.	*Éuroi, éurentzat*,	à, pour —.
Abl.	*Bérocquin, berocgabe*,	avec, sans —.	*Éurocquin, éurocgabe*,	avec, sans —.
	Bérocgatic, béretan,	par, dans —.	*Éurocgatic, éuretan*,	par, dans —.

Les dialectes de ces pronoms sont comme les précédents.

Remarque. Ce pronom *berori, beroréc* au singulier, et *béroc, éuroc* au pluriel, a une autre signification particulière; elle correspond à *vous* du français; ainsi on dit: *berori datór*, vous venez; *berorrec il nau*, vous m'avez tué, et dans ce sens, on emploie la même déclinaison.

Ce pronom est-il de la seconde ou de la troisième personne? Ce doute naîtrait 1° de ce que nous employons ce pronom en interpelant et dans les mêmes circonstances qui nous font employer le pronom *tu*; 2° de ce que, soit en latin, soit en français, il n'a pour correspondant que le pronom de la seconde personne, donc il serait aussi de la seconde personne. Mais, d'un autre côté, avec le verbe, on lui donne l'emploi de la troisième personne : *berori dator*, vous venez; il ne saurait donc être de la seconde personne.

Je réponds que, dans ce sens, le *berori* basque et le *vous* français sont des pronoms de la troisième personne; aussi et fort à propos, l'usage ou la réflexion leur ont donné pour correspondants avec le verbe les inflexions de la troisième personne. Le motif en est que le respect et la politesse ont inventé différents titres et des formules, selon la qualité des personnes, non en tant qu'elles sont hommes, puisqu'en cette acception tous sont égaux, mais en tant qu'elles sont revêtues de quelque emploi, dignité, prééminence, grade, etc. Ces titres dont les personnes se revêtent sont tout-à-fait distincts et appartiennent à la troisième personne.

De là vient que lorsque nous donnons à quelqu'un ces titres et formules, nous employons le verbe à la troisième personne, et non à la seconde. On voit cela bien clairement dans les formules composées : *Votre Majesté, Votre Eminence*, etc. Il en est de même des formules simples, *Vous*, par exemple ; car lorsque nous traitons les autres avec ce respect ou cette politesse, nous ne prenons pas pour régime du verbe ce qui leur revient par leurs titres, dignités, etc. Or, comme ils prennent la troisième personne et non la seconde, le pronom est donc bien de la troisième personne et non de la seconde. Je crois avoir bien expliqué ainsi pourquoi *berori* est de la troisième personne, quoiqu'il s'emploie dans les mêmes circonstances que les pronoms de la seconde.

§ IV.

PRONOMS RELATIFS.

Les relatifs basques prennent différentes formes et terminaisons; nous les établirons dans la Syntaxe. Ne parlons ici que des pronoms dits *relatifs*.

	Singulier.— Pluriel.	Singulier.—Pluriel.
Nom.	Nor, norc, qui.	Cein, ceiñec, qui, quel, lequel, laquelle, lesquels.
Gen.	Norená, norenác, norzás, de qui.	Ceiñená, ceinenác, ceinzás, de —.
Dat.	Nóri, norentzát, à, pour qui.	Ceiñi, ceiñentzat, à, pour —.
Abl.	Norequin, norgabe, avec, sans qui. Norgatic, norgán, par, dans qui.	Ceiñequin, ceingabe, avec, sans —. Ceingatic, ceingan, par, dans —.

Singulier et Pluriel.

Nom.	Cer, cerc,	que, quoi, quelle chose.
Gen.	Cerená, cerenác, cerzás,	de —.
Dat.	Cert, cerentzát,	à, pour —.
Abl.	Cerequin, cergabe, Cergatic, certan.	avec, sans —. par, dans, en —.

Ces trois pronoms sont interrogatifs, et n'ont qu'une inflexion pour le singulier et le pluriel : on dit aussi bien *nor da*, qui est-il ? que *nor dirá*, qui sont-ils ? *cein da*, quel est-il ? que *cein dirá*, quels sont-ils ? *cer da*, qu'est-ce ? *cer dirá*, que sont ?

On remarque, au génitif de ces pronoms : 1° que s'ils sont accompagnés d'autres noms, ce sont ces derniers qui prennent l'article *a*, *ác* : *noren escu-á, ceñén buru-á* ; 2° que si le nom auquel le pronom se rapporte est au singulier, on accentue *ác* : *jaunarén zaldi-ac, norenác?* Mais s'il est au pluriel, l'accent se met sur l'*é* pénultième ; *norénac* ; 3° que ces génitifs *norzás, ceinzás, cerzás* font aussi *norenzás, ceiñenzás, cerenzás*, spécialement en parlant au pluriel.

Les dialectes sont les mêmes que ceux communs aux pronoms qui précèdent : Dat. *Norendaco, ceñendaco, cerendaco* : Abl. *Norgáz, ceingáz, cergáz* et *nogáz.* — *Norgaiti, ceingaiti, cergaiti.*

Le pronom relatif qui, comme tel, lie un discours à

DES PRONOMS.

un autre, est *ceiña*, *cciñac*, dont nous ferons connaître l'emploi dans la Syntaxe. Il se décline en tout comme le nom, *ceñaren*, *ceiñari*, *cciñarentzat*, etc. Voyez, dans la Syntaxe, sa construction quand il se joint à un nom.

§ V.

PRONOMS INDÉFINIS.

Des trois pronoms que nous venons de citer, procèdent les dérivés indéfinis : *iñór*, *nihór*, *edocein*, *ecér*. Les deux premiers sont synonymes ; *iñór*, *nihór*, quelqu'un, quelqu'une, et si, dans le discours, se trouve la négation *ez*, ils signifient alors aucun, aucune, personne : *Nihór ez dator*, il ne vient personne ; *nihórc ez dic*, personne ne le dit. *Edocein*, quelqu'un, *ecér*, quelque chose, n'ont pas de pluriel, et leur déclinaison est en tout conforme à celle de leurs primitifs.

Singulier.

Nom.	*Iñor, iñorc,*	quelqu'un, —e.
Gen.	*Iñorén, iñorzás,*	de —.
Dat.	*Iñort, iñorentzat,*	à, pour —.
Abl.	*Iñorequin, iñorgabe,*	avec, sans —.
	Iñorgatic, iñorgán,	par, dans —.

On décline de même *Nihór, nihórc.*

Singulier.   Singulier.

N.	*Edocéin, edoceiñec,*	quelqu'un, —e.	*Ecér, ecérc,*	quelque chose.
G.	*Edoceiñén, edoceinzás,*	de —.	*Ecerén, ecerzás,*	de —.
D.	*Edoceiñt, edoceiñentzat,*	à, pour —.	*Eceri, ecerentzát,*	à, pour —.
A.	*Edoceiñequin, edoceingabe,*	avec, sans —.	*Ecerequin, ecergabe,*	avec, sans —.
	Edoceingatic, edoceingan,	par, dans —.	*Ecergatic, ecergán,*	par, dans —.

2

Singulier.	Singulier.	Pluriel.
N. *Báta, bátac,* l'un, e.	*Bát, batéc,* un, e.	*Bátzuec,* les uns, quelques-uns, es.
G. *Bátaren, bátarenzas,* de l'—.	*Baten, batend, batenzás,* d'—.	*Bátzuen, bátzuena, batzuenzas.* des —.
D. *Bátari, bátarentzat,* etc., avec les articles du nom.	*Batt, batentzát,* à —.	*Bátzuei, bát-à,* pour —.
	*Batequin, bat-*gabe, *-*ayec, sans —.	*Bátzuequin, bát-*avec, *zuecgabe,* sans —.
	*Bategatic, bate-*gán, par, dans —	*Bátzuecgatic,* par, *bátzuetan,* dans —

	Singulier.	
Nom.	*Norbait, norbaitéc,*	quelqu'un, e.
Gen.	*Norbaitén, norbaitena, norbaitenzás,*	de —.
Dat.	*Norbaiti, norbaitentzat,*	à, pour —.
Abl.	*Norbaitequin, norbaitgabe,*	avec, sans —.
	Norbaitegatic, norbaitegan,	par, dans —.

On décline de la même manière *cerbait, cerbaitéc,* quelque chose : *cembait, cembaitéc,* ou *ceimbat, ceimbatéc,* combien au pluriel. *Cembát,* combien au singulier et au pluriel : *cembát da ori?* combien cela ? *cembat datoz,* combien en vient-il ? *Cembatác,* féminin pluriel, ne sert que pour s'informer de l'heure : *cembatac dirá?* quelle heure est-il ? (combien d'heures sont). Dans les autres cas, ils suivent la déclinaison de *but, batéc.*

	Singulier.		Singulier.	
Nom.	*Bacoitzá, bacoitzác,*	chacun, chacune.	*Beste d, besteac,*	autre.
Gen.	*Bacoitzaren, bacoitzarenzás,*	de —.	*Bestearen, bestearenzás,*	d' —.
Dat.	*Bacoitzari,* etc. avec les articles communs du nom. On dit de même *Bacochá, bacochác.*		*Besteari,* etc., avec les articles du nom. De même *Berceá, berceác,* l'autre.	

Au pluriel, ils suivent aussi la déclinaison du nom.

Les dialectes sont comme aux pronoms précédents.

§ VI.

DES NOMS DE NOMBRE CARDINAUX ET ORDINAUX.

Bat.	1	Amábi,	12	Ogueitabi, etc.	22
Bi,	2	Amairu,	13	Berroguei,	40
Hirú,	3	Amalau,	14	Hiruroguei,	60
Lau,	4	Amabost,	15	Lauroguei,	80
Bost,	5	Amasei,	16	Eun,	100
Sei,	6	Amazazpi,	17	Berreun,	200
Zazpi,	7	Amazortzi,	18	Hirureun, etc.	300
Zortzi,	8	Emeretzi,	19	Millá,	1000
Bederatzi,	9	Oguei,	20	Birmillá,	2000
Amár,	10	Ogueitabat,	21	Hiru millá, etc.	3000
Amaicá,	11				

Il existe des dialectes pour quelques-uns de ces nombres : *hirúr*, *laur*, *borz*, *ogoi*, *ogoitabat*, etc., *bieun*, *birreun*.

La déclinaison des nombres cardinaux nécessite quelques remarques et des observations sur leur emploi : en français, ils ne prennent l'article que devant les dates et les quantièmes du mois : *le 21 janvier, jour de deuil*. Le basque le prend également dans ces mêmes cas et aussi devant les heures : *etorri ciran guizon bi : cembátac dira? cer ordú da? bederátziac, amárrac*. En parlant de *bát*, un peu plus haut, nous avons fait la distinction des deux cas dans lesquels il s'emploie sans article ou avec l'article ; dans le premier, on dit *báta*, *bátac*; dans le second, *bat*, *batec*. Pour les autres, les déclinaisons suivantes serviront de règle.

	Sans article.		Avec l'article.	
Nom.	*Bi, bic,*	deux.	*Biac,*	les deux.
Gen.	*Birená, bizás,*	de —.	*Biena, bienzas,*	des —.

DAT. *Birt, birentzat*, à, pour deux. *Biai, bientzat*, à, pour les deux.
ABL. *Birequin*, *bi-* avec, sans —. *Biacquin, biacgabe*, avec, sans les —.
Biyatic, bigán, par, dans —. *Biacgatic, bietan*, par, dans les —.

  La différence consiste en ce que les nombres cardinaux basques qui se terminent par une voyelle prennent un *c* au second nominatif, quand il ne doit pas recevoir l'article : *bi, bic ; hirú, hirúc ; zazpi, zazpic ;* mais ceux qui se terminent par une consonne prennent *ec : bat, batéc ; bost, bostéc ; amár, amarréc :* toutefois, cette terminaison *ec* s'ajoute quelquefois aussi à ceux qui se terminent par une voyelle.

  Cette différence que présentent les nombres cardinaux, se fait également sentir aux noms dont ils sont accompagnés ; en sorte que, si le nombre cardinal basque ne demande pas l'article, le nom prend un *c*, s'il se termine par une voyelle, et *ec*, s'il se termine par une consonne : cent anges te portent, *eun Ainguerúc eraman-azatela ;* dix hommes me mènent, *amár guizonéc nácarte :* cette règle se rapporte aux verbes actifs. Mais si le nombre cardinal basque demande l'article, le nom doit, en ce cas, prendre *ac :* les quatre hommes, *lau guizonac,* etc.

  On doit remarquer, en outre, que souvent les nombres cardinaux deviennent démonstratifs ou *démontrés*, principalement au nominatif et à l'accusatif ; alors ils prennent la terminaison *oc :* nous allons nous deux, *góazen bioc ;* venez vous trois, *atózte hirúroc.* Cette énergie particulière des nombres cardinaux passe aussi aux noms : *zoázte gucioc* ou *gustioc*, allez vous-en tous ; *guizónoc joango-guera*, nous irons nous les hommes.

ORDINAUX.

Ces nombres se forment en ajoutant à la fin du nombre cardinal cette terminaison *gárren* : *bigárren*, second ; *hirugárren*, troisième ; *laugárren*, quatrième, etc., et ils se déclinent avec les articles du nom, comme *bigarrena, bigarrenac. Batgárren* est moins usité seul qu'accompagné d'un autre nombre : vingt-unième, *ogueitabátgarren;* lorsque celui qui correspond au premier est seul, on dit communément *lenengoa, lenengo, lenvicico, lendavicicoa.*

Nous renvoyons à la Syntaxe et à la Prosodie, pour ce qui concerne l'emploi et l'accentuation des noms de nombre.

CHAPITRE III.

DE LA CONJUGAISON DES VERBES A L'INDICATIF.

L'harmonie du basque est si grande dans ses conjugaisons ; leur variété, leur disposition si admirables, que l'on ne saurait imaginer rien de mieux en ce genre. Les autres langues ont une grande quantité de conjugaisons, mais peu d'ordre ; une grande variété, mais quelque confusion et peu d'à-propos ; beaucoup de racines, mais peu de fidélité dans leur emploi. Je pourrais citer encore d'autres défauts qui prouvent souvent le jeu du hasard dans la formation ou dans l'accroissement progressif de ces langues. Le basque, au contraire, présente beaucoup d'ordre dans le grand nombre de ses conjugaisons, une grande variété, et en même temps clarté et convenance parfaites ;

peu de racines, mais fixes, sûres, et fidèlement suivies, toutes choses qui prouvent clairement une sagesse et un génie admirables chez ses auteurs. Mais comme ces perfections sont suffisamment établies dans ce qui a été dit plus haut, et qu'elles seront successivement présentées dans le cours de cette Grammaire, nous nous occuperons seulement des principes généraux et nécessaires pour coordonner les conjugaisons et leurs modes divers. Je ferai remarquer que, bien que je sois en désaccord sur beaucoup de locutions des grammairiens pour la division, la nature, les propriétés des verbes et des noms, de leurs temps et de leurs modes, je suivrai cependant l'usage ordinaire des autres grammaires et de leurs auteurs. Je classerai donc les verbes basques en verbes actifs, passifs et neutres, réguliers et irréguliers.

§ I.

LES CONJUGAISONS RÉGULIÈRES BASQUES SONT TOUTES COMPOSÉES ET NON SIMPLES.

Dans une langue, la conjugaison du verbe peut être simple et composée. La conjugaison simple est celle dont les inflexions sont d'un seul mot: composée, elle est formée de deux ou plusieurs mots. Voici quelques explications. Toutes les conjugaisons, en latin, sont simples; aucune n'est composée, puisque chaque inflexion de ses verbes, en quelque temps que ce soit, s'exprime par un seul mot: *Lego, legis, legit*; *legebam, legebas, legebat*; *legi, legisti, legit*, et ainsi de tous les autres temps. Les langues dérivées du latin ont des conjugaisons mixtes, c'est-à-dire en partie simples et en partie composées. En français, par exemple, l'indicatif a pour temps simples le présent, *je lis, tu lis, il lit*; l'imparfait, *je lisais, tu lisais, il lisait*; l'un des prétérits, *je lus, tu lus, il lut*; le futur, *je lirai, tu liras, il lira*. Mais les autres temps sont composés : *j'ai lu, tu as lu, il a lu*; *j'eus lu, tu eus lu, il eut lu*; *j'aurai lu, tu auras lu, il aura lu*. Au subjonctif, les temps simples sont : le présent, *que je lise, lises, lise*; l'imparfait, *que je lusse*, etc. Les autres temps sont composés.

Revenant donc aux conjugaisons régulières du basque, je dis qu'elles sont toutes composées, puisque toutes leurs inflexions sont formées de deux ou trois mots. Elles comprennent deux genres de dictions : les unes sont les différents modes de l'infinitif, et les autres sont les terminaisons du verbe ; de la combinaison variée de ces dictions, résulte la différence des temps. *Ján, játen, jangó* sont divers modes de l'infinitif; *det, dot, dut, ditut, dódaz, tút* sont les terminaisons, et les temps sont *jaten det, dot, dut, jaten dézu, dozu, dúzu*; *jaten ditut, dodaz, tút, jaten dituzu, dozuz, tuzu,* tel est le présent, sans variation du mode infinitif *játen*. Avec les mêmes terminaisons ajoutées à un autre mode de l'infinitif, on forme le prétérit : *jan det, dot, dut*; *jan ditút, dodaz, tút*. Et enfin, à l'aide des mêmes terminaisons et un autre mode de l'infinitif, on fait le futur: *jango det, dot, dut,* etc. Il en est ainsi de tous les autres temps dont aucun n'est simple, je le répète. Ce mode de conjugaisons composées, meilleur parce qu'il expose moins aux erreurs, plus clair, puisqu'il présente plus de facilité à distinguer et à préciser, donne à la langue basque l'avantage précieux de la ponctualité et de l'harmonie. Quant aux verbes irréguliers, ils sont tous simples sans exception, soit actifs, soit neutres. Parmi les actifs, on trouve *dacart, dacarc, dacan, dacarzu,* etc.; dans les neutres, *nator, ator, zatoz, dator, gatoz,* etc. Du reste, ce que j'ai dit de la conjugaison des verbes réguliers s'applique également aux verbes actifs et aux verbes neutres.

J'infère de ce que je viens de dire que le français et les autres langues tirées du latin en ont imité et y ont puisé la conjugaison des temps simples, mais que de même ils ont imité du basque et y ont puisé la conjugaison des temps composés. C'est donc dans le basque qu'on doit chercher leur origine en ce point, et en beaucoup d'autres. La preuve est facile; le français a imité ces temps composés, puisqu'il les a trouvés formés dans quelque langue, ne les trouvant ni dans le latin, ni dans le grec, qui ne les ont pas; c'est donc à la langue basque qu'il les emprunta, puisqu'elle les possède et prouve une origine plus ancienne. Cette conséquence fait ressortir, de l'aveu de tout le monde, me semble-t-il, l'invraisemblance du recours à une autre langue. Nous ne suivrons pas le P. Larramendi dans tout ce qu'il dit pour prouver que le français, l'espagnol et l'italien ont tiré leurs temps composés du basque; ces trois langues possèdent assez de richesses et de titres de gloire : elles ne peuvent perdre à laisser leurs rayons se refléter sur leurs devancières.

§ II.

MODES DE L'INFINITIF ET LEUR FORMATION.

Les conjugaisons du verbe étant composées, il est nécessaire de faire connaître leurs différentes parties, c'est-à-dire les modes de l'infinitif et les terminaisons: nous les donnerons dans leur ordre. Nous prendrons pour exemple un verbe actif, en prévenant que les règles sont les mêmes pour le verbe neutre.

Infinitif du verbe *Jan.*

PRES.	*Jan, játea,*	manger, mangé.
PRET.	*Jan izán,*	avoir mangé.
PART. PRES.	*Játen,*	mangeant.
PART. FUT.	*Jangó, jánen,*	celui qui doit manger.
FUT.	*Jan bedr,*	devoir manger.
Gerund. Genit. et Dat.	*Játeco,*	de et pour manger.
Gerund. Acc.	*Játera,*	à manger.
Part. pret.	*Janá,*	mangé.
Ablat. absol.	*Janic,*	ayant mangé.

Avant d'expliquer ces modes, je ferai préalablement quelques remarques. J'ai déjà insinué que je n'approuve pas une grande partie des noms que les grammairiens ont donnés à ces modes, mais que je m'abstiens de les changer, puisqu'on les nomme ainsi en latin.

Le présent de l'infinitif a deux manières : *jan* et *játea*; le premier sert indifféremment comme participe prétérit ou présent infinitif. Le second ne sert qu'au présent. L'élasticité du premier est manifeste dans ces exemples : *naidet jan*, je veux manger; *albadet jan*, si je peux manger; voici bien le présent de l'infinitif: mais dans *jan naute*, ils m'ont mangé ; *jan aituzte*, ils t'ont mangé, on voit le participe du prétérit. Il en est de même des autres verbes : *izan, izandú, izatú* (être); *izán nindeque*, je pouvais être; *izan naiz*, j'ai été.

Dans tous les verbes réguliers et dans tous les temps où entre ce mode de l'infinitif, il est participe prétérit et a un correspondant en français. Au contraire, quand il accompagne un verbe irrégulier, il est au présent de l'infinitif, comme aussi lorsqu'il est en dehors de la construction et quand il est seul : *Jan, edán, ecarrí ezatú*. La raison en est que *janá*, qui correspond au participe mangé, est déjà nom adjectif et déclinable, l'*a* final est l'article commun du verbe ; ainsi *janá* signifie *le mangé*. Et de même que le participe actif français n'est pas déclinable en tant que participe, et qu'il n'admet pas de genres distincts, puisqu'on dit également *l'homme a mangé*, *la femme a mangé*, de même le basque laisse indéclinable ce mode de l'infinitif, et lui ôte dès-lors l'article. V. la Syntaxe, au chapitre du *Verbe*.

Voici donc le prétérit de l'infinitif *jan, izán*, ou *jan-izatú, izandú* bien défini. Quoique ces deux manières paraissent être l'une et l'autre présent de l'infinitif, elles n'en sont que le prétérit, comme nous l'avons expliqué. Le participe présent *jaten* est indéterminé comme le *manducans* latin : pour le fixer, le latin ajoute *sum* ou *eram*; le basque dit *játen nuen*. Le participe futur *jangó, jánen*, est indéterminé, comme le futur en *rus* du latin, qui se fixe par les terminaisons : *jangó-det, jangó-nuen, jangó-nuque* ; *janen-dut, janen-dizut*. Les autres modes de l'infinitif ne donnent occasion à aucune remarque. Nous parlerons, dans la Syntaxe, de leur caractère et de leur construction.

La formation de tous ces modes est fixe, certaine et facile : leur forme et leurs racines sont au nombre de deux et consistent dans la lettre finale de l'infinitif indéterminé et absolu. Le présent de l'infinitif absolu se forme ainsi : si l'infinitif se termine par une consonne, on change cette consonne en *tea* : *jan, játea* ; *edan, edátea* ; *emán, emátea* ; *joan, joátea* ; *egon, egótea*. Si l'infinitif se termine par une voyelle, il y a deux manières : 1° il est régulier et ne souffre pas d'altération ; 2° il est syncopé et irrégulier. Le régulier sans altération ajoute à l'infinitif *tzea* : *ecarri, ecaritea* ; *icusi, icusitzea* ; *eseri, eseritzea* ; *beguiratú, beguiratutzea*. Le syncopé et irrégulier perd la dernière syllabe, qu'il change en *tzea* : *artu, artzea* ; *uquitú, uquitzea* ; *aguindú, aguintzea*. Il est vrai que, dans ce mode irrégulier, on change quelquefois la dernière syllabe en *tea*, surtout si la consonne qui précède la dernière voyelle est *z* ou *s*, ou *ts* : *azi, áztea* ; *icusi, icústea* ; *onesti, onéstea*, et ainsi des autres, qui, toutefois, laissent toujours le choix de la formation régulière. Dans tous ces modes, l'*a* final est l'article du nom qui sert aux verbes neutres, et admet les autres selon que le demande le régime du verbe : *icústea, icústeac* ; *ecártea, ecárteac*, etc.

La formation du prétérit de l'infinitif n'offre pas de difficultés, car, soit que l'infinitif se termine par une voyelle ou par une consonne, on y ajoute le participe *izán* ou *izatú*, dans le sens que nous avons expliqué plus haut. Le participe du présent se forme comme le présent de l'infinitif déterminé ; si l'infinitif est terminé par une consonne, cette lettre se change en *ten* : *jan, jaten* ; *emán, emáten* ; *egon, egóten* ; *eguin, eguiten* : s'il se termine par une voyelle, il se forme de deux manières ; régulièrement, en ajoutant *tzen* : *aditú, aditutzen* ; *arritú, arritutzen* ; *egosi, egositzen* ;

ou irrégulièrement et syncopé, ainsi que nous l'avons dit pour l'infinitif déterminé.

On forme ainsi le participe futur : si l'infinitif se termine par une consonne, on y ajoute une des deux syllabes *gó, en* : *Eman, emangó; egón, egongó; eguin, eguingó,* ou *emánen, egónen, eguinen*. S'il se termine par une voyelle, on y ajoute *co* ou *ren* : la première de ces deux manières est plus usitée et meilleure : ***Artú, artucó; izutú, izutucó; ibilli, ibillico***, et aussi *necatú, necatúren; alchatú, alchatúren*. Le futur de l'infinitif se forme en ajoutant à l'infinitif *beár* : *Jan beár, icusi beár, egón beár*. Le gérondif génitif et datif se forme du participe présent, en changeant l'*n* final en *co* : *Jaten, játeco; icústen, icusteco; icusitzen, icusitseco*. Le gérondif accusatif est formé aussi du participe présent, en changeant l'*n* en *ra* : *Jaten, játera; aterátzen, aterátzera*, et pour un dialecte, en *rat* : *Jaterat, aterátzerat*. Nous avons parlé du participe prétérit. L'ablatif absolu, si l'infinitif se termine par une consonne, ajoute la syllabe *ic* : *Janic, edanic, eguinic;* et *ric*, si la finale est une voyelle : *Icasiric, egosiric, arturic*; on le forme encore en ajoutant *icán* aux premiers : *Janicán, eguinicán*, et aux seconds, *ricán* : *Icusiricán, arturicán*.

Toutes ces règles servent aux verbes actifs et neutres. On trouvera leur construction à la Syntaxe, et leur prononciation à la Prosodie.

§ III.

DES TERMINAISONS DU VERBE.

Les terminaisons affixes ou finales d'un verbe, combinées et jointes aux modes de l'infinitif, établissent la distinction des temps et la variété des conjugaisons. Ces terminaisons sont verbes auxiliaires par l'emploi qu'elles ont dans la formation des temps, et substantifs, parce qu'elles ont isolément une signification. Bien que seules, elles ne font pas la distinction des temps, mais bien la distinction et la variété des conjugaisons, la distinction des nombres et des personnes; car les modes de l'infinitif concourent à la distinction des temps, mais non au reste, puisqu'ils sont invariables, soit qu'il n'y ait qu'une ou plusieurs conjugaisons, et qu'elles soient absolues ou transitives : de plus, un même mode d'infinitif sert pour toutes les personnes et pour les deux nombres, singulier et pluriel, comme on le verra plus loin. De ces terminaisons, les unes sont du verbe actif, les autres du verbe neutre. Parlons d'abord des premières.

Des terminaisons auxiliaires du verbe actif, les unes sont absolues, les autres transitives ou relatives. Les absolues se nomment ainsi, parce qu'elles ne renferment et ne présentent ni rapport, ni ordre avec aucune des personnes du singulier ou du pluriel. On appelle les autres transitives, parce qu'elles expriment et dénotent une transition ou relation à l'une des personnes. Les absolues ne sont que de deux genres : la première régit ou contient le régime du singulier, et le second celui du pluriel. Les transitives sont de vingt-une espèces, pour les vingt-une relations que peut avoir l'action verbale. On les exposera toutes *in extenso* et par ordre, ainsi que celles qui correspondent à chaque dialecte ; on comprendra mieux ainsi ce système.

On peut inférer de ceci deux choses : la première, que tout verbe actif régulier se conjugue d'une seule manière, de sorte que la personne qui saurait en conjuguer un dans tous ses modes, saurait conjuguer tous les autres. La seconde, que chacun de ces verbes actifs se conjugue de vingt-trois manières ; le basque a donc vingt-trois conjugaisons pour le verbe actif. Ce nombre considérable a fait croire à beaucoup de personnes que cette langue est très-irrégulière dans ses verbes ; et comme elles ne pensent pas à classer ses modes si divers, qu'elles n'ont peut-être pas même su distinguer, elles ont avancé qu'elle ne peut être soumise à une méthode et à des règles. Mais j'ai démontré non-seulement que ce jugement est porté légèrement et faute d'application à examiner le caractère et les propriétés du basque, mais encore qu'il n'est pas de langue plus ingénieuse, ni plus soumise à des règles admirables.

§ IV.

DES MODES, DES TEMPS, DES NOMBRES ET DES PERSONNES DES CONJUGAISONS.

Nous venons d'expliquer les deux parties principales et constitutives des conjugaisons basques ; il nous reste à exposer brièvement quelques noms qui entrent aussi dans cette composition, et que l'on nomme *modes*, *temps*, *nombres* et *personnes*. Il y a quatre modes : l'indicatif, l'impératif, le subjonctif, l'infinitif. Nous avons déjà expliqué ce dernier.

A proprement parler, il n'y a que trois temps : *présent*, *prétérit* et *futur*, et il n'en est pas d'autre qui ne se réduise à l'un de ces trois, dont ils ne sont que des modifications. Mais comme les grammairiens ont aussi leurs droits et leurs limites, je ne leur disputerai pas leur division des temps, ni leurs qualifications. Le présent de l'indicatif représente une action, un exercice au moment même où l'on parle : *je lis, tu lis*. Le prétérit imparfait a deux relations, l'une au temps où l'on parle, l'autre à une action distincte que signifie le verbe. Avec la première relation, il est au prétérit absolu et parfait ; avec la seconde, il est au présent. Expliquons ce temps : *je lisais* ; si je veux dire ma leçon précédente et passée, dans ce sens, il est prétérit absolu et parfait, cela est évident ; mais si je parle par rapport à une autre action qui s'exécutait alors, ce verbe signifie dès-lors que ma leçon était du même moment : *je lisais, quand? quand tu dormais*. Or, puisque ce temps renferme deux rapports, on le nomme prétérit, mais imparfait. Le prétérit parfait se nomme ainsi, parce qu'il exprime une action absolument et entièrement faite, et qui n'est plus : *je mangeai*. Ce temps peut avoir des rapports et des accidents divers, et se distingue par des inflexions et des acceptions différentes du temps même. Le français et d'autres langues, quoique nées du latin, font cette distinction : *j'ai mangé, je mangeai* : ces deux expressions sont au prétérit ; leur emploi est très-différent, puisque le premier signifie un prétérit plus immédiat, rapproché du temps où je parle ; et le second, un prétérit plus éloigné et plus écarté. C'est pourquoi, ce ne serait pas parler bien que de dire : *j'ai mangé l'an passé* ; on doit dire *je mangeai*. Cette distinction, l'espagnol et d'autres langues la tirèrent de la langue basque, en lui empruntant aussi les temps composés, comme nous l'avons dit. Nous verrons, dans le paragraphe suivant, comment le basque observe cette distinction.

Le plus-que-parfait, si on l'adapte au temps qui fournit cette locution : *j'avais lu*, n'est que le prétérit parfait ; mais si on l'adapte à une autre action passée, on le nomme plus-que-parfait, parce qu'il signifie que lorsque cette action passée était présente, déjà la première était passée et prétérite : *j'avais lu quand tu commenças à parler*. Le futur imparfait signifie une action qui doit survenir et exister : *j'aimerai*; on le dit *imparfait*, non qu'en partie on comprenne existant déjà l'action future, mais parce qu'on l'adapte au futur parfait. Celui-ci se nomme ainsi, parce que bien qu'il signifie une action absolument à venir, il signifie également que cette action sera déjà achevée et prétérite quand commencera l'autre action à laquelle on l'adapte : *j'aurai déjà lu quand tu te réveilleras*. Nous parlerons plus loin des autres temps.

La langue basque, comme le latin et ses dérivés, n'a que deux nombres dans ses conjugaisons, le singulier et le pluriel. Mais le basque, contrairement aux autres langues, compte huit personnes; cinq au singulier et trois au pluriel. La première du singulier est *ni*, *nic*, et aussi *neu*, *neuc* : la seconde a trois inflexions dans le verbe; deux correspondent à *hi*, *hic*, ou à *eu*, *euc*, et la troisième à *zu*, *zuc*, ou *zeu*, *zeuc*. Les deux premières sont du mode familier et moins poli, l'une pour le masculin : *Hic játen déc*, l'autre pour le féminin, *hic játen dét*. La troisième est du mode et du style moyen entre *vous* et *tu* : *Zeu jántendézu*. Nous donnerons donc à ces trois inflexions, dans les conjugaisons, le pronom *tu* et *toi* pour correspondant. La troisième personne du singulier est *a*, *ac*, *hurá*, *arc*. Les trois personnes du pluriel sont : première, *Gu*, *guc*, *gueu, gueuc*; seconde, *zúec, zeúec*; troisième, *aec, aiec, ec,* selon les différents dialectes.

§ V.

FORMATION DES TEMPS DE L'INDICATIF.

Il nous reste enfin à exposer la formation ou composition des temps ; une bonne méthode exige ces détails. Quand on déduit une doctrine par analyse, on en présente d'abord l'ensemble ou l'artifice, puis on démontre successivement ses parties constitutives : je n'ai pas voulu suivre cette méthode, bien que très-belle sous beaucoup de rapports. Quand on expose une doctrine par syntèse, pour en donner l'ensemble, on commence par expliquer séparément les parties qui la composent : telle est la méthode que je suis, parce qu'elle m'a paru plus appropriée à la matière que je traite. Ayant donc expliqué syntétiquement, dans les articles précédents, les principales parties et les propriétés dont se forment et se composent les temps des verbes basques, je dois exposer leur formation, leur composition, leurs racines.

Cette formation a lieu à l'aide des différents modes de l'infinitif et des terminaisons auxiliaires. Les modes qui servent pour l'indicatif sont au nombre de quatre : le *présent* et le *prétérit de l'infinitif*, le *participe présent* et le *futur de l'indicatif*. Je dis quatre, car bien que j'aie fait remarquer déjà que le présent de l'infinitif, en tant que présent, n'entre pas dans la formation des temps, il convient toutefois de s'exprimer ainsi, pour le distinguer du prétérit de l'infinitif, sinon on dirait qu'il n'y a que trois modes : le participe, le futur et le prétérit de l'infinitif; mais alors celui-ci est tantôt simple, *jan*, et tantôt composé, *janizán*. Il y a deux terminaisons auxiliaires du présent et de l'imparfait, et les diverses combinaisons de ces accidents forment toute la variété des temps.

Parlant en particulier de chacun de ces temps, je dirai : que le présent de l'indicatif se forme du participe présent et de la terminaison substantive du présent : *Játen-dút, dét, dót*; *játen-dézu, dózu, dúzu*, le participe *jaten* se répète toujours. Le prétérit imparfait se forme du participe du présent avec la terminaison auxiliaire de l'imparfait : *Jaten-nuen, nevan, nuan*, etc.

Le prétérit parfait est de deux espèces : la première est du prétérit immédiat et rapproché, et se forme avec le prétérit simple de l'infinitif et l'auxiliaire du présent : *Jan-det, dot, dut*, j'ai mangé. La seconde est du prétérit éloigné, et se forme avec le même mode de l'infinitif et l'auxiliaire de l'imparfait : *Jan-nuen, nevan, nuan*, je mangeai. Ce second mode équivaut au plus-que-parfait que, pour cela, il remplace souvent : ainsi nous disons : J'avais mangé, *jan-nuén*, parce que *nuén* signifie j'avais, *jan* mangé, selon que je l'ai expliqué plus haut.

Cependant le plus-que-parfait se forme du prétérit composé de l'infinitif et de l'auxiliaire de l'imparfait : *Jan izán-nuén*, j'avais mangé. On peut également former le premier prétérit avec le même mode de l'infinitif : *Jan izán-dét*.

Le futur imparfait se forme du participe du futur et de l'auxiliaire du présent *jango-dét, dot, dut*. Le futur parfait se forme du prétérit simple de l'infinitif et du participe du futur du verbe *izán* avec l'auxiliaire du présent : *Jan izango-dét*, j'aurai mangé ; *izango-dét*, j'aurai, *jan* mangé.

Cette formation des temps et leurs racines servent aux vingt-trois conjugaisons du verbe actif, sans exception aucune. Elles servent aussi pour les verbes neutres, à la seule différence des auxiliaires et des terminaisons distinctes ; nous les donnerons en leur lieu et place. Les trois dialectes s'en servent également, sauf les auxiliaires, que nous ferons connaître plus loin, au moins ceux de l'indicatif, nous bornant à montrer le subjonctif du *guipuzcoan*, à l'aide duquel l'étudiant comprendra facilement les autres.

Je préviens enfin que je donnerai en entier et dans tous ses temps, la première conjugaison absolue, afin que l'on y voie l'application de toutes les règles données : mais pour les autres conjugaisons, je donnerai seulement l'indicatif présent et l'imparfait, à l'aide desquels on sait tous les autres temps par les règles expliquées : nous éviterons ainsi la prolixité et l'inconvénient de rendre cette Grammaire trop volumineuse. Les dialectes seront mis à la suite.

§ VI.

PREMIÈRE CONJUGAISON ABSOLUE AVEC RÉGIME SINGULIER.

Indicatif.

Présent.

Jaten dét, Je mange (du pain, etc.)
Jaten dec, deu, dezú, Tu le manges.
Jaten deu, Il le mange.
Jaten dégu, Nous le mangeons,
Jaten dezue, dezute, Vous le mangez.
Jaten deuc, dute, Ils le mangent.

GRAMMAIRE BASQUE.

Prét. imparfait.

Jaten núen,   Je le mangeais.
Jaten uen cén-
  duen,   Tu le mangeais
Jaten céuen, zúen, Il le mangeait.
Jaten guenduen, Nous le man-
  guenuen,   gions,
Jaten cendeúen, Vous le man-
  cénduten,   giez.
Jaten céuen, zú- Ils le man-
  ten,   geaient.

Prét. parfait immédiat.

Jan det,   Je l'ai mangé.
Jan dec, den, dezú Tu l'as —.
Jan deu,   Il l'a —
Jan degú,   Nous l'avons—.
Jan dezue dezute Vous l'avez —.
Jan deúe, dute, Ils l'ont —.

Prétérit éloigné.

Jan nuen,   Je le mangeai.
Jan úen, cenduen, Tu le mangeas.
Jan zuen, ceúen, Il le mangea.
Jan guenduen, Nous le man-
  guenuen,   geâmes,
Jan cenduten, ce- Vous le man-
  nuten,   geâtes,
Jan cenuen, zu- Ils le mangè-
  tén,   rent.

Plus-que-Parfait.

Jan izán nuen, Je l'avais mangé
Jan úen, cendúen, Tu l'avais —.
Jan zúen, ceúen, Il l'avait —.
Jan guenduen, Nous l'avions—
  guenuen,
Jan cenduten, ce- Vous l'aviez —.
  nuten,
Jan ceun, zuten, Ils l'avaient —.

Futur imparfait.

Jango det,   Je le mangerai.
Jango dec , den,
  dezú,   Tu le mangeras
Jango deu,   Il le mangera.
Jango dégu,   Nous le mange-
    rons.
Jango dezue, de- Vous le mange-
  zute,   rez.
Jango deúe, dute, Ils le mangeront.

Futur parfait.

Jan izango det, Je l'aurai mangé.
Jan izango dec,
  den, dezu, Tu l'auras —.
Jan izango den, Il l'aura —.
Jan izango degu, Nous l'aurons—
Jan izango de-
  zue, dezute, Vous l'aurez—.
Jan izango deúe,
  dute,   Ils l'auront—.

Avant de donner les modes de l'impératif et du subjonctif, je veux placer les deux autres dialectes, dont je ne donnerai que le présent et l'imparfait, qui suffisent pour faire connaître comment se forment les autres temps.

DIALECTE 1er.

Présent.

Jaten dot,   Je le mange.
Jaten doc , don,
  dózu,   Tu le manges.
Jaten dou,   Il le mange.
Jaten dógu,   Nous le man-
    geons.
Jaten dózue , do-
  zute,   Vous le mangez
Jaten dóue, doute
  dave,   Ils le mangent.

Prét. imparfait.

Jaten névan,   Je le mangeais.
Jaten evan, evá,
  cenduan,   Tu le mangeais
Jaten cevan,   Il le mangeait.
Jaten guenduan, Nous le man-
    gions.
Jaten cenduan, Vous le mangiez
Jaten even,   Ils le man-
    geaient.

Dans ce dialecte, on syncope souvent le présent, en disant Jate ot, pour Jaten-dot, et de même pour les autres personnes.

DE LA CONJUGAISON DES VERBES. 49

DIALECTE 2ᵉ.

Présent.

Jaten dut,
Jaten duc, *dun,* Je le mange.
  dúzu, Tu le manges.
Jaten du, Il le mange.
Jaten dógu, Nous le mangeons.
Jaten dúzue, duzute, Vous le mangez
Jaten dúte, Ils le mangent.

Prétérit imparfait.

On le forme avec les auxiliaires *núen*, *úen*, ou en changeant l'e en *a*, *núan*, *uan*, *cenduan*.

CHAPITRE III.

DU MODE IMPÉRATIF.

Au sujet des inflexions de l'impératif, on doit observer quelques singularités dont les grammairiens eux-mêmes ne peuvent donner raison. Quant à moi, je ne ferai qu'une seule question, la voici : Ces locutions *jan ezác*, mange-le (toi) ; *eguizú*, fais-le (toi), et d'autres de l'impératif sont-elles véritables ou fausses ? J'ai répondu déjà, dans ma logique, contre l'opinion commune, et je suis toujours du même avis, ainsi que pour les locutions déprécatives, optatives et interrogatives. Cette locution *jan-ezác*, mange-le (toi) ; a trait à deux choses très-distinctes ; l'une est ce que l'on commande, savoir, de manger, et ce sens ne rend la locution ni véritable ni fausse ; l'autre est l'intention et la disposition de celui qui commande de manger, et ce rapport rend la locution véritable ou fausse. Si je dis : *Jan ezác*, mange-le (toi), en montrant un bon morceau, je donne à entendre que j'ai la pensée, la volonté, le désir qu'on le mange ; et s'il en est ainsi et que je parle en toute franchise, cette locution est véritable. Mais s'il n'en est pas ainsi, ce sera un simple compliment, et la locution devient fausse.

Autre objection facile, à laquelle les grammairiens

doivent répondre : Ce mode impératif, à quel temps est-il ? prétérit ou futur ? ou est-ce un mode sans temps ? Je réponds que l'impératif renferme, contient un temps, mais non de la manière particulière de l'indicatif. Le temps de cette locution *jan-ezác*, mange-le, n'est pas au prétérit, c'est évident ; elle n'est pas non plus au présent, car en disant de manger, le sens est qu'on le fera ; et ce qui se fera n'est pas présent. C'est donc le futur que renferme l'impératif, et celui qui commande veut que ce qui n'est pas encore et qui n'a pas commencé à être devienne présent. Je laisse d'autres questions et je passe aux inflexions de ce mode, qui consistent toutes dans la terminaison, à laquelle on ajoute toujours l'infinitif absolu du verbe que l'on veut conjuguer.

IMPÉRATIF.

Jan ezác, ezán, ezázu,	mange-le.
Jan bezá,	qu'il le mange.
Jan ezázue, ezázute,	mangez-le.
Jan bézate,	qu'ils le mangent.

Les verbes dont l'infinitif se termine en voyelle perdent souvent l'*e* initial de ces terminaisons : *Icarazú, artú, zázu,* etc. Mais cette irrégularité n'atteint pas l'inflexion régulière. D'autres verbes ont encore plus d'irrégularité dans la formation de l'impératif : *Ecári, ecán, ecarzú* de *ecarri ; eguic, eguin, eguizú* de *eguin,* et toujours sans altérer l'inflexion régulière *ecarri-ezac, eguin-ezác.* Dans le dialecte de la Seigneurie, les inflexions de l'impératif deviennent irrégulières avec le verbe irrégulier qui correspond à *Eguin : jan-eguic, jan-eguin, jan-eguizu,* mange-le ; *jan-begui,* qu'il le mange, etc. Les trois inflexions de la seconde personne de l'impératif ont les mêmes emplois que dans l'indicatif.

CHAPITRE IV.

DU MODE OPTATIF OU SUBJONCTIF.

Ce mode offre plus de confusion, quand on veut examiner distinctement et avec réflexion ses temps et les nombres qui les composent ; mais les grammairiens, voyant qu'il est facile d'apprendre les inflexions différentes de l'optatif, se bornent ordinairement à les mettre *in extenso*, et évitent la fatigue que causerait l'étude approfondie de ses temps, et le travail de les réduire aux temps propres et naturels qui sont le présent, le prétérit et le futur. Je tâcherai de démontrer brièvement ces propriétés, et je conserverai les noms qu'on leur donne communément.

§ I.

DES TEMPS DU SUBJONCTIF ET DE LEUR SIGNIFICATION ET PROPRIÉTÉ.

Tout verbe, disent les logiciens, tire sa signification du temps, c'est-à-dire d'une action ou d'un exercice exécuté dans un temps : *je lis*, signifie que je m'occupe à lire actuellement, dans l'instant présent. Deux modes de locutions se font avec chaque verbe : les unes sont dialectiques, et servent d'énonciation au présent, au prétérit et au futur, c'est-à-dire aux trois distinctions des temps, pris proprement et philosophiquement : les autres appartiennent à la poésie oratoire, et par conséquent à la grammaire. Ces dernières sont principalement les locutions du subjonctif, et sont également ou véritables ou feintes, comme nous l'avons remarqué au mode impératif. La différence consiste en ce que les locutions de l'indicatif vont immédiatement à leur objet, et découvrent simplement et expressément la vérité ou la feinte, la présentant à l'esprit sans recourir à d'autres circonstances ; aussi, sont-elles propres à la logique, dont le but est d'instruire par la vérité. Les locutions du subjonctif représentent la vérité comme vêtue de sentiments et de désirs divers de la volonté ; elles expliquent principalement et directement une pensée, tacitement et indirectement la vérité : c'est pour cela qu'Aristote a dit qu'elles n'appartiennent pas à la dialectique, mais à la poésie et à l'art oratoire, dont le but n'est pas seulement de découvrir la vérité, mais aussi de porter la volonté à divers sentiments. Il faut inférer de là que tous les temps et toutes les locutions de l'optatif contiennent un temps propre et philosophique, de même qu'ils contiennent la vérité ; et comme celle-ci est contenue indirectement, le temps propre y est contenu de même. Nous ferons une courte analyse de tous les temps du subjonctif.

Le présent du subjonctif s'emploie de différentes manières : 1° par exclamation : *que je fasse cela ! que tu éprouves une telle ruine !* Il équivaut quelquefois au prétérit, d'autres fois au présent de l'indicatif ; ce sont les temps propres qu'il présente ; 2° par exhortation : *que nous fassions ceci* ; *que je réussisse et qu'ils dissipent* ; 3° avec des adverbes : *quand je lirai, pourvu qu'ils ne te prennent pas*, il équivaut alors au futur, puisqu'il indique une action à venir ; 4° enfin, quand il a trait à d'autres phrases : *je veux que tu étudies, ordonnes, chantes* ; il équivaut encore au futur, par la même raison que l'impératif.

Vient ensuite le prétérit imparfait. Le latin et le français n'ont qu'une inflexion : le basque trois, comme l'espagnol ; prenons donc l'espagnol pour exemple. La première inflexion est en *ra*, et indique tantôt le prétérit, *estudidra él, y supiera*, équivalant à qu'il eût étudié ; tantôt le futur, *querrias que yo me cansára*, équivalant à *cansase*, tu voudrais que je me fatigasse. La seconde est en *ria*, qui représente aussi tantôt le prétérit, *andaria cien leguas, leeria veinte hojas*, il aurait fait cent lieues, il aurait lu vingt pages ; tantôt le futur, *sabiendo que haria de las suyas*, sachant qu'il ferait des siennes. La troisième en *se*, exprimant aussi parfois le prétérit, *hiciese él su deber*, eût-il fait son devoir ; et parfois le futur, *dijo que viniesen*, il dit qu'ils *vinssent*.

Le prétérit parfait latin et français n'a qu'une seule inflexion, le basque n'en a aucune ; et au fait, elle serait inutile, puisqu'elle répèterait le prétérit de l'indicatif *que j'aie parlé si mal ! ils veulent que j'aie troublé la paix.*

Le plus-que-parfait est simple, en latin et en français ; le basque y compte trois inflexions, que l'espagnol a imitées. Mais comme elles sont conformes à celles du prétérit imparfait, je n'en dirai rien autre.

Le futur manque en latin et en français ; ces deux langues se bornent au futur parfait de l'indicatif. L'espagnol en a deux : *Yo amáre*, j'aimerai ; *yo hubiere amado*, j'aurai aimé. Le basque n'en a qu'un : *Jan badezát*, si je le mangerai.

Telles sont toutes les désignations grammaticales des temps du subjonctif qui, lors-même que le latin en compte cinq, le français quatre, l'espagnol et le basque beaucoup plus encore, se réduisent en réalité à trois.

§ II.

FORMATION DES TEMPS DU SUBJONCTIF BASQUE.

Les temps du subjonctif se composent de différents modes de l'infinitif et de terminaisons auxiliaires et substantives. Les modes de l'infinitif sont les mêmes que pour l'indicatif. Les terminaisons ont un sens propre, comme celles de l'indicatif, et sont dès-lors substantives, bien que, pour quelques uns, la signification ne soit pas très-claire. *Dezadan*, que j'aie ; *dezazún*, que tu aies ; *dezán*, qu'il ait. *Nuque* ou *neuque*, que j'eusse, dont la signification est plus claire, en la faisant précéder de l'adverbe *ba* : *Banuqué*, ou *baneuqué*, si je *l'aurais* ; *bacenduqué*, *baluqué*, et de même pour les suivants.

Le présent se forme du participe indéclinable, ou de l'infinitif absolu et de sa propre terminaison, comme dans le verbe que nous conjuguons : *Jan-dezadán, jan-dezazún*. Dans le dialecte de la Seigneurie, l'auxiliaire est *daguidán, daguizún, jan-daguidán, jan-daguizún*. Et, pour faire mieux connaître les temps, j'ajoute que l'on n'a qu'à changer l'*n* final en *la*, qui est l'adverbe et correspond à *que* du français : *Jan-dezadalá, jan-dezazulá, jan-dezalá*.

Le prétérit imparfait a trois inflexions qui correspondent à celles en *ra*, *ria* et *se* de l'espagnol. Elles se conjuguent ou absolument, ou avec le conditionnel *si*. Absolument parlant, la première se compose du futur de l'infinitif et de sa propre terminaison : *Jangó-nu-*

que, *nénduque; jangó-cenduque.* La seconde se tire du même futur et de la terminaison de l'imparfait de l'indicatif : *Jangó-núen, jangó-cénduen*; la troisième, du participe indéclinable et d'une terminaison particulière : *Jan-nezán, nezalá, jan-cenezá, cenezalá*. Donc, avec le conditionnel *si*, la première se compose du participe présent et de la terminaison syncopée ou divisée par l'interpolation du conditionnel *ba* : *Játen-banú, baneú, játen-bacendú,* si je le mangeais, si tu le mangeais. La seconde ne l'admet pas. La troisième se compose avec le participe indéclinable, et la seconde terminaison sans l'*n* final : *Jan-baneza, jan-bacencza,* si je le mangeais, si tu le mangeais. Le prétérit parfait est conforme à celui de l'indicatif, par le motif que j'ai donné.

Le plus-que-parfait a trois inflexions, qui correspondent aux trois espagnoles *a, ia, iese*. Si on conjugue absolument, on le forme avec le futur composé de l'infinitif et les trois terminaisons de l'imparfait; la première, *Ján-izangó-núque, cénduque,* équivaut à que je le mangeasse; la seconde, *Jan-izango-nuen,* je l'aurais mangé, équivaut au plus-que-parfait de l'indicatif. La troisième n'existe pas. Si on les conjugue conditionnellement, on les forme avec le participe composé et les terminaisons abrégées de l'imparfait. La première, *Ján-izan-banú,* si je l'eusse mangé; la seconde, *Jan-izán-banúen,* si je l'aurais mangé; la troisième, *Jan-izan-banezá,* si je l'eusse mangé. Ces inflexions du plus-que-parfait équivalent à celles de l'imparfait, et pour ce motif, se font communément par l'imparfait.

Le futur se conjugue avec le conditionnel *si*, le participe indéclinable et la terminaison propre : *jan-badezat*, si je le mangerai.

On voit à présent la netteté avec laquelle se forment les temps basques : quelles racines précises ! quelles règles certaines ! quelle belle variété d'inflexions ! En comparant avec les autres langues, on appréciera mieux ces avantages ; l'admiration augmentera, si l'on observe que toutes ces règles sont communes à toutes les conjugaisons régulières de l'actif, sans exception aucune. De cette sorte, on pourra recourir à ces règles, pour la formation de tous les temps que nous n'indiquons pas *in extenso*.

Voici en entier les temps du subjonctif.

Optatif ou Subjonctif.

Présent.

Jan dezadán,	Je mange (que)	
Jan dezaán, dezazún,	Tu manges.	Précédé de *que*.
Jan dezán,	Il mange.	
Jan dezagún,	Nous mangions	*Jandezolá,* Que je mange, etc.
Jan dezazutén,	Vous mangiez.	
Jan dezatén,	Ils mangent.	

1 Imparfait.		1 Imparfait conditionnel.	
Jangó núque, néuque,	Je mangerais (que).	*Jaten banú, baneu,*	Si je le mangerais.
Jangó úque, cénduque,	Tu mangerais.	*Jaten baú, bacendú,*	Si tu le —.
Jangó lúque, léuque,	Il mangerait.	*Jaten balú, baleú,*	S'il le —.
Jangó guénduque	Nous mangerions.	*Jaten baguendú,*	Si nous le —.
Jangó cénduquete	Vous mangeriez.	*Jaten bacendute,*	Si vous le —.
Jangó lúquete, luquee,	Ils mangeraient.	*Jaten balute, baleúe,*	S'ils le —.

2.		2.
Jangó núen,	Je mangerais.	Le second n'existe pas, si ce
Jangó úen,	Tu —.	n'est régi par une autre locu-

DE LA CONJUGAISON DES VERBES.

Jangó ceúen, zuen Il —.
Jangó guenduen, Nous —.
Jangó cenduten, Vous —.
Jungó ceúen, zu- Ils —.
ten,

tion : *Il me demanda si je le mangerais ?* et alors on prend le correspondant absolu.

3.

Jan nezán, —.
Jan ezadn, cenezán, —.
Jan cezán, —.
Jan guenezán, —.
Jan cenezatén, —.
Jan cezatén, —.

3.

Jan banezá, Si je le mangeais.
Jan baezacenezá, Si tu le —.
Jan balezá cezá, S'il le —.
Jan baguenezá, Si nous le —.
Jan bacenézate, Si vous le —.
Jan balezate, cezate, S'ils le —.

Plus-que-parfaits.

1er absolu.

Jan-izangó núque, Je l'aurais mangé.
Jan-izangó, úque, cénduque, Tu l'aurais —.
Jan-izangó lúque, leúque, Il l'aurait —.
Jan-izangó guénduque, Nous l'aurions —.
Jan-izangó cénduquete, Vous l'auriez —.
Jan-izangó lúquete, luquee, Ils l'auraient —.

1er conditionnel.

Jan-izdn banú, baneú, Si je l'aurais mangé.
Jan-izán bau, bacendú, Si tu —.
Jan-izán balú, baleú, S'il —.
Jan-izán baguendú, Si nous —.
Jun-izán bacendute, Si vous —.
Jan-izán balute, baleúe, S'ils —.

2º absolu.

Janizangó núen, Je l'aurais mangé.
Janizangó úen, cendúen, Tu l'aurais —.
Janizangó ceúen, zuen, Il l'aurait —.
Janizangó guénduen, Nous l' —.
Janizangó cénduten, Vous l' —.
Janizangó ceúen, zuten, Ils l' —.

2º condition.

Jan-izan banuen, Si je l'aurais mangé.
Jan-izan bacenduen, Si tu —.
Jan-izan baceúen, zuen, S'il —.
Jan-izan baguenduen, Si nous —.
Jan-izan bacenduten, Si vous —.
Jan-izan baceúen, bazuten, S'ils —.

3º.

Il n'existe pas à l'absolu, comme nous l'avons dit déjà.

3º condition.

Jan-izan banezá, Si je l'eusse mangé.
Jan-izan bacenezá, Si tu l'eusses —.
Jan-izan balezá, S'il l'eût —.

Jan-izan bague-neza,	Si nous l'eussions mangé.		
Jan-izan bacenzate,	Si vous l'eussiez —.		
Jan-izan balezate,	S'ils l'eussent—		

Futur conditionnel.

Jan-badezát,	Si je le mangerai.	Jan-badezágu,	Si nous le mangerons.
Jan-badezác,an, badezazu,	Si tu le —.	Jan-badezázute,	Si vous le —.
Jan-badezá,	S'il le —.	Jan-badezáte,	S'ils le —.

Pour en finir sur ce point, qui donne la clef de toutes les conjugaisons régulières, je dois faire quelques remarques : 1° Malgré le nombre des temps du subjonctif, ils sont courts et faciles à apprendre. Les conditionnels et les absolus du plus-que-parfait sont ceux de l'imparfait absolu et conditionnel. Le futur absolu se fait avec le présent du subjonctif, et le conditionnel a une inflexion dont la racine est aussi celle du présent : *dezadan dezat*, etc. Dans le dialecte guipuzcoan, que je donne en entier, la racine des autres inflexions du subjonctif est claire ; c'est l'inflexion de l'indicatif, comme il serait facile de le démontrer.

2° Dans ces inflexions du subjonctif, il y a quelques variations : *Jangó-cenduque*, *cinduque*, *guenduque*, *guinduque*, et par conséquent, *bacendú*, *bacindú*, etc., de même, *guenduen*, *guenuen*, comme à l'indicatif.

5° Beaucoup de Basques trouveront quelques inflexions nouvelles dans leurs propres dialectes : mais qu'importe, puisque j'ai reconnu que non-seulement ils ne comprennent pas l'harmonie de leur langue, mais que bien plus ils la parlent mal, confondant à chaque instant les temps et les inflexions. Il en est d'autres, qui ayant, tant bien que mal, étudié la grammaire latine, pensent qu'elle doit être la règle de toutes les autres grammaires : les différences notables qui existent leur échappent.

CHAPITRE V.

SECONDE CONJUGAISON ABSOLUE AVEC RÉGIME PLURIEL.

Ayant établi les règles générales des conjugaisons, nous avancerons plus aisément et plus rapidement, puisque nous pourrons ne mettre, soit à l'indicatif, soit au subjonctif, que les temps qui ont des inflexions distinctes, avec lesquelles, à l'aide des modes de l'infinitif, on forme les autres temps ; opération pour laquelle il est facile de recourir aux règles de la formation.

La première conjugaison régit l'accusatif singulier ; de sorte que, bien qu'il ne s'exprime pas, on comprend le cas singulier contenu dans l'inflexion, sans ajouter l'article. De là vient que les Basques négligent, en parlant français, l'article *le*, *la*, et disent, quand on leur demande : *as-tu mangé le pain? j'ai mangé*, au lieu de répondre *je L'ai mangé* : la raison en est que la réponse basque, *jan det*, renferme non-seulement l'inflexion du verbe, mais encore le régime singulier et ce qui correspond à l'article français. La seconde conjugaison absolue régit le pluriel contenu également dans son inflexion, de sorte que, pour dire *il les a mangés*, on emploie non *jandú*, qui serait un solécisme, mais bien *jan-ditú*. Dans d'autres langues, l'article ou l'accusatif singulier ou pluriel, déterminent l'indifférence des inflexions verbales et du régime ; mais dans le basque, aucune inflexion ne présente cette indifférence, puisque chacune sans exception est déterminée, et contient le régime singulier ou pluriel, sans le secours d'articles ni d'accusatifs.

GRAMMAIRE BASQUE.

INDICATIF.

Présent.

	1er Dialecte.		2e Dialecte.
Je les mange.	Jaten ditut,	Jaten dodaz,	Jaten tut,
Tu les manges.	Jaten dituc, un, tuzu,	Jaten dozac, an, dozuz,	Jaten tuc, tun, tuzu,
Il les mange.	Jaten ditu,	Jaten dituz,	Jaten tu,
Nous les mangeons.	Jaten ditugu,	Jaten doguz,	Jaten tugu,
Vous les mangez.	Jaten dituzue, zute,	Jaten dozuez, dozuz,	Jaten tuzue,
Ils les mangent.	Jaten dituzte, ditue,	Jaten davez, dituez.	Jaten tuzie.

Cette terminaison est la même que celle du Guipuzcoan partagé. Elle se forme également ainsi : *jate intut*, *jate intuzu*. On se sert aussi des terminaisons *ditut*, *dituc*, etc.

Prétérit imparfait.

Je les mangeais.	Jaten nituen,	Jaten nevazan, nituzan,	
Tu les —.	Jaten ituen, chituen,	Jaten evazd, ituzan, cenduzan,	
Il les —.	Jaten cituen,	Jaten evdzan,	
Nous les —.	Jaten gnituen,	Jaten guenduzan,	
Vous les —.	Jaten chituzuten,	Jaten cenduzaen,	
Ils les —.	Jaten cituzten,	Jaten eveezan, cituezan.	

Le Prét. imparf. se forme avec les terminaisons *nituen* ou *nituan*, placées ci-dessus. De même, pour celles en *zu* et *zue*, on ajoute *t* : *Tuzu*, *tuituzu*, *tuzue*, *tuzue*.

IMPÉRATIF.

Mange-les.	Jan itzác, itzán, itzázu,	Jan-eguizic,	
Qu'il les mange.	Jan bitzá,	Jan eguizizu, etc.	
Mangez-les.	Jan izázizute,		
Qu'ils les mangent.	Jan bitzate,		

A l'Impératif, on emploie souvent aussi la syncope.

SUBJONCTIF.

Présent.

Je les mange.	Jan ditzadán,	Jan-daguitzidan, etc.	Ditzadán ou Detzadán, etc.
Tu les —.	Jan ditzadn, ditzazún,		

DE LA CONJUGAISON DES VERBES.

Jan diizán, Il les mange.
Jan diizagán, Nous les —.
Jan diizaizutén, Vous les —.
Jan diizaén, Ils les —.

Précédé de *que* :
Jan-diizadalá, Que je les mange, etc.

1ᵉʳ Imparfait.

Jangó ntuque, Que je les mangeasse.
Jangó ttuque, cintuque, Que tu les —.
Jangó lituque, Qu'il les —.
Jangó gubnituque, Que nous les —.
Jangó cintuquee, quete, Que vous les —.
Jangó lituquee, quete, Qu'ils les —.

3ᵉ Imparfait.

Jan nitzán, Que je les mangeasse.
Jan itzaán, cinitzán, Que tu les —.
Jan ciizán, Qu'il les —.
Jan gubnitzán, Que nous les —.
Jan cinitzaatén, Que vous les —.
Jan ciizaén, Qu'ils les —.

Précédé de *que* :
Jan-nitzalá, Que je les mangeasse, etc.

Futur conditionnel.

Jan badiizát, Si je les mangerai.
Jan badiizác, án, diizdizu, Si tu les —.
Jan badiizá, S'il les —.
Jan badiizágu, Si nous les —.
Jan badiizátzue, Si vous les —.
Jan badiizáte, S'ils les —.

Les autres temps conditionnels du subjonctif se forment en laissant le *que* final des inflexions du 1ᵉʳ imparfait : *Niuque*, *banitu*, etc., et l'*n* finale du 3ᵉ : *Nitzán*, *janbanitzá*.

CHAPITRE VI.

CONJUGAISONS RELATIVES.

Première Conjugaison transitive ou relative de première personne et régime singulier.

Nous avons montré, dans les observations préliminaires, ce que sont les conjugaisons transitives. L'inflexion de cette première exprime l'action du verbe, qui contient le régime dans l'accusatif suivant, et indique aussi transition ou relation à la première personne *ni*, bien qu'elle ne s'exprime pas.

Indicatif.

Présent.

	1er Dialecte.	2e Dialecte.
Tu me le manges.	Jaten didac, an, didazu,	Jaten dărotac, an, tazu,
Il me le —.	Jaten dit,	Jaten dărot,
Vous me le —.	Jaten didazue, zute,	Jaten dărotazue,
Ils me le —.	Jaten didate, didec,	Jaten dărotatci.

On dit aussi *Dĕrautazu, dĕraut, dĕrautazue, dĕraute.*

Prétérit Imparfait.

Tu me le mangeais.	Jaten idan, cinidan,	Jaten ciñarotozun,
Il me le —.	Jaten cidan,	Jaten zarotan,
Vous me le —.	Jaten cinidazuten,	Jaten ciñarotazuen,
Ils me le —.	Jaten cidaten, cideen,	Jaten ciñarotaten.

Et aussi *Jaten-dirauziac, an, tazu, dirauzit, dirauztarautan, dĕrautazuen,* etc.

Et aussi *Cĕrautazun, cĕrautazue,* etc.

DE LA CONJUGAISON DES VERBES.

IMPÉRATIF.

Jan zadde, an, zaddzu,   Mange-le-moi.
Jan biezát,   Qu'il me le mange.
Jan zadazue,   Que vous me le mangiez.
Jan biezatet,   Qu'ils me le mangent.

SUBJONCTIF.

Présent.

Jan diezadadn, diezadazán,   Tu me le manges.
Jan diezadan,   Il me le mange.
Jan diezadazuén,   Vous me le mangiez.
Jan diezadatén,   Ils me le mangent.

1ᵉʳ Imparfait.

Jangó iquet, ciniquet,   Tu me le mangerais.
Jangó liquet,   Il me le mangerait.
Jangó cinidaquete,   Vous me le mangeriez.
Jangó lidaquete,   Ils me le mangeraient.

3º Imparfait.

Janc iniezadán,   Tu me le mangeasses.
Jan ciezadán,   Il me le —.
Jan cinezateddán,   Vous me le —.
Jan ciezatedán,   Ils me le —.

Précédé de *que* :
Jan diezadazulá, diezadalá, etc.

Futur Conditionnel.

Jan badiezadde, an, zadazu,   Si tu me le mangeras.
Jan badiézat,   S'il me le —.
Jan badiezadazue,   Si vous me le —.
Jan badiezddate,   S'ils me le —.

Précédé de *que* :
Jan-cini-ezadalá, etc.

64   GRAMMAIRE BASQUE.

Les autres temps du conditionnel se forment avec les terminaisons invariables de l'imparfait, et les modes correspondants de l'infinitif : *Játen-baciniquet*, si tu me le *mangerais* ; *janyó-bacinidan*, si tu me le mangeais, et par conséquent, le plus-que-parfait.

Il est facile de remarquer que, dans cette conjugaison, il n'y a pas autant de personnes que dans les absolues, et cela se comprend, car tout rapport demande distinction, puisque personne ne se rapporte à soi-même ; donc la première personne *ni* ou *neu* n'a pas d'inflexion. Il en est de même en français. On comprend aussi qu'il en est de même au pluriel. Même chose pour les conjugaisons relatives.

§ II.

Deuxième Conjugaison relative de première personne avec régime pluriel.

INDICATIF.

Présent.

	1er Dialecte.	2e Dialecte.
Tu me les manges.	Jaten *déuztazac, an, tazu*,	Jaten *dározquidac, an, datzu*,
Il me les —.	Jaten *déuztaz*,	Jaten *dározquit*,
Vous me les —.	Jaten *déuztazuz*,	Jaten *dározquidatzue*,
Ils me les —.	Jaten *déuziez*,	Jaten *dározquidate*.
		Et encore *déuzquidac, an, datzu, dauzquit*, etc.

Prétérit Imparfait.

Tu me les mangeais.	Jaten *euztazaa, an, ceuztazan*,	Jaten *ctharozquidatzun*,
Il me les —.	Jaten *euztazan*,	Jaten *zározquidan*,

Jaten *tzquidan, cintzquidan*,
Jaten *etzquidan*,

DE LA CONJUGAISON DES VERBES.

Jaten cinizquidaten,	Vous me les mangiez.	Jaten cñarozquidatzuen,
Jaten citzquidaten, guidun,	Ils me les —.	Jaten zarozguidaten.
		Et aussi Ciñauzquidatzun, zauzquidan, etc., ou encore Ciñauzquidatzun.

Jaten céuztazan,	
Jaten éuztazan,	

IMPÉRATIF.

Jan zditzquidac, an, datzu,	Mange-les-moi.
Jan bizaizquit,	Qu'il me les mange.
Jan zaizquidatzute,	Mangez-les-moi.
Jan bizaizquidate,	Qu'ils me les mangent.

SUBJONCTIF.

Présent.

Jan dietzaizquidadn, datzan,	Que tu me les manges.
Jan dietzaizquidán,	Qu'il me les —.
Jan dietzaizquidatzuten,	Que vous me les —.
Jan dietzaizquidatén,	Qu'ils me les —.

1er Imparfait.

Jangô izguiquet, cinizquiquet,	Tu me le mangerais.
Jangô lizquiquet,	Il me le —.
Jangô cinizquidateque,	Vous me les —.
Jangô lizquidateque,	Ils me les —.

3e Imparfait.

Jan cenietzaizquidán,	Tu me les mangeasses.
Jan cietzaizquidán,	Il me les —.
Jan cenietzaizquidaten,	Vous me les —.
Jan cietzaizquidaten,	Ils me les —.

Précédés de que :

Jan-cenietzaizquidalá, etc., comme le présent Jan-dietzaizquidatzulá.

Les autres temps conditionnels avec les terminaisons de l'imparfait et les modes de l'infinitif.

Futur conditionnel.

Jan badietzdizquidac, an, datzu, Si tu me les mangerais.
Jan badietzdizquit, S'il me les —,
Jan badietzdizquidazue, Si vous me les —.
Jan badietzaizquidate, S'ils me les —.

Plusieurs de ces terminaisons ont des variantes : au 1ᵉʳ imparf. *Jango-ciñizquit, lizquit*; au 3ᵉ imparf. *Jan-ceniezaquizquidan*, etc. Quelques personnes diront que ces terminaisons sont bien longues ; mais je leur ferai observer 1° qu'elles sont beaucoup plus brèves par la prononciation qu'elles ne le paraissent écrites ; 2° que chaque terminaison reproduit l'inflexion, l'article et le pronom français : s'il y a une différence, elle est bien petite, car il me semble aussi long de dire *celui-ci me les mangerait*, que *arc jan-ciezaizquidan*.

REMARQUE. Je vais donner à la suite les six conjugaisons de la seconde personne ; et, pour les mettre dans leur ordre, on observera que le basque, ainsi que cela a été dit déjà, a trois pronoms de seconde personne. Le premier, du style familier et le moins poli, est *hi*, *hic* ou *eu*, *euc*. Il a deux conjugaisons distinctes, l'une, lorsqu'il est appliqué à l'homme, l'autre, lorsqu'on l'applique à la femme ; il contient donc deux secondes personnes. Le second, d'un style plus poli et moins familier, a sa conjugaison particulière ; et comme chaque personne a deux conjugaisons, une avec régime singulier, et une autre avec régime pluriel, il résulte six conjugaisons pour la seconde personne. Pour les distinguer entr'elles, nous emploierons les expressions de *prima* 2ᵃᵉ, *secunda* 2ᵃᵉ, *tertia* 2ᵃᵉ, qui expriment très-bien cette distinction, comme on va le voir.

DE LA CONJUGAISON DES VERBES. 67

§ III.

Troisième Conjugaison relative de la prima 2ᵈᵉᵒ avec régime singulier.

INDICATIF.

Présent.

	1ᵉʳ Dialecte.	2ᵉ Dialecte.
Je te le mange.	Jaten diet,	Jate déwat,	Jaten dároat,
Il te le mange.	Jaten dic,	Jate déuzc,	Jaten dároc,
Nous te le mangeons.	Jaten diegu,	Jate dewagu,	Jaten dároagu,
Ils te le mangent.	Jaten ditec,	Jate déwe,	Jaten dárotee,

On dit aussi *Jaten-diat*, etc.

Prétérit Imparfait.

Je te les mangeais.	Jaten nten,	Jaten néwa,	Jaten droatan,
Il te les mangeait.	Jaten cten,	Jaten éuva,	Jaten zdroan,
Nous te les mangions.	Jaten guinien,	Jaten guéuva,	Jaten zdroagun,
Ils te les mangeaient.	Jaten cteten,	Jaten éuvea,	Jaten zdroatecan.

Et aussi *Jaten-nian*, etc.

SUBJONCTIF.

Présent.

(Que) je te le mange.	Jan diezaadán,
Il te le ——.	Jan diezadn,
Nous te le ——.	Jan diezaagán,
Ils te le ——.	Jan diezateán,

1ᵉʳ Imparfait.

| Je te le mangerais. | Jango ntquec, |
| Il te le mangerait. | Jango llquec, |

68 GRAMMAIRE BASQUE.

Jango guthiquec,	Nous te le mangerions.
Jango lïquetec,	Ils te le mangeraient.

3ᵉ Imparfait.

Jan niezadn,	(Que) je te le mangeasse.
Jan ciezadn,	Il te le —.
Jan guiñiezadn,	Nous te le —.
Jan ciezaatén,	Ils te le —.

Futur Conditionnel.

Jan dadiezaat,	Si je te le mangerais.
Jan badiezac,	S'il te le —.
Jan badiezaagu,	Si nous te le —.
Jan badiezatec,	S'ils te le —.

Précédé de *que* : *Jan-niezaald*, comme au présent *Jan-dieaazdald*.

Les autres conditionnels se forment avec les inflexions de l'imparfait, sans altération aucune : *Jaten-baniquec*, etc.

§ IV.

Quatrième Conjugaison relative de la prima 2ᵈᵒ avec régime pluriel.

INDICATIF.

Présent.

1ᵉʳ Dialecte.		2ᵉ Dialecte.
Jaten dizquiet,	Je te les mange.	*Jaten ddrozquiat,*
Jaten dizquic,	Il te les —.	*Jaten ddrozquic,*
Jaten dizquiegu,	Nous te les —.	*Jaten ddrozquiagu,*
Jaten dizquitec,	Ils te les —.	*Jaten ddrozquiate.*

Prét. Imparfait.

Jaten nizquien,	Je te les mangeais.	*Jaten nduvaza,* *Jaten ndrozquian,*
Jaten cizquien,	Il te les —.	*Jaten euvaza,* *Jaten zdrozquian,*

DE LA CONJUGAISON DES VERBES.

Jaten guiñizquien,	Nous te les mangions.
Jaten ťzquieten,	Ils te les —.
Jaten guêuvaza,	
Jaten ťuveaza,	
Jaten zdrozquiagun,	
Jaten zdrozguidatecan,	

On dit aussi, au présent : *Dauzquiat, zduzquiic*, etc., et au prétérit : *Nduzguian, zduzquian*, etc.

SUBJONCTIF.

Présent.
Jan ditzaizquiadadn,	Je te les mange.
Jan ditzaizquiadn,	Il te les —.
Jan ditzaizquiagán,	Nous te les —.
Jan ditzaizquialén,	Ils te les —.

1er Imparfait.
Jango nizquiquec,	Je te les mangeasse.
Jango ťzquiquec,	Il te les —.
Jango guiñizquiquec,	Nous te les —.
Jango ťzquitequec,	Ils te les —.

3º Imparfait.
Jan nitzaizquián,	Je te les mangerais.
Jan cietzaizquian,	Il te les —.
Jan guiñietzaizquián,	Nous te les —.
Jan cietzaizquiatén,	Ils te les —.

Futur Conditionnel.
Jan baditzaizquiat,	Si je te les mangerai.
Jan baditzaizquiic,	S'il te les —.
Jan baditzaizqutagu,	Si nous te les —.
Jan baditzaizquiate,	S'ils te les —.

Avec que :
Comme aux conjugaisons précédentes.

Les autres conditionnels se forment avec les inflexions de l'imparfait : *Jaten banizquiquec*, etc.

§ V.

Cinquième Conjugaison relative de la secunda 2ᵈᵃᵉ avec régime singulier : il correspond au pronom hi, hic, appliqué à la femme.

INDICATIF.

Présent.

	1ᵉʳ Dialecte.	2ᵉ Dialecte.
Je te le mange.	Jaten déumat, déunat,	Jaten dávonat,
Il te le —.	Jaten déun,	Jaten dávon,
Nous te le —.	Jaten déumagu, déunagu,	Jaten dávonagu,
Ils te le —.	Jaten déune, déumee,	Jaten dároten.

Prét. Imparfait.

Je te le mangeais.	Jaten nñan,	Jaten ndronan,
Il te le —.	Jaten cñan,	Jaten závonan,
Nous te le —.	Jaten gutnñan,	Jaten gúneronan,
Ils te le —.	Jaten ctenan,	Jaten závotenan.

Il se forme avec les inflexions de ce même dialecte de la prima 2ᵈᵃᵉ régime singulier : Jaten neuva, etc.

SUBJONCTIF.

Présent.

(Que) je te le mange.	Jan diezanadán,
Il te le —.	Jan diezanadn,
Nous te le —.	Jan diezanaagún,
Ils te le —.	Jan diezatenadn,

1ᵉʳ Imparfait.

Je te le mangerais.	Jangó niquen,
Il te le —.	Jangó liquen,

DE LA CONJUGAISON DES VERBES.

Jangó guñiquen,   Nous te le mangerions.
Jangó liqueten,   Ils te le —.

3ᵉ Imparfait.

Jan niezaandn,   Je te le mangeasse.
Jan ciezaandn,   Il te le —.
Jan guñiezaandn,   Nous te le —.
Jan ciezaatendn,   Ils te le —.

Futur conditionnel.

Jan badiezandn,   Si je te le mangerais.
Jan badiezdn,   S'il te le —.
Jan badiezaanagu,   Si nous te le —.
Jan badiezaten,   S'ils te le —.

Précédés de que :

Jan-diezanadalá, Jan-niezaanalá, etc.

Les autres conditionnels se forment avec les inflexions invariables de l'imparfait.

§ VI.

Sixième Conjugaison relative de la secunda 2ᵈᵒ avec régime pluriel.

INDICATIF.

Présent.   1ᵉʳ Dialecte.   2ᵈ Dialecte.

Jaten dizquiñat,   Jaten deunadaz,   Jaten dározquiñat,
Jaten dizquin,   Jaten deunaz,   Jaten dározquin,
Jaten dizquiñagu,   Jaten deunagun,   Jaten dározquiñagu,
Jaten dizquiñate,   Jaten deunez,   Jaten dározquiñate.
                                             Et aussi dauzquiñal, etc.

Prét. Imparfait.   Je te les mangeais.

Jaten nizquiñan,   Jaten neunoza,   Jaten ndrozquiñan,
Jaten cizquiñan,   Jaten éunaza,   Jaten ␣tɩozquiñan,

72   GRAMMAIRE BASQUE.

Jaten guinizquiñan,   Nous te les mangions.   *Jaten guénaza,*   *Jaten zározquiñagun,*
Jaten cizquiñaten,   Ils te les —.   *Jaten éunezea,*   *Jaten zarozquiñatecan.*
                                                           Et aussi *Jaten deumadaz,*
                                                           deumaz, etc.

Subjonctif.

Présent.

Jan ditzaizquiñadán,   (Que) je te les mange.
Jan ditzaizquiñán,   Il te les —.
Jan ditzaizquiñogún,   Nous te les —.
Jan ditzaizquitzén,   Ils te les —.

1er Imparfait.

Jango nizquiquen,   Je te les mangerais.
Jango lizquiquen,   Il te les —.
Jango guñizquiquen,   Nous te les —.
Jango lizquitequen,   Ils te les —.

3e Imparfait.

Jan nietzaizquiñadán,   Je te les mangeasse.
Jan cietzaizquiñadn,   Il te les —.
Jan guinitzaizquiñadn,   Nous te les —.
Jan cietzaizquitendn,   Ils te les —.

Futur Conditionnel.

Jan baditzaizquiñat,   Si je te les mangerai.
Jan baditzaizquin,   S'il te les —.
Jan baditzaizquiñagu,   Si nous te les —.
Jan baditzaizquiñate,   S'ils te les —.

Les autres conditionnels se forment avec les inflexions de l'imparfait.

DE LA CONJUGAISON DES VERBES. 75

§ VII.

Septième Conjugaison relative de la tertia 2*dæ et régime singulier.*

Ce régime est le pronom *Zu* ou *zeu,* que nous avons expliqué au chapitre du pronom.

INDICATIF.

Présent.

	1er Dialecte.	2e Dialecte.
Je te le mange.	*Jaten dizut,*	*Jaten deutsut,*	*Jaten dárotzut,*
Il te le —.	*Jaten dizu,*	*Jaten deusu,*	*Jaten dárotzu,*
Nous te le —.	*Jaten dizugu,*	*Jaten deusugu,*	*Jaten dárotzugu,*
Ils te le —.	*Jaten dizute, dizue,*	*Jaten deusue,*	*Jaten dárotzute.*

Et encore *Dératzut, dératzu, dératzugu, dératzute.*

Prét. Imparfait.

Je te le mangeais.	*Jaten nizun,*	*Jaten neusun,*	*Jaten návoizun,*
Il te le —.	*Jaten cizun,*	*Jaten eusun,*	*Jaten zarotzun,*
Nous te le —.	*Jaten guinizun,*	*Jaten guéunisun,*	*Jaten zárotzugun,*
Ils te le —.	*Jaten cizuten,*	*Jaten éutsuen,*	*Jaten zárotzuten.*

Et aussi *Nératzun, cératzun, guératzun, cératzuten.*

SUBJONCTIF.

Présent.

Je te le mange.	*Jan diezazadan,*
Il te le —.	*Jan diezazán,*
Nous te le —.	*Jan diezazugán,*
Ils te le —.	*Jan diezazutén,*

74   GRAMMAIRE BASQUE.

1er Imparfait.

Jangó nizuque, Je te le mangerais.
Jangó lizuque, liquezu, Il te le —.
Jangó guinizquezu, Nous te le —.
Jangó lizu, liquezute, Ils te le —.

3e Imparfait.

Jan niezazún, Je te le mangeasse.
Jan ciezazión, Il te le —.
Jan guiniezazión, Nous te le —.
Jan ciezazuén, Ils te le —.

Futur conditionnel.

Jan badiezazut, Si je te le mangerais.
Jan badiezazu, S'il te le —.
Jan badiezazugu, Si nous te le —.
Jan badiezazue, S'ils te le —.

Précédés de que :

Jan niezazulá, et au présent, Jan diezazudalá, etc.

Les autres conditionnels avec les inflexions de l'imparfait, soit telles qu'elles sont, soit partagées : Jan banizú, jan balizu, etc.; jan baniezazu, jan baciezazu, etc.

§ VIII.

Huitième Conjugaison relative de la tertia 2da et régime pluriel.

INDICATIF.

Présent.   **1er Dialecte.**   **2e Dialecte.**

Je te les mange. Jaten deutsudaz, Jaten ddrozquizut,
Il te les —. Jaten deutsuz, Jaten ddrozquizu,
Nous te les —. Jaten deutsuguz, Jaten ddrozquizugu,
Ils te les —. Jaten deutsuez. Jaten ddrozquizue.

Jaten dizquizut,
Jaten dizquitzu,
Jaten dizquizugu,
Jaten dizquizue,

DE LA CONJUGAISON DES VERBES.

Et en syncopant : *Játen-dítzut, dítzu, dízzugu, dítzute.*

Prét. Imparfait.

	Je te les mangeais.
Jaten nizquizun,	Il te les —.
Jaten cizquizun,	Nous te les —.
Jaten guiñizquizun,	Ils te les —.
Jaten cizquizuen,	

Et en syncopant : *Niztzun, ciztzun, guizquitzun, ciztzuten.*

Jaten neutsuzan,
Jaten eutsuzan,
Jaten guéutsuzagun,
Jaten eutsuezan.

Et aussi *Dérauzquitzut, derauzquitzu,* etc., ou *dáuz-quitzut, dautquitzu,* etc.

Jaten ndrozquitzun,
Jaten zározquitzun,
Jaten zározquitzugun,
Jaten zározquitzuen.

Et aussi *nérauzquitzun,* etc.

SUBJONCTIF.

Présent.

	Je te les mange.
Jan dietzaizquizudán,	Il te les —.
Jan dietzaizquizín,	Nous te les —.
Jan dietzaiiquizugún,	Ils te les —.
Jan dietzaizquizuén,	

1er Imparfait.

	Je te les mangerais.
Jangó nizquitzuque,	Il te les —.
Jangó lizquitzuque,	Nous te les —.
Jangó guñizquitzuque,	Ils te les —.
Jangó lizquitzuquete,	

3e Imparfait.

	Je te les mangeasse.
Jan nietzaizqutizán,	Il te les —.
Jan cietzaizquitzín,	Nous te les —.
Jan guimetzaizquitzán,	Ils te les —.
Jan cietzaizutuén,	

Précédé de *que* : *Jan-nietzaizquitzulá,* et au présent, *Jan-dietzaizquitzudalá.*

Futur Conditionnel.

Jan badietzaizquizat,   Si je te les mangerais.
Jan badietzaizquizan,   S'il te les —.
Jan badietzaizquizangu,   Si nous te les —.
Jan badietzaizquizute,   S'ils te les —.

Les autres conditionnels avec les inflexions de l'imparfait, de la même manière que pour la conjugaison qui précède celle-ci.

§ IX.

Neuvième Conjugaison relative de troisième personne et régime singulier.

INDICATIF.

1ᵉʳ Dialecte.   **2ᵉ Dialecte (1).**

Présent.

	1ᵉʳ Dialecte	2ᵉ Dialecte
Je le lui mange.	Jaten deutsat,	Jaten dárocat,
Tu le lui —.	Jaten deutsac, an, azu,	Jaten dárocac, an, cazu,
Il le lui —.	Jaten deutsa, deutso,	Jaten dároca,
Nous le lui —.	Jaten deutsagu,	Jaten dárocagu,
Vous le lui —.	Jaten deutsazue,	Jaten dárocazue,
Ils le lui —.	Jaten deutse,	Jaten dárocate.

Le verbe Jaten diñot, etc. se réduit à cette inflexion.

Prét. Imparfait.

	1ᵉʳ Dialecte	2ᵉ Dialecte
Je le lui mangeais.	Jaten neutsan,	Jaten nárocan,
Tu le lui —.	Jaten eutsaa, euntsa, euntsazun,	Jaten zárocazun,
Il le lui —.	Jaten eutsan,	Jaten zárocan,

Jaten diot,
Jaten dioc, dion, diozu,
Jaten dio,
Jaten diogu,
Jaten diozue, zute,
Jaten diote,

Jaten nion,
Jaten ion, cinion,
Jaten cion,

(1) Dans ce 2ᵉ dialecte, on emploie aussi diot, dioc, etc. du guipuzcoan, avec la différence qu'on dit Jaten nioen, cioen, etc. Mais voici ses inflexions propres.

DE LA CONJUGAISON DES VERBES.

Jaten guiñón, Nous le lui mangions. *Jaten guéunisan, eusisagun,* *Jaten zdrócagun,*
Jaten cinioien, Vous le lui —. *Jaten céuisan, euisazun,* *Jaten zdrocazuen,*
Jaten cioien, Ils le lui —. *Jaten euisen,* *Jaten zdrocaien,* (1)

IMPÉRATIF.

Jan zaioc, on, ozu, Mange-le lui.
Jan bioza, Qu'il le lui mange.
Jan zaiozue, zute, Que vous le lui mangiez.
Jan biozaie, Qu'ils le lui mangent.

SUBJONCTIF.

Présent.

Jan diozadán, (Que) je le lui mange.
Jan diozadán, zazán, Tu le lui —.
Jan diozán, Il le lui —.
Jan diozagún, Nous le lui —.
Jan diozazuén, Vous le lui —.
Jan diozatén, Ils le lui —.

1ᵉʳ Imparfait.

Jangó nioque, Je le lui mangerais.
Jangó toque, cinioque, Tu le lui —.
Jangó lioque, Il le lui —.
Jangó guinioque, Nous le lui —.
Jangó cinioquete, Vous le lui —.
Jangó lioquete, Ils le lui —.

On reconnaît, par ces inflexions, qu'il faut préférer celles que je donne comme propres, car celles qui, dans ce dialecte, ont *erau*, font *aro* dans les autres, comme on vient de le voir.

(1) Cet autre dialecte est très-usité. — Présent. *Jaten-déraucàt, déraucazu, dérauca, déraucagu, déraucazue, déraucate.* Imparfait. *Néraucan, céneraucan, céraucan, guéneraucan, céneraucaten, céraucaten.*

3ᵉ Imparfait.

Jan niozán,	Je le lui mangeasse (que).
Jan iozán, ceniozdu,	Tu le lui —.
Jan ciozán,	Il le lui —.
Jan guiniozán,	Nous le lui —.
Jan ceniozatén,	Vous le lui —.
Jan ciozatén,	Ils le lui —.

Et aussi : *Jan-niezagón, ceniezagón, ciniezagón, guniezagón*, etc.
Précédé de *que* : *Jan'niozald, et diozadald.*

Futur Conditionnel.

Jan badiozat,	Si je le lui mangerais.
Jan badiozác, an, zazu,	Si tu le lui —.
Jan badioza,	S'il le lui —.
Jan badiozagu,	Si nous le lui —.
Jan badiozazue,	Si vous le lui —.
Jan badiozate,	S'ils le lui —.

Les autres conditionnels avec les inflexions de l'imparfait, sans altération ou divisées : *Jaten banio, banioque*, etc.

§ X.

Dixième Conjugaison relative de troisième personne et régime pluriel.

INDICATIF.

Présent.

	1ᵉʳ Dialecte.		2ᵒ Dialecte.
Jaten dIozat,	Je les lui mange à lui.	Jaten déusadaz,	Jaten ddrotzat,
Jaten dIozac, an, catzu,	Tu les lui manges à lui.	Jaten déutsazac, an, zuz,	Jaten ddrotzac, an, davotzatzu,
Jaten dIozca,	Il les lui mange à lui.	Jaten déusaz,	Jaten ddrotza,
Jaten dIozagu,	Nous les lui mangeons —.	Jaten déutsagu,	Jaten ddrotzagu,
Jaten dIozatzue,	Vous les lui mangez à lui.	Jaten déutsazuz,	Jaten ddrotzatzue,

DE LA CONJUGAISON DES VERBES. 79

Jaten diozcate,   Ils les lui mangent à lui.   *Jaten déusez,*   *Jaten ddrotzate,*

On dit aussi : *Jaten dizquiot, dizquioc, on, dizquiozu, dizquio, dizquiogu, dizquiozue, dizquiozute, dizquiote.*
Et encore : *Diauzcat, diauzcac, an, catzu,* etc.

Et aussi *Jaten-dérauzat, dérauzac, an, atzatzu, dérauza, dérautzagu, dérauzaizue, dérauzate.*

Ou encore : *Jaten-diotzat, diolzac, an, tzatzu, diotza, diotzagu, diotzaizue, diotzate.*

Prét. Imparfait.

	Je les lui mangeais à lui.	
Jaten niozcan,	Tu les lui mangeais —.	*Jaten néusazan,* *Jaten ndrotzan,*
Jaten iozcan, ciniozcan,	Il les lui mangeait.	*Jaten éusaza, éunisaza, céut-* *Jaten zdrotzatzun,*
Jaten ciozcan,	Nous les lui mangions —.	*sazan,* *Jaten zdrotzan,*
Jaten guiniozcan,	Vous les lui mangiez —.	*Jaten éusazan,* *Jaten zdrotzagun,*
Jaten ciniozcaten,	Ils les lui mangeaient —.	*Jaten guéunisazan,* *Jaten zdrotzaizuen,*
Jaten ciozcaten,		*Jaten céutzazan, Jaten éusezan.* *Jaten zdrotzaten.*

Et encore : *Jaten-nizquion, cinizquion, cizquion, guinizquion, cinizquioten, eizquioten.*

Et aussi *Jaten-nérauzan, cérauzan, cérauzcan, guénerauzcan, cénerauzaien, cérauzcaten.* Ou encore *Jaten-nioízan, cinioízan, cíoizan, guinioízan, cinioízaten, cioízaten.*

IMPÉRATIF.

Jan zdiozac, an, catzu,   Mange-les lui à lui.
Jan bitzaizca,   Qu'il les lui mange à lui.
Jan zdiozcatzue,   Mangez-les lui à lui.
Jan bitzaizcate,   Qu'ils les lui mangent à lui.

SUBJONCTIF.

Présent.

Jan diotzaizcaddu,   Je les lui mange à lui (que).
Jan diotzaizcatzáu,   Tu les lui manges à lui.
Jan diotzaizcán,   Il les lui mange à lui.
Jan diotzaizcagún,   Nous les lui mangions à lui.
Jan diotzaizcatzatén, Vous les lui mangiez à lui.
Jan diotzaizcatén,   Ils les lui mangent à lui.

1er Imparfait.

Jangó niozcaque,   Je les lui mangeasse à lui.
Jangó iozcaque, ciniozcaque,   Tu les lui —.
Jangó liozcaque,   Il les lui —.
Jangó guiniozcaque,   Nous les lui —.
Jangó ciniozcaeque,   Vous les lui —.
Jangó liozcaeque,   Ils les lui —.

3e Imparfait.

Jan niozaizcán,   Je les lui mangerais à lui.
Jan iotzaizcán, ciniotzaizcán,   Tu les lui —.
Jan ciotzaizcán,   Il les lui —.
Jan guiniotzaizcán,   Nous les lui —.
Jan ciniotzaizcatén,   Vous les lui —.
Jan ciotzaizcatén,   Ils les lui —.

Futur Conditionnel.

Jan badiotzaizcat,   Si je les lui mangerais à lui.
Jan badiotzaizcac, an, tzaizcatzu,   Si tu les lui mangerais à lui.
Jan badiotzaizca,   S'il les lui mangerait à lui.

De même qu'à l'Impératif: *Jan-záizquioc, zaizquiot-zu*, etc., on dit au présent: *Jan-dizquiotzadán*, etc.

Précédé de *que* : *Jan-niotzaizcalá*, et au présent: *Jan-diotzaizcadalá*, etc.

Les autres conditionnels avec les inflexions de l'imparfait, en retranchant le *que* du premier, et au second, en retranchant ou non l'*n* final.

DE LA CONJUGAISON DES VERBES.

Jan badiotzaizcagu, Si nous les lui mangerions.
Jan badiotzaizcatzue, Si vous les lui mangeriez.
Jan badiotzaizcate, S'ils les lui mangeraient—.

§ XI.

Onzième Conjugaison relative de la première personne du pluriel et régime singulier.

INDICATIF.

Présent.

	1er Dialecte.	2e Dialecte.
Tu nous le manges.	Jaten deuzcuc, un, cuzu,	Jaten dárocuc, un, cuzu,
Il nous le mange.	Jaten deuzcu,	Jaten dárocu,
Vous nous le mangez.	Jaten deuzcuzu,	Jaten dárocuzue,
Ils nous le mangent.	Jaten deuzcue, cuve.	Jaten dárocue.

Et aussi : Jaten-déracuzu, déracu, déracuzue, déracute.

Prét. Imparfait.

Tu nous le mangeais.	Jaten euzcuan, euzcuma, céuz-cun,	Jaten zdrocuzun,
Il nous le —.	Jaten éuzcun,	Jaten zdrocan,
Vous nous le —.	Jaten céuzcun,	Jaten zdrocuzuten,
Ils nous le —.	Jaten éuzcuen,	Jaten zdrocuten.

Et encore : Jaten-céracuzun, céracun, céracuzuten, céracuten.

IMPÉRATIF.

Mange-le-nous toi. Jan zagtic, tn, guzu,

Jaten digue, un, zu,
Jaten digu,
Jaten diguzue, zute,
Jaten digue, gute,

Jaten tgum, ciguzun,
Jaten cigun,
Jaten ciguzuten,
Jaten ciguten,

GRAMMAIRE BASQUE.

Jan beguigu,   Qu'il nous le mange.
Jan zaguzute,   Mangez-le-nous.
Jan beguigute,   Qu'ils nous le mangent.

SUBJONCTIF.

Présent.

Jan diezaguzűn,   Tu nous le manges.
Jan diezagűn,   Il nous le mange.
Jan diezaguzuten,   Vous nous le mangiez.
Jan diezaguten,   Ils nous le mangent.

1er Imparfait.

Jangó cinigueque, iguque,   Tu nous le mangerais.
Jangó liguque,   Il nous le mangerait.
Jangó ciniguçute,   Vous nous le mangeriez.
Jangó liguguete,   Ils nous le mangeraient.

3e Imparfait.

Jan ciniezagűn,   Tu nous le mangeasses.
Jan ciezagűn,   Il nous le mangeât.
Jan ciniezaguten,   Vous nous le mangeassiez.
Jan ciezaguten,   Ils nous le mangeassent.

Futur Conditionnel.

Jan badiezaguc, un, guzu,   Si tu nous le mangerais.
Jan badiezagu,   S'il nous le mangerait.
Jan badiezaguzue,   Si vous nous le mangeriez.
Jan badiezague,   S'ils nous le mangeraient.

Précédé de *que* : *Jan-ciniezaguld*, et au présent, *Jan-diezaguzuld*, etc.

Les autres conditionnels avec les terminaisons de l'imparfait.

DE LA CONJUGAISON DES VERBES.   83

§ XII.

Douzième Conjugaison relative de la même personne et régime pluriel.

INDICATIF.

Présent.

1er Dialecte.		2e Dialecte.
Jaten dizquigue, un, dutzu,	Tu nous les manges.	Jaten déuzcuzac, an, cuzuz,	Jaten ddrozquigue, un, gutzu,
Jaten dizquigu,	Il nous les mange.	Jaten déuzcuz,	Jaten ddrozquigu,
Jaten dizquigutzue, te,	Vous nous les mangez.	Jaten déuzcuzuz,	Jaten ddrozquigutzue,
Jaten dizquigute,	Ils nous les mangent.	Jaten déuzcuvez.	Jaten ddrozquigute,

Et aussi : Jaten dérauzquigue, un, gutzu, dérauzquigu, dérauzquigutzue, dérauzquigute. Et encore, dduzquigue, etc.

Prét. Imparfait.

Jaten iz-ciñizquigun,	Tu nous les mangeais.	Jaten euxcuza, céuzcuzan,	Jaten zdrozquiguizun,
Jaten cizquigun,	Il nous les mangeait.	Jaten éuzcuzan,	Jaten zdrozquignn,
Jaten dizquiguizue,	Vous nous les mangiez.	Jaten céuzcuzan,	Jaten zdrozquiguizuten,
Jaten dizquigute,	Ils nous les mangeaient.	Jaten éuzcuezan.	Jaten zdrozquiguen.

Et aussi : Jaten-cérauzquiguizun, cérauzquigun, cérauzquiguzten, cérauzquiguten. Et encore : Zduzquigutzun, etc.

Prét. Imparfait.

Jaten iz-ciñizquigun,	Tu nous les mangeais.
Jaten cizquigun,	Il nous les mangeait.
Jaten cinizquiguten,	Vous nous les mangiez.
Jaten cizquiguten,	Ils nous les mangeaient.

84 GRAMMAIRE BASQUE.

IMPÉRATIF.

Jan zaguizquiguc, ui, utzu, Mange-nous-les toi.
Jan beguizquigu, Qu'il nous les mange.
Jan zaguizquiguizute, Mangez-les-nous.
Jan beguizguigue, Qu'ils nous les mangent.
Et aussi : Jan-zaizquigue, zaizquiguzu, etc.

SUBJONCTIF.

Présent.

Jan dizquizaguizan, Tu nous les manges.
Jan dizquitzagán, Il nous les —.
Jan dizquizaguizuten, Vous nous les —.
Jan dizquizaguten, Ils nous les —.

1er Imparfait.

Jangó cinizquiguque, Tu nous les mangerais.
Jangó lizquiguque, Il nous les —.
Jongó cinizquiguquete, Vous nous les —.
Jangó lizquiguquete, Ils nous les —.

3e Imparfait.

Jan cinietzaizquigitén, Tu nous les mangeasses.
Jan cietzaizquigitén, Il nous les —.
Jan cinietzaizquiguten, Vous nous les —.
Jan cietzaizquiguten, Ils nous les —.

Futur Conditionnel.

Jan badizquiizagu, un, gutzu, Si tu nous les mangerais.
Jan badizquiizagu, S'il nous les —.
Jan badizquiizaguzute, Si vous nous les —.
Jan badizquiizague, S'ils nous les —.

Précédé de que : *Jan-cinietzaizquigulá*, et au présent : *Jan-dizquitzaguzulá*, etc.

Les autres conditionnels avec les terminaisons de l'Imparfait, en retranchant le *que* au premier et l'n finale au troisième.

DE LA CONJUGAISON DES VERBES.

§ XIII.

Treizième Conjugaison relative de la seconde personne du pluriel et régime singulier.

INDICATIF.

Présent.

	1ᵉʳ Dialecte.	2ᵉ Dialecte.
Je vous le mange.	Jaten déutsuet,	Jaten dárotzuet,
Il vous le —.	Jaten déutsue,	Jaten dárotzue,
Nous vous le —.	Jaten déutsugue,	Jaten dárotzuegu,
Ils vous le —.	Jaten déutsue,	Jaten dárotzue,
		Et aussi : Jaten dératzuet, dératzue, dératzuegu, dératzue. Et encore, Jaten-ddutzuet, ddutzue, ddutzuegu, ddutzue.

Prét. Imparfait.

Je vous le mangeais.	Jaten néutsuen,	Jaten nárotzuen,
Il vous le —.	Jaten éutsuen,	Jaten zárotzuen,
Nous vous le —.	Joten guémtsuen,	Jaten zárotzuguen,
Ils vous le —.	Jaten éutsuen, ven,	Jaten zárotzuen.
		Et aussi : Jaten-nduizuen, zduizuen, zduizuguen, zduizuen. Et encore : Jaten-néraizuen, etc.

SUBJONCTIF.

Présent.

Je vous le mange. — Jan diazaueddin,

Jaten dizutet,
Jaten dizute,
Jaten dizugute,
Jaten dizutete.

Jaten cizuten,
Jaten cizuten,
Jaten guénizuten,
Jaten cizuteten.

4

GRAMMAIRE BASQUE.

Jan diezazuén, Il vous le mange.
Jan diezazuguén, Nous vous le —.
Jan diezazuén, Ils vous le —.

1ᵉʳ Imparfait.

Jango niquezute, Je vous le mangerais.
Jango liquezute, Il vous le —.
Jango gutniquezute, Nous vous le —.
Jango liquezute, Ils vous le —.

3ᵉ Imparfait.

Jan niezazuén, Je vous le mangeasse.
Jan ziezazuén, Il vous le —.
Jan guiniezazuén, Nous vous le —.
Jan ciezazuén, Ils vous le —.

Futur Conditionnel.

Jan badiezazuet, Si je vous le mangerais.
Jan badiezazue, S'il vous le —.
Jan badiezazugue, Si nous vous le —.
Jan badiezazue, S'ils vous le —.

Précédé de *que* : *Jan-niezazueld*, et au présent, *Jan-diezazuedalá*, etc.

Les autres conditionnels avec les inflexions de l'imparfait.

§ XIV.

Quatorzième Conjugaison relative de la même personne et régime pluriel.

INDICATIF.

	1ᵉʳ Dialecte.	2ᵉ Dialecte.
Présent.		
Je vous les mange.	Jaten deutsuedaz,	Jaten dározquitzuet,
	Jaten dizquitzutet,	

DE LA CONJUGAISON DES VERBES.

Jaten ditzquizute,   Il vous les mange.   Jaten deutsuez,   Jaten ddrozquizue,
Jaten dizquizuegu,   Nous vous les —.   Jaten deutsuguz,   Jaten ddrozquizuegu,
Jaten dizquizute,   Ils vous les —.   Jaten deutsuez,   Jaten ddrozquizue.
                                                        Et aussi : Jaten-dduzquit-
                                                        zuet, dduzquizue, dduzquil-
                                                        znegu, dduzquitzue. Et encore :
                                                        Jaten-derauzquitzuet, etc.

Prét. Imparfait.

Jaten nizquizuten,   Je vous les mangeais.   Jaten nèutzuzan,   Jaten ndrozquizuen,
Jaten ctzquizuten,   Il vous les —.   Jaten èutzuezan,   Jaten zdrozquizuen,
Jaten guinizquizuten,   Nous vous les —.   Jaten guéuntzuezan,   Jaten zdrozquizuegun.
Jaten ctzquizuten,   Ils vous les —.   Jaten eutzuezan.   Et aussi : Jaten-nduzquil-
    On syncope aussi ces inflexions : Jaten-dtzzuet, dtzizu-   zuen, etc., et Jaten-nérauz-
te, etc. Et Jaten-nizzuten, ctzizuen, etc.   quitzuen, etc.

SUBJONCTIF.

Présent.

Jan ditzaizquitzuieddn,   Je vous les mange.
Jan ditzaizquitzutén,   Il vous les —.
Jan ditzaizquitzuguién,   Nous vous les —.
Jan ditzaizquitzutén,   Ils vous les —.

1er Imparfait.

Jangó nizquitzuteque,   Je vous les mangerais.
Jangó ltzquitzuteque,   Il vous les —.
Jangó guinizquitzuteque,   Nous vous les —.
Jangó ltzquitzuteque,   Ils vous les —.

3° Imparfait.

Jan nitzaizquitzuén,	Je vous les mangeasse.
Jan citzaizquitzuén,	Il vous les —.
Jan guinitzaizquitzuén,	Nous vous les —.
Jan citzaizquitzuén,	Ils vous les —.

Précédé de *que* : *Jan-nitzaizquitzuelá*, et au présent : *Jan-ditzaizquitzuedalá*, etc.

Futur Conditionnel.

Jan baditzaizquitzutet,	Si je vous les mangerais.
Jam baditzaizquitzute,	S'il vous les —.
Jan baditzaizquitzugute,	Si nous vous les —.
Jan baditzaizquitzute,	S'ils vous les —.

Les autres conditionnels avec les inflexions de l'imparfait, le premier sans le *que*, et le troisième sans l'*n* final.

§ XV.

Quinzième Conjugaison relative de la troisième personne du pluriel et régime singulier.

INDICATIF.

Présent. Je leur mange le (pain).

1ᵉʳ Dialecte.

Jaten diotet,	Jaten deuset,
Jaten diotec, en, diezlezu,	Jaten deusec, en, deusezne,
Jaten diote,	Jaten deuse,
Jaten diotegu, diegu,	Jaten deusegue,
Jaten diozute,	Jaten deusezue,
Jaten diote,	Jaten deuse,

On dit aussi : *Jaten diet, diec, dien, diezlezu, die, diegu, diezlezue, die.*

2ᵉ Dialecte.

Jaten dárotzatet,
Jaten dárotzatec, en; tezu,
Jaten dárotzate,
Jaten dárotzategu,
Jaten dárotzatezue,
Jaten dárotzate.

Et aussi : *Jaten-diotzatet, deutzatec, en, deutzatezue, deutz-diotzaiegu, te, deutzategue, deutzatezue, deuzte*, etc.

DE LA CONJUGAISON DES VERBES.

Prét. Imparfait.

Je leur mangeais le. — *Jaten nioten,*
Tu leur —. — *Jaten ciñiezun,*
Il leur —. — *Jaten cioten,*
Nous leur —. — *Jaten guiñioten,*
Vous leur —. — *Jaten ciñiozuten,*
Ils leur —. — *Jaten cioten,*

On dit aussi : *Aten-nien , ciñien cien , guiñien , cinieten*

IMPÉRATIF.

Mange-le leur toi. — *Jaten nézusen,* / *Jan zaiéc, enezu,*
Qu'il le leur —. — *Jaten éuzita, zeuzten,* / *Jan biésa,*
Mangez-le-leur. — *Jaten éuzten,* / *Jan zdiezue,*
Qu'ils le leur —. — *Jaten guéuzten,* / *Jan biezate,*
Jaten céusten,
Jaten éuzten.

Ou aux 2 dernières personnes, *Jaten-ceutzen,eutzen, ten,* etc.

SUBJONCTIF.

Présent.

Je le leur mange. — *Jan diozaedán,* / *Jaten ndrotzaten,*
Tu le leur —. — *Jan diozazulén,* / *Jaten zdrotzazuten,*
Il le leur —. — *Jan diozatén,* / *Jaten zdrotzaten,*
Nous le leur —. — *Jan diozagutén,* / *Jaten zdrotzaguten,*
Vous le leur —. — *Jan diozazutén,* / *Jaten zdrotzazuten,*
Ils le leur —. — *Jan diozatén,* / *Jaten zdrotzaten.*

Et aussi : *Jaten-niotza-cien.*

1ᵉʳ Imparfait.

Je le leur mangerais à eux. — *Jango nioteque,*
Tu le leur —. — *Jango cinioteque,*
Il le leur —. — *Jango lioteque,*

90   GRAMMAIRE BASQUE.

Jongo guiniotéque,   Nous le leur mangions —.
Jango cinioteque,   Vous le leur —.
Jongo lioteque,   Ils le leur —.

3° Imparfait.

Jan niozatén,   Je le leur mangeasse à eux.
Jam ciniozatén,   Tu le leur —.
Jam ciozatén,   Il le leur —.
Jam guiozatén,   Nous le leur —.
Jam ciniozatén,   Vous le leur —.
Jam ciozatén,   Ils le leur —.

Futur conditionnel.

Jan badiozatet,   Si je le leur mangerais à —.
Jan badiozazue,   Si tu le leur —.
Jan badiozate,   S'il le leur —.
Jan badiozagute,   Si nous le leur —.
Jan badiozazute,   Si vous le leur —.
Jan badiozate,   S'ils le leur —.

On dit aussi : *Jan-niezaten, ciniezaten, ciezaten*, etc.

Et précédé de *que* : *Jan-niosateld*, et au présent, *Jan-diozaledalá*, etc.

Les autres conditionnels avec les inflexions de l'imparfait, sans le *que* et sans l'*n* finale.

§ XVI.

Seizième Conjugaison relative de la même personne et régime pluriel.

INDICATIF.   1ᵉʳ Dialecte.   2ᵉ Dialecte.

Présent.   Je les leur mange à eux.   Jaten déusedaz,   Jaten dározquiotet,
                Tu les leur —.   Jaten déuseac, an, auz,   Jaten dározquiotec, en, tezu,

Jaten diozatet,   en, tzue,
Jaten diozatec, en, tzue,

DE LA CONJUGAISON DES VERBES.

Jaten diozcate,   Il les leur mange à eux.   Jaten deusez,   Jaten ddrozquiote,
Jaten diozcagute,   Nous les leur —.   Jaten deusegaz,   Jaten ddrozquiotegu,
Jaten diozcatec,   Vous les leur —.   Jaten deusezuz,   Jaten ddrozquioteɀue,
Jaten diozcate,   Ils les leur —.   Jaten deusez,   Jaten ddrozquiote.
On dit aussi : Jaten-diezlet, diezleɀu, dieɀte, diezlegu, diez. Et aussi : Jaten-deuzledaz, On dit aussi : Jaten-ddroz-
teɀue, dieɀe. Et encore, diɀquiolet, diɀquiote, etc. deuzlesac, an, zuz, deuzlez, catet, dároɀcatec, en, teɀu,
                                                                deuzlegus, deusleɀuez, deuzlez. dároɀcate, etc.

Prét. Imparfait.

Jaten ntioɀcaten,   Je les leur mangeais à eux. Jaten neutzezan,   Jaten ndrozquioten,
Jaten ctnioɀcaten,   Tu les leur —.   Jaten eutzezea, ceutzezan, Jaten zdrozquiozuten,
Jaten cioɀcaten,   Il les leur —.   Jaten eutzezan,   Jaten zdrozquiolen,
Jaten gutnioɀcaten,   Nous les leur —.   Jaten gueutzezan,   Jaten zdrozquioguten,
Jaten ctnioɀcaten,   Vous les leur —.   Jaten ceutzezan,   Jaten zdrozquiozuen,
Jaten cioɀcaten,   Ils les leur —.   Jaten euzleziņ.   Jaten zdrozquioten.
   Et aussi : Jaten-ntezten, chniezten, ctezten, ou ntzquioten,   Et aussi : Ndrozcaten, etc.,
cizquiolen, etc.   ou déɀauzquiolet, etc.

IMPÉRATIF.

Jan zaiescac, an, caizu, Mange-les leur à eux.
Jan bietzaiscate,   Qu'il les leur —.
Jan zaiezcaizue,   Mangez-les leur à eux.
Jan bietzaizcate,   Qu'ils les leur —.

SUBJONCTIF.

Présent.

Jan dietzaizcateddn,   Je les leur mange à eux.   On forme aussi les inflexions de ce temps avec dio,
Jan dietzaizcatzuén,   Tu les leur —.   au lieu du die initial.
Jan dietzaizcatén,   Il les leur —.   Précédé de que : Jan-dietzaizcatedala.

91

GRAMMAIRE BASQUE.

Jan dietzaizcategûn,   Nous les leur mangions.
Jan dietzaizcaizatén,   Vous les leur —.
Jan dietzaizcatén,   Ils les leur —.

    1ᵉʳ Imparfait.

Jangô niozcateque,   Je les leur mangerais à —.
Jangô chniozcateque,   Tu les leur —.
Jangô lïozcateque,   Il les leur —.
Jangô guiniozcateque,   Nous les leur —.   On peut remplacer *nioz* par *niez*.
Jangô cïniozcateque,   Vous les leur —.
Jangô lïozcateque,   Ils les leur —.

    3º Imparfait.

Jan niotzaizcatén,   Je les leur mangeasse à —.
Jan ciniotzaizcatén,   Tu les leur —.
Jan ciotzaizcatén,   Il les leur —.   Précédé de *que* : *Jan-niotzaizcateld.*
Jan guiniotzaizcatén,   Nous les leur —.
Jan ciniotzaizcatén,   Vous les leur —.
Jan ciotzaizcatén,   Ils les leur —.

REMARQUE. — Nous avons vu jusqu'ici les deux conjugaisons absolues et les seize transitives ou relatives, en tout dix-huit. Les cinq qui suivent sont aussi relatives, mais à l'accusatif, la personne à laquelle se rapporte l'action du verbe supportant cette relation : Tu me manges moi-même, *hic jaten-nac* ; je te mange toi-même, *nic jaten aut,* etc. Des cinq conjugaisons de cette sorte, trois correspondent aux trois pronoms *ni, hi, zu,* ou *neu, eu, zeu,* et deux aux deux pronoms ou personnes du pluriel *gu, zuec,* ou *guen, zeuec.* Les troisièmes personnes, soit du singulier, soit du pluriel, n'ont pas de conjugaison à part ; et quand, dans le discours, elles représentent l'accusatif, comme

DE LA CONJUGAISON DES VERBES.   93

alors le sens est absolu, le verbe qui s'y rapporte est également absolu : Je mange cet homme, *jaten-det, guizôn hurâ, edô, ôten dôt, ôten dût* ; je mange ces hommes, *jôten-dùut guizôn ôiec, edô jôten dôdaz guizôn ôiec, edô jôten-tût guizôn ôec.* Quand je dis que les personnes auxquelles l'action du verbe se rapporte sont à l'accusatif, on comprend que cet accusatif est contenu dans l'inflexion même du verbe, sans qu'il soit nécessaire de l'exprimer comme il faut le faire dans les autres langues : *jôten-nôute*, ils me mangent, sans ajouter *ni* ou *neu*.

§ XVII.

Première Conjugaison relative, le pronom ni ou neu étant accusatif.

INDICATIF.

Présent.

	1ᵉʳ Dialecte (1).	2ᵉ Dialecte (1).
Tu me manges.	*Jaten nôc, nôn, nôzu,*	*Jaten nanc, naun, nauzu,*
Il me —.	*Jaten nou,*	*Jaten nau,*
Vous me —.	*Jaten nozue,*	*Jaten nauzute, zue,*
Ils me —.	*Jaten noue, naue,*	*Jaten naute.*

Prét. Imparfait.

Tu me mangeais.	*Jaten ninduan, en, duzun,*	*Jaten ninduen, nidduzan,*
Il me —.	*Jaten ninduan, duen,*	*Jaten ninduen,*
Vous me —.	*Jaten ninduzuten,*	*Jaten ninduzuen,*
Ils me —.	*Jaten ninduten,*	*Jaten ninduten.*

(1) Les dialectes de ces conjugaisons se confondent plus que dans les autres ; toutefois, ces modèles peuvent suffire.

IMPÉRATIF.

Jan nazdc, an, zazu,   Mange-moi.
Jan nazd,   Qu'il me mange.
Jan nazazue,   Mangez-moi.
Jan nazate,   Qu'ils me mangent.

SUBJONCTIF.

Présent.

Jan nazadn, zazan,   Tu me manges.
Jan nazân,   Il me —.
Jan nazazuên,   Vous me —,
Jan nazatén,   Ils me —.

Précédé de que : *Nazaalá nazazulá*, etc.

1er Imparfait.

Jangô ninduquec, en, quezu,   Tu me mangerais.
Jangô ninduque,   Il me —.
Jangô ninduquezue, te,   Vous me —.
Jangô ninduquete,   Ils me —.

3e Imparfait.

Jan nintzacadn, nintzazán,   Tu me mangeasses.
Jan nintzán,   Il me —.
Jan nintzazuên,   Vous me —.
Jan nintzatén,   Ils me —.

Précédé de que : *Nintzazulá, nintzalá*, etc.

Futur Conditionnel.

Jan banazac, an, zu,   Si tu me mangerais.
Jan banaza,   S'il me —,
Jan banazazue,   Si vous me —,
Jan banazate,   S'ils me —.

Les autres conditionnels à l'aide des inflexions de l'imparfait.

DE LA CONJUGAISON DES VERBES.   95

§ XVIII.

Dix-huitième Conjugaison relative avec le pronom hi ou eu pour accusatif.

INDICATIF.

Présent.

	1ᵉʳ Dialecte.	2ᵉ Dialecte.
Je te mange toi-même,	Jaten ot, aut,	Jaten aut,
Il te —.	Jaten oi, au,	Jaten au,
Nous te —.	Jaten ougu, agu,	Jaten augu, agu,
Ils te —.	Jaten oule, oue.	Jaten aute.

Prét. Imparfait.

Je te mangeais toi-même. Jaten induva,
Il te —. Jaten induva,
Nous te —. Jaten induguva,
Ils te —. Jaten induvea.

Conforme au 1ᵉʳ dialecte.

SUBJONCTIF.

Présent.

Je te mange.
Il te —.
Nous te —.
Ils te —.

Précédé de que : Jan-azadald, etc.

1ᵉʳ Imparfait.

Je te mangerais.
Il te —.

Jaten at, aut,
Jaten de, dn, du,
Jaten agu,
Jaten die, aute, due,

Jaten indudan,
Jaten induan,
Jaten indugun,
Jaten induen,

Jan azadan,
Jan azan,
Jan azagan,
Jan azaten,

Jangô induguet,
Jangô induque,

GRAMMAIRE BASQUE.

Jangó tnduquegu,	Nous te mangerions.
Jangó tnduquete,	Ils te —.

3ᵉ Imparfait.

Jan inzaadán,	Je te mangeasse.
Jan inzaán,	Il te —.
Jan inzaagún,	Nous te —.
Jan inzaatén,	Ils te —.

Futur Conditionnel.

Jai baazat,	Si je te mangerais.
Jan baaza,	S'il te —.
Jan baazagu,	Si nous te —.
Jan baazate,	S'ils te —.

Précédé de *que* : *Jan-inzaadalá*, etc.

Les autres conditionnels avec les inflexions de l'imparfait.

§ XIX.

Dix-neuvième Conjugaison relative, le pronom zu ou zue étant accusatif.

INDICATIF.

Présent.

1ᵉʳ Dialecte.		2ᵉ Dialecte.
Jaten zditut,	Je te mange toi.	Jaten zditudaz,
Jaten zditu,	Il te —.	Jaten zdituz,
Jaten zditugu,	Nous te —.	Jaten zdituguz,
Jaten zditute,	Ils te —.	Jaten zdituwe.

On dit aussi *Jaten-zainu*, etc. équivoque.

Il ne présente que très peu de différence avec le premier, et l'on dit : *Jaten-zditue* pour *zdituzte*, qui est équivoque.

Prét. Imparfait.

Jaten cindudan,	Je te mangeais toi.

Jaten cindudazan,

DE LA CONJUGAISON DES VERBES.

Jaten cinduen, an,   Il te mangeait toi.
Jaten chdúigun,   Nous te —.
Jaten cinduen,   Ils te —.

SUBJONCTIF.

Présent.

Jan zaitzadán,   Je te mange toi.
Jan zaitán,   Il te —.
Jan zaizagún,   Nous te —.
zaizatén,   Ils te —.

Précédé de *que* : *Jan-zaizadalá,* etc.

1er Imparfait.

Jangó chduquet,   Je te mangerais toi.
Jangó cinduque,   Il te —.
Jangó cinduquegu,   Nous te —.
Jangó cinduquete,   Ils te —.

3e Imparfait.

Jan cintzadán,   Je le mangeasse toi.
Jan cintzán,   Il te —.
Jan cintzagún,   Nous te —.
Jan cintzaatén,   Ils te —.

Précédé de *que* : *Jan-cintzadalá,* etc.

Futur conditionnel.

Jan bazaitzat,   Si je te mangerais toi.
Jan bazaitza,   S'il te —.
Jan bazaitzagu,   Si nous te —.
Jan bazaitzate,   S'ils te —.

Les autres conditionnels avec les inflexions de l'imparfait.

§ XX.

Vingtième Conjugaison relative avec le pronom gu ou gueu pour accusatif.

INDICATIF.

	1er Dialecte.	2e Dialecte.

Présent.

Tu nous manges. — Jaten gozac, an, gozuz, — Jaten gâituc, un, tuzu,
Il nous —. — Jaten gaituz, — Jaten gâitu,
Vous nous —. — Jaten gozuz, — Jaten gâituzue,
Ils nous —. — Jaten gaiuez, — Jaten gâituzie,

Prét. Imparfait.

Tu nous mangeais. — Jaten guinduzu, guinduzuzan, — Jaten indugun, guinduzun,
Il nous —. — Jaten guinduzan, — Jaten guhnduen, an,
Vous nous —. — Jaten guinduzuzan, — Jaten guinduzuten,
Ils nous —. — Jaten guinduezan. — Jaten guinduzten,

IMPÉRATIF.

Mange-nous. — Jan gaitzac, an, tzatzu,
Qu'il nous mange. — Jan gaitza,
Mangez-nous. — Jan gaitzatzute,
Qu'ils nous mangent. — Jan gaitzate,

SUBJONCTIF.

Présent.

Tu nous manges. — Jan gaitzatzan,
Il nous —. — Jan gaitzan,

Précédé de *que* : *Jan-gaitzatzulá*, etc.

DE LA CONJUGAISON DES VERBES.

Jan gaitzatzutén,	Vous nous mangiez.
Jan gatizatén,	Ils nous mangent.

4er Imparfait.

Jangô guinduquec, en, quezu,	Tu nous mangerais.
Jangô guinduque,	Il nous —.
Jangô guinduzuquete,	Vous nous —.
Jangô guinduquete,	Ils nous —.

3e Imparfait.

Jan guintzadn, tzatzán,	Tu nous mangeasses.
Jan guintzán,	Il nous —.
Jan guintzaizutén,	Vous nous —.
Jan guintzatén,	Ils nous —.

Futur conditionnel.

Jan bagaitzác, an, tzaizu,	Si tu nous mangerais.
Jan bagaitza,	S'il nous —.
Jan bagaitzaizue,	Si vous nous —.
Jan bagaitzate,	S'ils nous —.

Précédé de *que* : *Jan-guintzaalá*, etc.

Les autres conditionnels avec les inflexions de l'imparfait.

§ XXI.

Vingt-unième Conjugaison relative, avec la seconde personne du pluriel pour accusatif.

INDICATIF.

Présent.

	Je vous mange.
	Il vous —.

1er Dialecte.

Jaten zaituedaz,
Jaten zaiuez,

2e Dialecte.

Il diffère à peine du guipuzcoan, selon ce que j'ai

Jaten zaiuztet,
Jaten zaituzte,

Jaten zdituztegu,	Nous vous mangeons.
Jaten zaituzte,	Ils vous —.

Prét. Imparfait.

Jaten cinduzteddn,	Je vous mangeais.
Jaten cinduzten,	Il vous —.
Jaten cinduztegun,	Nous vous —.
Jaten cinduzten,	Ils vous —.
Jaten zaitueguz,	pu découvrir.
Jaten zaituwe,	
Jaten cindudazaen,	
Jaten cinduzaen,	
Jaten cinduguzaen,	
Jaten cinduezaen.	

On forme aussi ce dialecte avec les inflexions qui correspondent au singulier zeu : *Jaten-zaitudaz*, je vous mange, etc.

SUBJONCTIF.

Présent.

Jan zaizatedán,	Je vous mange.
Jan zaitzatén,	Il vous —.
Jan zaizategún,	Nous vous —.
Jan zaitzatén,	Ils vous —.

Précédé de *que* : *Jan-zaizatedalá*, etc.

1ᵉʳ Imparfait.

Jangó cinduzquetet,	Je vous mangerais.
Jangó cinduzquete,	Il vous —.
Jangó cinduzquetegu,	Nous vous —.
Jangó cinduzquete,	Ils vous —.

3ᵉ Imparfait.

Jan cintzatedán,	Je vous mangeasse
Jan cintzatén,	Il vous —.
Jan cintzategún,	Nous vous —.
Jan cintzatén,	Ils vous —.

Précédé de *que* : *Jan-cintzatedalá*, etc.

DE LA CONJUGAISON DES VERBES.

Futur Conditionnel.

Jan bazaitzaet,   Si je vous mangerais.
Jan bazaitzate,   S'il vous —.
Jan bazaitzategu,   Si nous vous —.
Jan bazaitzaie,   S'ils vous —.

Les autres conditionnels avec les inflexions de l'imparfait.

Telles sont les vingt-trois conjugaisons régulières du verbe actif; il nous reste peu de chose à en dire. Nous nous bornerons donc aux observations que voici : 1° On trouve souvent, dans les inflexions, la syllabe *ñi*. Si elle est au commencement de l'inflexion, elle se prononce toujours alors comme en français. Mais si elle se trouve au milieu de l'inflexion, on peut et il est d'usage de la prononcer comme *ñi* espagnol ou *gni* mouillé français : *Jaten-ciñituen, guiñituen; jangó ciñituque, guiñituque; jan ciñitzan, guiñitzân,* etc. 2° Dans les imparfaits du subjonctif, on trouve souvent ces deux syllabes réunies, *quete*; je fais remarquer que l'usage est de les transposer, *teque* : *Jangó-luquete, liteque; cinduquete, cinduteque,* etc. 3° Dans quelques conjugaisons, l'inflexion de la seconde personne du singulier *zu* ou *zeu* est la même au pluriel; et de même pour l'inflexion de la troisième personne : cela vient de ce que, dans les celles du pluriel, on syncope ou supprime la répétition d'une syllabe qui a la même inflexion : *Jaten diozcate,* il les leur mange à eux, ou ils se les mangent; mais alors on supprime le *te* qui devrait se répéter au pluriel : *Jaten diozcatete.* Même chose a lieu dans les deux autres dialectes; il est facile de le remarquer.

CHAPITRE VII.

DU VERBE PASSIF ET DE L'AUXILIAIRE *Naizó naz.*

Le verbe actif se nomme ainsi, parce qu'il signifie l'exercice d'une action qu'exécute l'une des trois personnes du singulier ou du pluriel, et qui se rapporte à un autre objet distinct de ces mêmes personnes qui l'exécutent : *Jaten det*, je mange, est actif.

On appelle passif, au contraire, le verbe qui, étant actif, change d'inflexion et de signification, car l'inflexion active signifie l'une des trois personnes, en tant qu'elle supporte et reçoit. La première (active) déclare l'action conçue d'une manière déterminée dans l'une des trois personnes. La deuxième (passive) signifie l'effet subi ou reçu de cette même action, soit qu'elle soit produite intérieurement, soit qu'elle procède d'autre part : ainsi, en latin *tu amas* signifie l'action d'aimer, qui procède résolument de toi ; mais *tu amaris* signifie la réception de l'affection, soit de celle que tu possèdes au-dedans de toi, soit de celle que d'autres ont pour toi.

§ I.

DES VERBES PROPREMENT PASSIFS.

La nature du verbe passif étant ainsi exposée, il est facile de le reconnaitre. La langue française (ainsi que l'espagnole et l'italienne) n'a pas de verbes passifs, parce qu'elle n'a pas de verbes actifs qui présentent des inflexions distinctes à chaque personne pour l'action passive. Expliquons cela : le français peut appeler passives deux manières de s'énoncer : 1° quand il dit : *Je suis aimé*, puisque au fait je reçois l'affection d'autrui ; 2° *je me tue*, puisque je reçois encore le résultat d'une action, bien qu'elle soit exécutée par moi-même.

§ II.

DU VERBE PASSIF BASQUE.

Le basque a des verbes proprement passifs et d'autres qui le sont improprement. Ces derniers sont ceux qui correspondent à ceux que les Francais peuvent appeler passifs, et que nous venons d'expliquer. Car, en premier lieu, ils forment leurs locutions avec l'auxiliaire *naiz, aiz, da,* je suis, tu es, il est, et avec l'adjectif verbal provenant de l'actif : *Naiz janá, aiz janá, cerá jañá, du janá,* je suis mangé, tu es mangé, il est mangé ; *guera jánac, cérate jánac, dira jánac,* nous sommes mangés, vous êtes mangés, ils sont mangés : *janá* et *jánac* ne sont pas le participe indéclinable *jan* de l'actif, mais adjectif verbal. Ils ont aussi les locutions qui répondent à celles où le français emploie les pronoms *me, te, se,* et où l'on n'explique pas la personne qui agit ; et ces locutions se forment avec les inflexions relatives du verbe actif qui correspondent à chaque pronom : *Játen-náute*, ils me mangent ; *játen-áute, záiztuzte,* ils te mangent ; *játen-gáituzte,* ils nous mangent, etc.

Les verbes basques proprement passifs sont ceux qui, en conservant les modes de l'infinitif du verbe actif, ont un auxiliaire particulier et différent de l'actif et qui ont plus de conformité avec les verbes latins proprement passifs. L'auxiliaire de ces verbes est le même qui sert au verbe neutre absolu *Naiz, aiz, da*, je suis, tu es, il est. Nous expliquerons les propriétés de ce verbe, quand nous parlerons du verbe neutre ; en attendant, je vais donner sa conjugaison.

§ III.

DE L'AUXILIAIRE *Naiz* OU *Naz* ET DE SA CONJUGAISON.

Le verbe *Izún, izandú, izatú*, signifie *avoir* et *être* : avec la première de ces deux significations, il est actif avec tous les auxiliaires des conjugaisons actives. Quand il signifie *être*, il n'est ni actif ni neutre, et a pour auxiliaire, pour la variété des inflexions, *naiz, aiz, da*. La conjugaison régulière du verbe *izan* suit en tout les règles du verbe actif, c'est-à-dire avec cet auxiliaire et les différents modes de l'infinitif. Ceux-ci se forment aussi selon les règles que nous avons données : ainsi, *izán* se terminant par une consonne, participe présent *izáten*, participe futur *izangó*, etc. De cette manière, connaissant les auxiliaires du présent et du prétérit imparfait de l'indicatif, on sait tous les temps de l'indicatif. Les auxiliaires sont comme il suit :

INDICATIF.

Présent.		Prét. Imparfait.		Dialectes.
Naiz,	Je suis.	*Ninzan,*	J'étais.	Présent. — *Ni, naz* ; *hi, haz* ; *zu, zard, zaré, gu, gard, garé* ; *zárate, dire*.
Aiz, cera, cerade,	Tu es.	*Inzan, cíñan, ciñaden,*	Tu étais.	On dit aussi, à la troisième personne, *de*, il est, quand un adverbe le
Da,	Il est.	*Zan,*	Il était.	
Guerá,	Nous sommes.	*Guíñan, guiñaden,*	Nous étions.	

DE LA CONJUGAISON DES VERBES. 105

Cérate, / Vous êtes. Ciñaten, / Vous étiez.
Dira, dirade, / Ils sont. Ciran, ciraden, / Ils étaient.

suit : *Hura deta dénari*, pour *dala dánari*, etc.
IMPARFAIT. — *Ninizen, ciñen, zen, guiñen, ciñen, ciren.*

Ces auxiliaires sont substantifs et simples inflexions, parce qu'ils ont une signification par eux-mêmes et sans composition aucune. Mais ils serviront à faire des temps composés et réguliers, si on y ajoute le participe présent *izaten* : au présent *izaten naiz*, à l'imparfait *izaten ninzan*. Ainsi se composent encore tous les autres temps du verbe *izan*, à l'indicatif et au subjonctif.

IMPÉRATIF.

Izán ádi, záite, / Sois. Izán zatezte, zaiteze, / Soyez.
Izán bédi, bidi, / Qu'il soit. Izán bitez, / Qu'ils soient.

La troisième personne a encore ces inflexions simples : *Den, biz*, qu'il soit, et la seconde, *zaren*, sois.

SUBJONCTIF.

Présent.

Izán nadin, / Que je sois. Izán gaitezén, / Que n. soyons.
Izán adin, zaitezén, / Que tu sois. Izán zaitezén, / Que vous soyez.
Izán dedin, didin, / Qu'il soit. Izán diiecén, / Qu'ils soient.

1er Imparfait.

Précédé de *que* :
Izán-nadillá, etc.

Izangó nintzaque, / Je serais. Izangó guiñaque,
Izangó intzaque, ciñaque, / Tu serais. Izangó ciñaieque,
  Izangó ltroque,
Izangó ltzaque, / Il serait.

  Nous serions.
  Vous seriez.
  Ils seraient.

Cette même inflexion signifie aussi
J'aurais été.

Le second imparfait, selon les règles générales.

GRAMMAIRE BASQUE.

3ᵉ Imparfait.

Izán nendín,	Je fusse.	Nous fussions.
Izán endín, cindecén,	Tu fusses.	Izán guindecén,	Vous fussiez.
Izán cedín, cídtn,	Il fût.	Izán cizaiezén, cin- dezten,	Ils fussent.
		Izán citecén,	

Précédé de *que* : *Izán-nendillá*, etc.

Imparfait Conditionnel simple.

Baninz, Si je serais, si je *Baguiña, baguiñade,* fusse.
Baninz, baciñá, baci- Si tu serais , si *Baciñae,* ñade, tu fusses.
Baltz, S'il serait, s'il fût. *Balirá, balirade,*

Cette même inflexion, avec le participe *izán*, répond à *j'aurais*, *j'eusse été* : *Izan bauñz*, si j'aurais, si j'eusse été.

Futur Conditionnel.

Izán banadí,	Si je serais.	Izán bagaitéz,	Si nous serions.
Izán bandi, bazaitéz,	Si tu serais.	Izán bazaitezté,	Si vous seriez.
Izán badedí.	S'il serait.	Izán baditéz,	S'ils seraient.

Telle est la clef qui donne la connaissance des verbes basques proprement passifs qui se rendent en français avec les pronoms *me*, *te*, *se*, accusatifs. Ces verbes , en basque , se forment avec les modes mêmes de l'infinitif actif et l'inflexion substantive *naiz*, *aiz*, etc., conservant dans la formation des règles générales. Je donne un exemple dans le présent de l'indicatif que voici :

Erretzen naiz,	Je me brûle.	*Erretzen guéra*,	Nous nous brûlons.
Erretzen aiz, cera,	Tu te brûles.	*Erretzen cérate*,	Vous vous brûlez.
Erretzen dá,	Il se brûle.	*Erretzen dira*,	Ils se brûlent.

Ce mode est proprement passif , car le verbe en soi-même étant actif , ajoute l'inflexion distincte pour signifier le support ou la réception de cette action ou exercice qu'exprime le verbe actif. Il y aurait quelque chose à ajouter à ceci, mais nous ne pouvons pas nous arrêter à tous les détails.

CHAPITRE VIII.

DU VERBE NEUTRE ET DE SES CONJUGAISONS.

§ 1.

De même que le verbe actif basque se divise en conjugaisons absolues et relatives, et la conjugaison relative elle-même en beaucoup d'autres espèces relatives, le verbe neutre a sa conjugaison absolue et relative, admettant autant de conjugaisons que l'action verbale du neutre peut présenter de combinaisons et de relations. En conséquence, tout verbe neutre a une conjugaison absolue et sept transitives ou relatives. Il n'a qu'une conjugaison absolue, parce que le neutre n'admettant pas de régime d'accusatif singulier ni pluriel, il n'est pas nécessaire que l'action verbale se multiplie absolument. Les conjugaisons transitives sont au nombre de sept, parce que l'action verbale compte sept relations, soit aux quatre personnes du singulier, *niri, hiri, zuri, ari,* ou *neuri, euri, zeuri, hari,* et aux trois du pluriel, *zuei, guri, aiei,* ou *gueuri, zeuei, aei, héi.* Je pourrais même y ajouter une autre conjugaison pour la seconde personne du singulier, en style plus familier, quand il s'agit d'une femme; mais je ne la donne pas séparément, parce que la différence consiste simplement dans la lettre finale de quelques temps.

La formation des temps et celle des modes de l'infinitif du verbe neutre suit en tout les règles du verbe actif. Tous les temps des conjugaisons régulières, soit absolues, soit transitives, sont composés sans exception ; mais les irréguliers, au contraire, sont simples et non composés. La conjugaison absolue du neutre se forme des divers modes de l'infinitif et de l'auxiliaire *naiz* ou *naz*, dont on trouve les inflexions au chapitre précédent ; il sera donc inutile de les répéter toutes ici. Le verbe *etorri*, venir, nous servira de modèle ; et comme il a beaucoup d'irréguliers simples et très-usités, nous les donnerons immédiatement après les réguliers.

§ II.

Conjugaison absolue du verbe neutre.

INDICATIF.

	1er Dialecte.	2e Dialecte.
Présent.		
Je viens.	*Etorten naz,*	*Etorten naiz, naz,*
Tu viens.	*Etorten az, zdra,*	*Etorten aiz, zâre,*
Il vient.	*Etorten da,*	*Etorten da,*
Nous venons.	*Etorten gdra,*	*Etorten gare,*
Vous venez.	*Etorten zdra,*	*Etorten zâre,*
Ils viennent.	*Etorten dira,*	*Etorten dire,*
Prétérit Imparfait.		
Je venais.	*Etorten nintzan,*	*Etorten nintzen,*
Tu venais.	*Etorten inza, cineau,*	*Etorten tnizen, cihen,*
Il venait.	*Etorten zan,*	*Etorten zen,*

DE LA CONJUGAISON DES VERBES. 109

Etorten guñan,	Etorten gudnean,	Etorten guñen,
Etorten ciñaten,	Etorten ciñean,	Etorten ciñen,
Etorten ciran,	Etorten cirean,	Etorten ciren.

Les autres temps de l'indicatif, de l'impératif et du subjonctif avec les inflexions données dans le chapitre précédent, en suivant les règles générales pour la formation.

§ III.

Conjugaison simple absolue de l'irrégulier du verbe neutre Etorri.

INDICATIF.

Présent.		Prétérit Imparfait.	
Natór,	Je viens.	Néntorren,	Je venais.
Atór, zatóz,	Tu viens.	Étorren, cétozen,	Tu venais.
Datór,	Il vient.	Cétorren,	Il venait.
Gatóz,	Nous venons.	Guéntocen,	Nous venions.
Zatózte,	Vous venez.	Céntocen,	Vous veniez.
Datóz,	Ils viennent.	Cétozten,	Ils venaient.

IMPÉRATIF.

Atór, atóz, zato,	Viens.	Atozte, zatozte,	Venez.
Betor,	Qu'il vienne.	Betóz, betozte,	Qu'ils viennent.

SUBJONCTIF.

Présent.		Prétérit Imparfait.	
Natorreld,	Que je vienne.	Nentorreld,	Que je vinsse.
Atorreld, zatozeld,	Que tu viennes.	Entorreld, zatozeld,	Que tu vinsses.

Ces deux inflexions du subjonctif sont les mêmes

Datorreld,	Qu'il vienne.
Gatozeld,	Que nous venions.
Zatozeld,	Que vous veniez.
Datozteld,	Qu'ils viennent.

Cetorreld,	Qu'il vînt.
Guentozeld,	Que nous vinssions.
Centozeld,	Que vous vinssiez.
Cerozteld,	Qu'ils vinssent.

Imparfait Conditionnel.

Banetór, banentor,	Si je viendrais.
Baentór, bacentóz,	Si tu viendrais.
Baletór,	S'il viendrait.

Baguentóz,	Si nous viendrions.
Bacenozte,	Si vous viendriez.
Baletóz,	S'ils viendraient.

qu'à l'indicatif, avec la terminaison correspondant à la conjugaison précédée de *que,* servant aussi à ces autres locutions : Quand je viendrai ; quand tu venais, etc., tu dormais alors, ni nentorreld, zu to zeuntzan.

§ IV.

DES CONJUGAISONS TRANSITIVES DU NEUTRE.

Ces conjugaisons sont aussi singulières que les actives, et n'ont aucun correspondant dans les langues latine et dérivées du latin ; car dans celles-ci, bien que l'action du neutre exprime relation et se termine à cette personne ou à l'autre, l'inflexion ne varie pas, elle est toujours la même. Les pronoms ou les articles basques fixent le rapport de l'action à telle ou telle personne. Mais dans les verbes neutres basques, si la relation varie, l'inflexion varie aussi et exprime ; sans recourir aux pronoms, l'action et sa transition à telle personne, de préférence aux autres : *tu viens à moi, il vient* : ces expressions marquent l'action de venir avec la transition ou relation *à moi,* première personne du singulier. L'inflexion du verbe est absolue, et ne contient pas la transition

DE LA CONJUGAISON DES VERBES. 111

à moi ; pour l'expliquer, le pronom à moi est nécessaire. Il n'en est pas ainsi pour le basque ; car, bien que l'inflexion absolue régulière de *tu viens*, soit *etórten-aiz, etórten céra*, et l'irrégulière *hi átoz, zu zátoz*, l'inflexion relative de *tu viens à moi* est distincte et n'exige pas l'addition des pronoms pour exprimer le sens complet, et on dit ; en conjugaison régulière, *hi etórten-áizat, zu etórten zalzaizquit, hurá etórten zail* ; et en conjugaison irrégulière, *hi atórquit, zu zátozquit, hurá dátorquit*, toi tu me viens, il me vient.

Première Conjugaison relative de première personne au singulier.

INDICATIF.

1er Dialecte.

Présent.

Etorten átzat, záizaizquit,   Toi tu me viens.
Etorten zait, zat,   Il me vient.
Etorten záizaizquidate, quidee,   Vous me venez.
Etorten záinquit.   Ils me viennent.

Prétérit imparfait.

Etorten intzaidan, cintzaistan,   Toi tu me venais.
Etorten citzadan, citzatan,   Il me venait.
Etorten cintzaizquidaten, quideen,   Vous me veniez.
Etorten citzoizquidan,   Ils me venaient.

IMPERATIF.

Etorri áquit, záquizquit,   Viens à moi toi.
Etorri béquit,   Qu'il vienne à moi.
Etorri záquizquidale, quidee,   Venez à moi.
Etorri béquitzat,   Qu'ils viennent à moi.

2e Dialecte.

Il est presque conforme au premier : *Aizait, aizat, cizaidan, cizudan*, etc.

Etorten áchat, záiataz,
Etorten iai,
Etorten záiataz,
Etorten idiaz.

Etorten inchatan, cinchatazan,
Etorten idtan,
Etorten cinchatazan,
Etorten idtazan,

SUBJONCTIF.

Présent.

Etorri zatzaizquidán,	Tu te viennes à moi.	
Etorri daquidán,	Il se vienne à moi.	Précédé de *que* : *Etorri-zatzaizquidalá*, etc.
Etorri zatzaizquidaten,quideen,	Vous me veniez.	
Etorri daquizquidán,	Ils se viennent à moi.	

1er Imparfait.

Etorrico intzaquet, cintzaizqui- Tu te me viendrais.
quet,
Etorrico litzaquet,   Il se me viendrait.
Etorrico cintzaizquiquet,   Vous me viendriez.
Etorrico litzaizquiquet,   Ils se me viendraient.

3e Imparfait.

Etorri cintzaizquidán,	Tu te me vinsses.	
Etorri cequidán,	Il se me vînt.	Précédé de *que* : *Etorri-cintzaizquidalá*, etc.
Etorri cintzaizquidatén,	Vous me vinssiez.	
Etorri cequizquidatén,	Ils se me vinssent.	

Futur Conditionnel.

Etorri bâdaquit, bazatzaizquit,	Si tu me viendrais	
Etorri badaquit,	S'il me viendrait.	Les autres conditionnels avec les inflexions de l'imparfait, en observant les règles générales de la formation des temps.
Etorri bazatzaizquidate,	Si vous me viendriez.	
Etorri badaquizquit,	S'ils me viendraient.	

DE LA CONJUGAISON DES VERBES.

Conjugaison du simple irrégulier correspondant.

INDICATIF.

Présent.

Atorquit, zatozquit,	Tu te me viens.
Datorquit,	Il se me vient.
Zatozquidate, quidee,	Vous me venez.
Datozquit,	Ils se me viennent.

Prétérit Imparfait.

Entorquidan, cetozquidan,	Tu me venais.
Cetorquidan,	Il se me venait.
Cenozquidaten,	Vous me veniez.
Cetozquidan,	Ils se me venaient.

IMPÉRATIF.

Atórquit, atózquit,	Viens-moi toi.
Betórquit,	Qu'il se me vienne.
Atozquidate,	Venez à moi.
Betózquit,	Qu'ils se me viennent.

SUBJONCTIF.

Présent.

Atorquidalá, zatozquidalá,	Que tu te me viennes.
Datorquidalá,	Qu'il se me vienne.
Zatozquidatelá,	Que vous me veniez.
Datozquidalá,	Qu'ils se me viennent.

Voir la note, sur ces deux temps du subjonctif, à la conjugaison de l'irrégulier précédent absolu.

Prétérit Imparfait.

Entorquidalá, cetozquidalá,	Que tu me viendrais ou vinsses. Baentorquit, bacentozquit,
Cetorquidalá,	Qu'il se me viendrait ou vint. Baletorquit,
Cenozquidatelá,	Que vous me viendriez, vinssiez Bacentozquitet,
Cetozquidalá,	Qu'ils me viendraient, vinssent. Baletozquit,

Imparfait Conditionnel.

Si tu me viendrais.
S'il me viendrait.
Si vous me viendriez.
S'ils me viendraient.

Deuxième Conjugaison relative du pronom hi, eu, ou de la deuxième personne du singulier en style moins poli.

INDICATIF.

1er Dialecte.

Présent.

Etorten natzaic, nátzac,   Je te viens.
Etorten zaiz, zac,   Il te —.
Etorten gátzaizquic,   Nous te —.
Etorten záizquic,   Ils te —.

Cette inflexion en c final s'adresse à un homme ; pour une femme, le c se change en n : *Etorten-naitzan, naizan.*

Prét. Imparfait.

Etorten nintzaian,   Je te venais.
Etorten citzaian,   Il te —.
Etorten guintzaizquian,   Nous te —.
Etorten citzaizquian,   Ils te —.

Pour une femme, *Etorten-nintzoñan, citzañan, guintzaizquiñan, citzaizquiñan.*

SUBJONCTIF.

Présent.

Etorri naquián,   Je te vienne.
Etorri daquián,   Il te —.
Etorri gatzaizquián,   Nous te —.
Etorri daquizquian.   Ils te —.

2e Dialecte.

Comme le premier, excepté *Guintzaizquian* et *citzaizquian,* qui font aussi *guintzaian, cítzquian.*

Etorten natzaic, naizain,
Etorten zaic, zain,
Etorten gatzaizquie, in,
Etorten zeisquic, in,

Etorten ninchata,
Etorten inchata, idua,
Etorten guintzoaza,
Etorten idtaza.

Pour une femme, on change *án* en *ñán* : *Etorri-naquiñán.*

Précédé de *que* : *Etorri-naquialá.*

DE LA CONJUGAISON DES VERBES.

1ᵉʳ Imparfait.

Etorrico nintzaquec,	Je te me viendrais.
Etorrico litzaiquec,	Il se te —.
Etorrico guintzaizquec,	Nous te —.
Etorrico litzaizquec,	Ils te —.

3º Imparfait.

Etorri nenquidân,	Je te me vinsse.
Etorri cequidân,	Il se te vînt.
Etorri guindezquidân,	Nous te vinssions.
Etorri cequizquidân,	Ils se te vinssent.

Futur Conditionnel.

Etorri banaquic,	Si je te viendrais.
Etorri daquic,	S'il se te —.
Etorri bagatzaizquic,	Si nous te —.
Etorri badaquizquic,	S'ils te —.

Conjugaison du simple irrégulier correspondant.

INDICATIF.

Présent.

Nátorquic,	Je te me viens.
Dátorquic,	Il se te —.
Gátozquic,	Nous te —.
Dátozquic,	Ils se te —.

Pour une femme, le c final se change en n ou ñan.

Prét. Imparfait.

Néuto quian,	Je te venais.
Cétorquian,	Il se te —.
Guéntozquian,	Nous te —.
Cétozquian,	Ils se te —.

Pour une femme, Nentorquiñan, etc.

S'il s'agit d'une femme, an final se change en ñan :
Etorri-nenquiñân.
Précédé de que : Etorri-nenquialâ.

S'il s'agit d'une femme, on change le c final en n :
Etorri-banaquin, ou en ñan.

SUBJONCTIF.

Présent.

Natorquialá,   Que je te vienne.
Datorquialá,   Qu'il te —.
Gatozquialá,   Que nous te —.
Datozquialá,   Qu'ils te —.

Si c'est une femme, *Natorquiñalá*, etc.

Imparfait Conditionnel.

Banentórquic,   Si je te viendrais ou vinsse.
Baletórquic,   S'il te viendrait ou vînt.
Baguenózquic,   Si nous te viendrions ou vinssions.
Baletózquic,   S'ils te viendraient ou vinssent.

Imparfait.

Nentorquialá,   Que je te viendrais ou vinsse.
Cetorquialá,   Qu'il te viendrait ou vînt.
Guentozquialá,   Que nous te viendrions, vinssions.
Cetozquialá,   Qu'ils te viendraient ou vinssent.

Si c'est une femme, *Nentorquiñalá*, etc.

Si c'est une femme, le *c* final se change en *n* ou *ñan.*

Troisième Conjugaison relative, pronom zu, zeu **ou de la seconde personne dans le style plus relevé.**

INDICATIF.

Présent.   **1er Dialecte.**   **2e Dialecte.**

Je te me viens.   Etorten ndiaizu,   Etorten ndizaizu,
Il se te —.   Etorten idizu,   Etorten záizu,
Nous te —.   Etorten gáchazuz,   Etorten gáizaizizu, quizu,
Ils se te —.   Etorten idizuz,   Etorten záizizu, quizu.

Prét. Imparfait.

Etorten nintzatzun,   Je te venais.   Etorten ninchaizun,   Etorten ninzaizun,

DE LA CONJUGAISON DES VERBES. 117

Etorten citzaizun,   *Etorten idtzun.*
Etorten guintzaizun,   *Etorten guthchazuzan,*
Etorten citzaizquitzun,   *Etorten idtzuzan,*

Etorten citzaizun,
Etorten guintzaizun,
Etorten citzaitzun, et aussi
   etorten cëizquitzun.

SUBJONCTIF.

Présent.

Etorri natzaquitizün,   Je te me vienne.
Etorri daquiizän,   Il se te —.
Etorri gatzaizquitizän,   Nous te —.
Etorri datzaizquitzän,   Ils se te —.

Précédé de que : *Etorri natzaquizuld,* etc.

1er Imparfait.

Etorrico nhtzaquetzu,   Je te viendrais.
Etorrico litzaquetzu,   Il te —.
Etorrico guhtzaquetzu,   Nous te —.
Etorrico litzaizquetzu,   Ils te —.

3° Imparfait.

Etorri nenquizän,   Je te vinsse.
Etorri cequizän,   Il te —.
Etorri guenguizquizän, Nous te —.
Etorri cequizquitzin,   Ils te —.

Précédé de que : *Etorri-nenquizuld,* etc.

Futur conditionnel.

Etorri banatzaquitzu,   Si je te viendrais.
Etorri badaquitzu,   S'il te —.
Etorri bagatzaizquitzu, Si nous te —.
Etorri badatzaizquitzu, S'ils te —.

Conjugaison du simple irrégulier correspondant.

INDICATIF.

Présent.

Ndiorquizu,   Je te me viens.
Aiorquizu,   Il se te —.
Gdiozquizu,   Nous te —.
Ddiozquizu,   Ils te —.

Prét. Imparfait.

Nëitorquizun,   Je te venais.
Cëtorquizun,   Il se te —.
Guëntozquizun, Nous te —.
Cëtozquizun,   Ils te —.

GRAMMAIRE BASQUE.

Subjonctif.

Présent.

Natorquizulá,	Que je te vienne.
Datorquizulá,	Qu'il se te —.
Gatozquizulá,	Que nous te —.
Dutozquizulá,	Qu'ils se te —.

Imparfait Conditionnel.

Banentórquizu,	Si je te viendrais ou vinsse.
Batetórquizu,	S'il te —.

Imparfait.

Nentorquizulá,	Que je te viendrais ou vinsse.
Cetorquizulá,	Qu'il te —.
Guentozquizulá,	Que nous te —.
Cetozquizulá,	Qu'ils te —.

Baguentótzquizu,	Si nous te viendrions.
Baletórquizu,	S'ils te —.

Quatrième Conjugaison relative de la troisième personne du singulier.

Indicatif.

1er Dialecte.

Présent.

Elorten ndiaco,	Je lui viens.
Elorten diaco, zdiacaz,	Tu lui —.
Elorten idao,	Il lui —.
Elorten gdiacaz,	Nous lui —.
Elorten zdiacaz,	Vous lui —.
Elorten idcaz.	Ils lui —.

Prét. Imparfait.

Elorten nincheacan,	Je lui venais.
Elorten cinchacazan,	Tu lui —.
Elorten iacan,	Il lui —.
Elorten g"inchacazan,	Nous lui —.
Elorten cinchacazan,	Vous lui —.

2e Dialecte.

Elorten ndtzaica,
Elorten dtzaica, zatzaitza,
Elorten zdica, céica,
Elorten gdtzaitza,
Elorten zdtzaizte,
Elorten zditza.

Elorten nintzacan,
Elorten cintzaitzan,
Elorten zaican, ceican,
Elorten guintzaitzan,
Elorten cintzaizten,

Présent.

Elorten náizaio,
Elorten dizaio, zatzaizca,
Elorten zdio,
Elorten gdizaizca,
Elorten zdzaizcate,
Elorten zdizca,

Prét. Imparfait.

Elorten nhtzaion,
Elorten tntzaion, cintzaizcan,
Elorten citzaion,
Elorten guhtzaizcan,
Elorten cintzaizcaten,

DE LA CONJUGAISON DES VERBES.

Elorten citzaizcan,   Ils lui venaient.   *Elorten idcazan,*   *Elorten ceitzan.*

IMPÉRATIF.

Elorri aquio, zaquitza,	Viens à lui.
Elorri bequio,	Qu'il vienne à lui.
Elorri zaquitzate,	Venez à lui.
Elorri bequioz, ote,	Qu'ils lui viennent.

On emploie très souvent ces terminaisons de l'impératif pour les régulières de l'impératif actif, dans la conjugaison relative de 3ᵉ personne au sing : *Utzi-zaquitza,* laisse-le, pour *utzi-zaiozu.*

SUBJONCTIF.

Présent.

Etorri naquion,	Je lui vienne.
Etorri aquion, zaquitzan,	Tu lui —.
Etorri daquion,	Il lui —.
Etorri gaquizquion,	Nous lui —.
Etorri zaquizquioten,	Vous lui —.
Etorri daquizquion,	Ils lui —.

Précédé de que : *Etorri-naquiola.*

1ᵉʳ Imparfait.

Etorrico nintzaioque,	Je lui viendrais.
Etorrico intzaioque, chtzaizcaque	Tu lui —.
Etorrico litzaioque,	Il lui —.
Etorrico guintzaiscaque,	Nous lui —.
Etorrico chitzaizcatcque,	Vous lui —.
Etorrico litzaiscaque,	Ils lui —.

3ᵉ Imparfait.

Etorri nenquion,	Je lui vinsse.
Etorri enquion, cenquizan,	Tu lui —.
Etorri cequin,	Il lui —.
Etorri guenquizquion,	Nous lui —.
Etorri cenquizquioten,	Vous lui —.
Etorri cequizquion, cequizan,	Ils lui —.

Précédé de que : *Etorri-nenquiola.*

Futur conditionnel.

Etorri banaquio,	Si je lui viendrais.
Etorri baaquio, zaquitza,	Si tu lui —.
Etorri badaquio,	S'il lui —.
Etorri bagaquizquio,	Si nous lui —.
Etorri bazaquitzate,	Si vous lui —.
Etorri badaquizquiote,	S'ils lui —.

Conjugaison du simple irrégulier correspondant.

INDICATIF.

Présent.

Je lui viens. — Natorquio,
Tu lui —. — Atorquio, zatozquio,
Il lui —. — Datorquio,
Nous lui —. — Gatozquio,
Vous lui —. — Zatozquiote,
Ils lui —. — Datozquio,

Prétérit imparfait.

Je lui venais. — Nentorquion,
Tu lui —. — Entorquion, cetozquion,
Il lui —. — Cetorquion,
Nous lui —. — Guentozquion,
Vous lui —. — Centozquion,
Ils lui —. — Cetozquioten,

SUBJONCTIF.

Présent.

Que je lui vienne. — Natorquiold,
Que tu lui —. — Atozquiold, zatozquiold,
Qu'il lui —. — Datorquiold,
Que nous lui —. — Gaozquiold,
Que vous lui —. — Zatozquiotela,
Qu'ils lui —. — Datozquiold,

Imparfait.

Que je lui vinsse. — Nentorquiold,
Que tu lui —. — Entorquiold, cetozquiold,
Qu'il lui —. — Cetorquiold,
Que nous lui —. — Guentozquiold,
Que vous lui —. — Centozquiold,
Qu'ils lui —. — Cetozquiotela,

Imparfait conditionnel.

Si je lui viendrais. — Banentorquio,
Si tu lui —. — Baentorquio, bacetozquio,
S'il lui —. — Bacenozquio,
 — Baletorquio,
Si nous lui —. — Baguentozquio,
Si vous lui —. — Bacenozquio,
S'ils lui —. — Baletozquio,

DE LA CONJUGAISON DES VERBES. 121

Cinquième Conjugaison relative de la première personne du pluriel.

INDICATIF.

Présent.

	1er Dialecte.	2e Dialecte.
Etorten dizagu, dizaigu, zdizaiz– Tu te nous viens.	Etorten dchacu, zdiacuz,	Etorten dizaigu, zdizaizcu,
quigu,		
Etorten zdicu, zdgu,	Etorten zdicu,	Etorten zdicu,
Etorten zdizaizquigute,	Etorten zdiacuz,	Etorten zdizaizcute,
Etorten zdizquigu,	Etorten idcuz,	Etorten zeizquigu.

Prét. Imparfait.

Etorten intzaagun, cintzaizquigun Tu te nous venais.	Etorten inchacua, cinchacuzan	Etorten intzaigun,
Etorten zitzagun,	Etorten idcun,	Etorten zitzaigun, cun,
Etorten cintzaizquigntten,	Etorten chinchacuzan,	Etorten cintzaizcuten,
Etorten citzaizquigun,	Etorten idcuzan,	Etorten céizquigun.

IMPÉRATIF.

| Etorri zaquizquigute, | Viens-nous toi. | Venez-nous vous. |
| Ecrri béquigu, | Etorri béquizquigu, | Qu'ils nous viennent. |

SUBJONCTIF.

1er Imparfait.

Etorrico cintzaizquigugue,	Tu te nous viendrais.	
	intzaigue,	
Etorrico lizzaizquigugue,		Il nous —.
Etorrico cintzaizquiguquete,		Vous nous —.
Etorrico litzaizquigugun,		Ils nous —.

Présent.

Etorri dquigu, zdquizquigun,	Tu nous viennes.	
Etorri ddquigun,	Il se nous —,	
Etorri zdquizquiguten,	Vous nous —,	
Etorri ddquizquigun,	Ils nous —.	

Précédé de *que* : Etorri-aquigulá, etc.

3° Imparfait.

Etorri enquigun, cenguizquigún, Tu te nous vinsses.
Etorri cequigún, Il se nous —.
Etorri cenquitzquiguten, Vous nous —.
Etorri cequizquigún, Ils se nous —.

Précédé de que : Etorri-enquigulá, etc.

Futur Conditionnel.

Etorri baaquigu, bazaquizquigu, Si tu nous viendrais.
Etorri badaquigu, S'il nous —.
Etorri bazaquizquigute, Si vous nous —.
Etorri badaquizquigu, S'ils nous —.

Conjugaison du simple irrégulier correspondant.

Indicatif.

Présent.

Atorquigu, zatozquigu, Tu nous viens.
Datorquigu, Il se nous —.
Zdtozquigue, Vous nous —.
Ddtozquigu, Ils nous —.

Prétérit Imparfait.

Entorquigun, cetozquigun, Tu nous venais.
Cétorquigun, Il nous —.
Céntozquigun, Vous nous —.
Cétozquiguen, Ils nous —.

Impératif.

Atorquigu, atozquigu, Viens-nous toi. Atozquigute, Venez-nous vous.
Betozquigu, Qu'il nous vienne lui. Betozquigu, Qu'ils nous viennent.

Subjonctif.

Il se forme en tout comme les précédents, en observant la terminaison en *quigu*, et en ajoutant la : *Atorquigula*, etc.

Sixième Conjugaison relative de la seconde personne du pluriel

INDICATIF.

Présent.

	1er Dialecte.	2e Dialecte.
Je vous viens.	Etorten ndiatzue,	Etorten ndiaizute,
Il se vous —.	Etorten idzue,	Etorten zdizute,
Nous vous —.	Etorten gdiatzuez,	Etorten gdiaizzute,
Ils vous —.	Etorten idzuez,	Etorten zdiztue,

Prét. Imparfait.

Je vous venais.	Etorten nintzaizzuen,	Etorten nintzaiizuien, tzuen,
Il se vous —.	Etorten idzuen,	Etorten citzaiizuen, tzuen,
Nous vous —.	Etorten guhnchaizuezan,	Etorten guinizaizuien, tzuen,
Ils vous —.	Etorten idzuezan,	Etorten citzquizzuien, tzuen,

SUBJONCTIF.

Présent.

Je vous vienne.	Etorri nenquizuién,
Il vous —.	Etorri cequizuién,
Nous vous —.	Etorri ginenquizqinzuién,
Ils vous —.	Etorri cequizquizuién,

Précédé de que : Etorri-nenguizuteld, etc.

Futur Conditionnel.

Si je vous viendrais.	Etorri banatzaquizzue,
S'il nous —.	Etorri badaquizzue,
Si nous vous —.	Etorri bagaquizquizzue,
S'ils nous —.	Etorri badaquizquizzue,

1er Imparfait.

Je vous viendrais.	Etorrico nintzaquetzue,
Il vous —.	Etorrico litzaquetzue,
Nous vous —.	Etorrico gunitsaizquizzue,
Ils vous —.	Etorrico litzaizquizzue,

3e Imparfait.

Je vous vinsse.	Etorten natzaquizuén,
Il vous —.	Etorri daquizuén,
Nous vous —.	Etorri gaquizquizuén,
Ils vous —.	Etorri daquizquizuén,

Précédé de que : Etorri-natzaquizuteld, etc.

Conjugaison du simple irrégulier correspondant.

INDICATIF.

Présent.		Prét. Imparfait.	
Ndtorguizute,	Je vous viens.	Néntorquizuten,	Je vous venais.
Ddtorguizute,	Il vous —.	Cétorquizuten,	Il vous —.
Gdtozguizute,	Nous vous —.	Guéntozquizuten,	Nous vous —.
Ddtozguizute,	Ils vous —.	Cétozquizuten,	Ils vous —.

SUBJONCTIF.

Il se forme en ajoutant *la* au présent : *Natorguizuelá* ; en retranchant à l'imparfait l'*n* final, en ajoutant aussi *la* ; et en retranchant l'*n* au conditionnel.

Septième Conjugaison relative de la troisième personne du pluriel.

INDICATIF.

1er Dialecte.

Présent.			
Elorten ndtzaiote,	Je leur viens.	Elorten ndiate,	
Elorten dtzaiote, zdtzaizcate,	Tu leur —.	Elorten diate, zdiatez,	
Elorten zdiote,	Il leur —.	Elorten idte,	
Elorten gdtzainzcate,gdtzaizcate,	Nous leur —.	Elorten gdiatez,	
Elorten zdtzaiozcale,zdtzaizcate,	Vous leur —.	Elorten zdiatez,	
Elorten zdiozcate, zdizcate,	Ils leur —.	Elorten idtez,	

Prét. Imparfait.			
Elorten nintzaioten,	Je leur venais.	Elorten nintchaten,	
Elorten cintzaisten,	Tu leur —.	Elorten cinchatezan,	

2e Dialecte.

Elorten ndtzaicate,
Elorten dtzaicate, zdtzaitzate,
Elorten zdica, ceicate,
Elorten gdtzaitzate,
Elorten zdtzaitzate,
Elorten zditzate.

Elorten nintzacaten,
Elorten cintzaitzaten,

DE LA CONJUGAISON DES VERBES.

Etorten citzaioten,	Il leur venait.	*Etorten zdica, cñicaten,*
Etorten guñtzaioten,	Nous leur —.	*Etorten guñtzailzaten,*
Etorten cñizaisten,	Vous leur —.	*Etorten cñtzaizaten,*
Etorten citzaiozcaten,	Ils leur —.	*Etorten cñizaten.*
Ou *Etorten-nñntzaien, citzaien, guñnizaien, citzaizcaten.*		

IMPERATIF.

Etorri dquiote, zaquizate,	Viens-leur toi.	*Etorten idien,*	Venez-leur vous.
Etorri béquiote,	Qu'il leur vienne.	*Etorten guñchalezan,*	Qu'ils leur viennent.
		Etorten cinchalezan,	
		Etorten idiezan,	

SUBJONCTIF.

Etorri zaquizate,
Etorri bequiote.

Présent.

		3e Imparfait.	
Etorri nuquioten,	Je leur vienne.	*[tèn,* Je leur vinsse.
Etorri aquiotén, zaquizquioten,	Tu leur —.	*Etorri enquioten, cenquizquio-* Tu leur —.
Etorri daquioten,	Il leur —.	*Etorri lequioquetén,* Il leur —.
Etorri gaguizquioten,	Nous leur —.	*Etorri guenguizquioten,* Nous leur —.
Etorri zaquizquioten,	Vous leur —.	*Etorri cenquizquioten,* Vous leur —.
Etorri daquizquioten,	Ils leur —.	*Etorri lequizquioten,* Ils leur —.

1er Imparfait.

Futur Conditionnel.

Etorrico nñntzaioteque,	Je leur viendrais.	*Etorri banaquiote,* [quiote, Si je leur viendrais.
Etorrico cñtzaizcaieque,	Tu leur —.	*Etorri baaquiote, bazaquiz-* Si tu leur —.
Etorrico ltzaioteque,	Il leur —.	*Etorri badaquiote,* S'il leur —.
Etorrico guñtzaizquioteque,	Nous leur —.	*Etorri bagaquizquiote,* Si nous leur —.
Etorrico cñtzaizcaieque,	Vous leur —.	*Etorri bazaquizquiote,* Si vous leur —.
Etorrico ltzaizcateque,	Ils leur —.	*Etorri badaquizquiote,* S'ils leur —.

Conjugaison du simple irrégulier correspondant.

On la forme sans difficulté avec celle qui correspond à la troisième personne du singulier, en ajoutant à toutes les personnes la syllabe *te* : *Natorquio*, je lui viens ; *natorquiote*, je leur viens, etc. Nous avons vu ainsi les conjugaisons régulières des verbes actifs, passifs et neutres, soit absolues, soit transitives ; on y a remarqué l'harmonie admirable, la ponctualité de cette langue. Il nous reste à parler des autres verbes, dont nous donnons les conjugaisons dans les chapitres suivants.

CHAPITRE IX.

DES VERBES DÉTERMINABLES *oi* ou *ohoi*, *ecin*, *al* ou *ahal*, avoir coutume, ne pouvoir pas, pouvoir.

Ces deux verbes *J'ai coutume, je peux*, dans toutes leurs inflexions, n'expriment aucune action, ni peut-être support ou réception d'aucune forme, si ce n'est improprement et grammaticalement. Ils n'ont pas non plus de signification indépendante et complète, mais dépendante et avec suspension : car, bien que je dise je peux, j'ai coutume, on n'y aperçoit aucune action, si je n'ajoute je puis courir, j'ai coutume d'étudier, etc. Il suit de là qu'en donnant à ces verbes une conjugaison propre, on s'est écarté de leur signification et de leur objet. Le basque a mieux fait, dans ces correspondantes *oi*, *ohoi*, *ecin*, *al*, *ahal*, en établissant que leur inflexion et détermination dépendent d'autres verbes adjoints.

§ I.

Conjugaison du verbe déterminable Oi, ohoi, *avoir coutume.*

Ce verbe, en langue basque, se combine de deux autres manières : 1° avec l'adjectif verbal *oituá*, qui vient de *oitú*, s'accoutumer : *Ori játen oituá naiz-oituá céra*, et *oituá nago*, *oituá zaude* ; 2° avec la conjugaison absolue de tout verbe actif ou neutre : *Jaten-det*, j'ai coutume de manger ; *jaten dezu*, tu as coutume de manger ; *joaten-naiz*, j'ai coutume d'aller ; *joaten-cera*, tu as coutume d'aller ; et de plus, si on y ajoute un adverbe qui indique la coutume : *Batzuetan noizean be in*, etc. Le français traduit ces locutions ou *avoir coutume*, ou avec l'absolu et un adverbe, il vient quelquefois me voir. Mais outre ces deux manières, on conjugue ce verbe, ainsi qu'il suit, avec le déterminable *oi, ohoi* :

Pour le verbe actif.

INDICATIF.

Présent.

Jaten oi-det,	Etorten oi-naiz,	J'ai coutume de manger.
Jaten oi-dec, den, dezu,	Etorten oi-oiz, cera,	Tu as coutume de —.
Jaten oi-deu,	Etorten oi-da,	Il a coutume de —.
Jaten oi-degu,	Etorten oi-guera,	Nous avons coutume de —.
Jaten oi-dezuc,	Etorten oi-cerate,	Vous avez coutume de —.
Jaten oi-deie,	Etorten oi-lirá,	Ils ont eoutume de —.

Prét. Imparfait.

Jaten oi-nuen,   Etorten oi-ninzán,   J'avais coutume de manger.

Pour le verbe neutre.

J'ai coutume de venir.
Tu as coutume de —.
Il a coutume de —.
Nous avons coutume de —.
Vous avez coutume de —.
Ils ont coutume de —.

J'avais coutume de venir.

GRAMMAIRE BASQUE.

Jaten oi-üen, cenduen,	Tu avais coutume de manger.	*Etorten oi-inzan, ciñan,*	Tu avais coutume de venir.
Jaten-zuen,	Il avait coutume de —.	*Etorten oi-zan,*	Il avait coutume de —.
Jaten oi-guenduen,	Nous avions coutume de —.	*Etorten oi-giñan,*	Nous avions coutume de —.
Jaten oi-cenduten,	Vous aviez coutume de —.	*Etorten oi-ciñaten,*	Vous aviez coutume de —.
Jaten oi-cetien, zuten,	Ils avaient coutume de —.	*Etorten oi-ciran,*	Ils avaient coutume de —.

REMARQUES. — 1° Dans les deux autres dialectes, on conjugue ce verbe de la même manière, avec les terminaisons correspondantes : *Jaten-oi-dot, oi-dut* ; *jaten-oi-nuen, oi-neuan.*

2° Il en est de même pour toutes les autres conjugaisons absolues et relatives : *Jaten-oi-ditút, oi-doiaz* ; *jaten-oi-dizut, oi-deuzut, oi-darotzut,* etc.

3° Le déterminable *oi* se met toujours entre le verbe et sa terminaison, et jamais avant ni après.

4° Il ne se conjugue que dans les temps où, dans les autres langues, leurs correspondants se placent.

§ II.

Du déterminable Ecin, *ne pouvoir pas.*

Ce verbe, dans sa simplicité, signifie *ne pouvoir pas*, et sa conjugaison est très-facile et conforme à la précédente en tous ses modes, à l'actif comme au neutre. Les inflexions sont formées des terminaisons des verbes adjoints et communs.

Pour le verbe actif.   *Pour le verbe neutre.*

INDICATIF.

Présent.

Ecin eman det, Je ne puis donner.   *Ecin joan naiz,* Je ne puis aller.

Ecin eman dec, dec, den, dezu,	Tu ne peux donner.	Ecin joan aiz, cera,	Tu ne peux aller.
Ecin eman deu,	Il ne peut —.	Ecin joan da,	Il ne peut —.
Ecin eman degu,	Nous ne pouvons —.	Ecin joan guera,	Nous ne pouvons —.
Ecin eman dezue,	Vous ne pouvez —.	Ecin joan cerate,	Vous ne pouvez —.
Ecin eman deue dute,	Ils ne peuvent —.	Ecin joan dira,	Ils ne peuvent —.

Prétérit Imparfait.

Ecin eman nuen,	Je ne pouvais donner.	Ecin joan ninzan,	Je ne pouvais aller.
Ecin eman uen, cenduen,	Tu ne pouvais —.	Ecin joan inzan, ciñan,	Tu ne pouvais —.
Ecin eman zuen,	Il ne pouvait —.	Ecin joan zan,	Il ne pouvait —.
Ecin eman guenduen,	Nous ne pouvions —.	Ecin joan guiñan,	Nous ne pouvions —.
Ecin eman cenduten,	Vous ne pouviez —.	Ecin joan ciñaten,	Vous ne pouviez —.
Ecin eman zeuen, zuten,	Ils ne pouvaient —.	Ecin joan ciran,	Ils ne pouvaient —.

REMARQUES. — 1° Dans les autres dialectes, ce verbe suit le même mode, comme il a été dit pour le verbe *oi*.

2° Du verbe adjoint on n'emploie point le participe de l'infinitif, mais le présent pour tous les autres temps, et le participe correspondant pour le futur imparfait; et ainsi, bien que l'on dise *Jaten-oi det*, *ematen-oi det*, on ne peut dire *Jaten-ecindet*, *ematen-ecindet*, mais on doit dire précisément *jan ecin-det*, *eman ecin-det*.

3° Cette conjugaison n'a, à proprement parler, que les temps philosophiques; et s'il en était autrement, ce serait improprement et sans utilité.

§ III.

Du déterminable Al ou ahál, *pouvoir*.

De ce verbe *al*, syncopé de *ahál*, on a formé *ahalá*, pouvoir, puissance. Il s'emploie principalement quand les inflexions du correspondant *pouvoir* sont conditionnelles : si je peux, si tu peux lire ; si je pouvais, si tu pouvais venir. Je dis principalement, parce que ses inflexions s'emploient aussi dans l'absolu, bien que quand on affirme absolument le pouvoir, il y ait d'autres conjugaisons spéciales que nous donnerons dans le chapitre suivant.

INDICATIF.

Présent.

Albauen,   Si je peux.
Albauen, cenduen,   Si tu peux.
Albaznen,   S'il peut.
Albaguenduen,   Si nous pouvons.
Albacenduten,   Si vous pouvez.
Albaceuen,   S'ils peuvent.

Prétérit Imparfait.

Si je pouvais.
Si tu pouvais.
S'il pouvait.
Si nous pouvions.
Si vous pouviez.
S'ils pouvaient.

SUBJONCTIF.

Présent.

Albadaguie,   Comme je le puisse.
Albadaguie, in, guizu, Comme tu le puisses.
Albadagui,   Comme il le puisse.
Albadaguign,   Comme nous le puissions.

Autre Dialecte.

Albadet,
Albadec, den, dezu,
Albadeu,
Albadeguî,
Albadezue,
Albadeue,

Albadezat,
Albadezac, an, zazu,
Albadezá,
Albadezagu,

DE LA CONJUGAISON DES VERBES.

Albadezazue, Comme vous le puissiez. *Albadaguizue,*
Albadezate. Comme ils le puissent. *Albadaguite.*

On forme aussi, avec cette même inflexion, celles du futur, *si je le pourrai, si tu pourras,* etc.

Les conditionnels *si je pourrais,* etc. se forment aussi avec cette même inflexion, qui correspond au dialecte *albadot, albadoc,* etc.

1er Imparfait.
Imparfait.

Albanezaque, Si je le pourrais. *Albanegui,*
Albaezaque, cenezaque, Si tu le pourrais. *Albaegui, cenegui,*
Albalezaque, S'il le pourrait. *Albalegui,*
Albaguenezaque, Si nous le pourrions. *Albaguenegui,*
Albacenezateque, Si vous le pourriez. *Albacenegnite,*
Albalezateque, S'ils le pourraient. *Albaleguite.*

2e Imparfait.

En ajoutant *que* à cette même inflexion, *si je pourrai, si tu pourras,* etc.

Izangó albanuen, Si je le pourrais moi.
Izangó albauen, cenduen, Si tu le pourrais toi.
Izangó albazuen, S'il le pourrait lui.
Izangó albaguenduen, Si nous le pourrions nous.
Izangó albacenduten, Si vous le pourriez.
Izangó albazenen, S'ils le pourraient eux.

Avec ce même mode de l'infinitif *izangó* et l'inflexion du présent, on forme le futur imparfait *izangó albadet,* s'il pourra, etc.

3e Imparfait.

Albaneza, Si je pourrais.
Albaeza, ceneza, Si tu pourrais.
Albaleza, S'il pourrait.
Albagueneza, Si nous pourrions.
Albacenezate, Si vous pourriez.
Albalezate, S'ils pourraient.

Conjugaison absolue du déterminable Al.

Ces inflexions conditionnelles font connaître clairement la signification du déterminable *al ;* car, en faisant l'analyse de cette conjugaison *albadet*, *albadec*, etc., nous trouvons que l'adverbe conditionnel *ba* correspond au *si*, et le reste correspond à je peux, tu peux. Il résulte de là que cette inflexion, absolue par elle-même, explique le pouvoir de chaque personne absolument : *aldet, aldec, en, dezu, aldeu, aldegu, aldezuc, aldeüe*. Mais comme cette inflexion, jointe au verbe absolu, a deux sens très-différents et s'emploie en diverses circonstances, il est nécessaire de les expliquer : nous le ferons brièvement, avant de donner sa conjugaison absolue. Le premier sens a lieu quand le déterminable *al* signifie pouvoir : *Jaten aldet*, je peux manger. Dans ce sens, on l'emploie très-peu, si ce n'est au subjonctif. *Jan-aldezadan, jan-aldezazun*, etc., pour que je puisse manger, tu puisses manger, ou *Jan al nezan, Jan al cedezan*, etc., pour que je puisse manger, tu puisses manger. Le deuxième s'emploie quand il y a quelque doute, dissimulation, ironie, et dans ce sens, il n'a de correspondant dans aucune autre langue. Je vais donner un exemple : Si, voyant que d'autres personnes doutent que j'aie fait quelque chose, que ce soit vrai ou non, pour m'excuser, je leur demande : *nic jan aldet*, il vous semblera que je l'ai mangé ; et ainsi en d'autres circonstances. Comme l'inflexion du déterminable *al* est indifférente pour les deux sens, nous la donnerons sans y mettre de correspondant français.

DE LA CONJUGAISON DES VERBES.

Pour le verbe actif.

INDICATIF. — Présent.

Jaten aldet — dot, dut.
Jaten aldec, en, dezu, doc, etc.
Jaten aldeu, aldou, aldu.
Jaten degu, doqu, dugu.
Jaten dezue, dozue, duzue.
Jaten deüe, doüe, dute.

Prét. Imparfait.

Jaten alnuen, neuan, nuan.
Jaten alcenduen, üen, euan, cenduan
Jaten alzuen, ceuan, zuan.
Jaten alguenduen, guenduan.
Jaten alcenduten, cenduan.
Jaten alceüen, euen, zuten.

Pour le verbe neutre.

INDICATIF. — Présent.

Etorten al-naiz, naz.
Etorten al-aiz, cerá, zará, zaré.
Etorten al-da.
Etorten al-guera, gará, garé.
Etorten al-cerate, zarate, zara.
Etorten al-dira, dirade, diré.

Prét. Imparfait.

Etorten al-ninzan.
Etorten al-inzan, ciñaden, ciñan.
Etorten alzan, zen,
Etorten alguiñan, guiñaden.
Etorten alciñaten.
Etorten al-ciran, ciraden, ciren.

Pour la formation de tous les autres temps, on observe les règles générales que nous avons données pour le verbe actif.

RÉMARQUES. — 1° La conjugaison conditionnelle, comme l'absolue du déterminable *al*, suit la même méthode dans les autres conjugaisons absolues ou relatives du verbe actif et du verbe neutre : *Albaditut, albadituzu; albadizut, albadizu; albadiot, albadiozu*, etc.

2° Les autres dialectes procèdent également par ordre : *Albadodaz, albadozuz; albadeutsut, albadeutsu; albaitut, tuzu,* etc. De même dans les conjugaisons absolues.

3° La condition *ba* doit se placer toujours entre la terminaison et le déterminable *al*, et cela sans exception.

4° Les locutions qui, dans les autres langues, signifient absolument pouvoir faire quelque chose, se rendent, en basque, par des terminaisons dont les conjugaisons prendront place dans le chapitre suivant.

§ IV.

Des déterminables Nai, gura.

Nai et *gura* peuvent se mettre au nombre des verbes déterminables ; ils signifient *vouloir*. Si on les prend comme terminés complètement : *naitú, guratú*, ils sont réguliers dans toutes leurs conditions et propriétés. Mais pris dans leur terminaison partagée et nominale, ils sont irréguliers et déterminables par les inflexions des verbes actifs. Donc dans ce sens, soit *nai*, de l'un des dialectes, soit *gurá*, de l'autre, ils suivent toutes les conjugaisons absolues et transitives de l'actif, parce qu'ils le sont aussi ; ils régissent alors l'accusatif singulier ou pluriel, absolument ou avec relation à quelqu'une des personnes. L'exemple suivant suffira :

INDICATIF. — Présent.

Régime singulier.		Régime pluriel.	
Nai-det,	Je veux.	Nai-ditát,	Je veux.
Nai-dec, den, dezú,	Tu veux.	Nai-ditúc, tan, tuzu,	Tu veux.
Nai-deu,	Il veut.	Nai-ditú,	Il veut.
Nai-degú,	Nous voulons.	Nai-ditugu,	Nous voulons.
Nai-dezue,	Vous voulez.	Nai-dituzue,	Vous voulez.
Nai-deúe,	Ils veulent.	Nai-ditue,	Ils veulent.

Régime singulier.		Régime pluriel.	
Gura-dot,	Je veux.	Gura-dodaz,	Je veux.
Gura-doc, on, dozu,	Tu veux.	Gura-dozac, an, zuz,	Tu veux.
Gura-dou,	Il veut.	Gura-diluz,	Il veut.
Gura-dogu,	Nous voulons.	Gura-doguz,	Nous voulons.
Gura-dozue,	Vous voulez.	Gura-dozuez,	Vous voulez.
Gura-doxe,	Ils veulent.	Gura-dauez, ditues,	Ils veulent.

On suit la même marche que nous avons indiquée plus haut, pour les autres conjugaisons transitives de ces deux verbes, spécialement quand à ces déterminables se joint un verbe actif : Je veux t'ôter le livre, je veux lui *donner* les livres, parce qu'alors on met les terminaisons aux déterminables, et le verbe qui y est joint au mode infinitif : *Naidizut quendú liburna, naidizu, naidizugu gura-deutsut quendú, gura-deutsu,* etc. ; *naidiozcateman, egún ónac, naidiozcatzu, naidiozca ; gura-deutsadaz, deutsazuz, deutsaz,* etc., et ainsi pour toutes les autres conjugaisons.

CHAPITRE X.

CONJUGAISONS DU VERBE ACTIF JOINT AUX INFLEXIONS QUI CORRESPONDENT A *je peux, tu peux.*

Outre les déterminables *al, ahal,* qui répondent à je peux, tu peux, il y a d'autres modes plus fréquents et variés, dont les conjugaisons sont, les unes absolues, les autres relatives, comme nous l'avons dit au verbe actif. Les absolues sont au nombre de deux ; les autres sont relatives. Ces conjugaisons consistent en terminaisons qui signifient diversement le pouvoir, et portent en elles-mêmes le régime singulier ou pluriel, et la relation à telle ou telle personne, de manière que le verbe actif qui s'y joint n'admet aucune variété, parce qu'il est toujours au présent de l'infinitif, comme cela a lieu aussi dans d'autres langues. Ces inflexions ont par elles-mêmes une signification ; surtout si elles sont régies par l'adverbe affirmatif *ba* : *badezaquet,* je le peux ; *badezaquezu,* tu le peux ; *badezaque,* il le peut, etc. On les emploie souvent dans les demandes et dans les réponses. Si l'on me demande: Peux-tu faire cette maison? *Eche au eguin dezaquezu?* Je réponds *badezaquet*. Ces conjugaisons n'ont pas tous les temps des autres, bien que leurs inflexions servent à tous les temps, surtout aux temps philosophiques et ainsi que je vais le dire.

§ I.

Les deux Conjugaisons absolues.

1re. INDICATIF. — Présent.

Ecarri dezaquet,	Je peux apporter (il régit l'accusatif singulier).
Ecarri dezaquec, en, zu,	Tu peux apporter.
Ecarri dezaque,	Il peut —.
Ecarri dezaquegu,	Nous pouvons —.
Ecarri dezaquezue,	Vous pouvez —.
Ecarri dezaquete,	Ils peuvent —.

Prétérit Imparfait.

Ecarri nezaque,	Je pouvais apporter.
Ecarri ezaque, cenezaque,	Tu pouvais —.
Ecarri lezaque, cezaque,	Il pouvait —,
Ecarri guenezaque,	Nous pouvions —.
Ecarri cenezateque,	Vous pouviez —.
Ecarri lezaquete, cezaquete.	Ils pouvaient —.

Prétérit Parfait.

Ecarri nezaquean,	Je pus apporter.

2o. INDICATIF. — Présent.

Ecarri ditzaquet,	Je peux apporter (il régit l'accusatif pluriel).
Ecarri ditzaquec, en, tzu,	Tu peux apporter.
Ecarri ditzaque,	Il peut —.
Ecarri ditzaquegu,	Nous pouvons —.
Ecarri ditzaquetzue,	Vous pouvez —.
Ecarri ditzaquete,	Ils peuvent —.

Prétérit Imparfait.

Ecarri nitzaque,	Je pouvais apporter.
Ecarri itzaque, ctnitzaque,	Tu pouvais —.
Ecarri litzaque, citzaque,	Il pouvait —,
Ecarri guhnitzaque,	Nous pouvions —.
Ecarri ctnitzateque,	Vous pouviez —.
Ecarri litza, citzateque,	Ils pouvaient —.

Prétérit Parfait.

Ecarri nitzaquean,	Je pus apporter.

DE LA CONJUGAISON DES VERBES.

Ecarri ezaquean, cenezaquean,	Tu pus apporter.	Ecarri tizaquean, cinizaquean,	Tu pus apporter.
Ecarri cézaquean,	Il put —.	Ecarri citzaquean,	Il put —.
Ecarri guénezaquean,	Nous pûmes —.	Ecarri guitnitzatequean,	Nous pûmes —.
Ecarri cénezatequean,	Vous pûtes —.	Ecarri cinitzatequean,	Vous pûtes —.
Ecarri cézatequean,	Ils purent —.	Ecarri citzatequean,	Ils purent —.

Ces mêmes inflexions servent pour les autres temps du verbe *Je peux, tu peux*, parce que ce sont des inflexions indifférentes, comme étant déterminées et modifiées par les circonstances dans lesquelles on parle, et les adverbes de temps qui peuvent y être joints.

Dans un autre dialecte, on les forme à l'aide d'un autre irrégulier : l'absolu 1° *Ecarri dáguiquet*, *dáguiquec, en, zu, dáguique, dóguiquegu, dóguiquezue, dáguiquete, dáguiquete, je peux, tu peux, il peut*, etc. *Ecarri néguique, éguique, céneguique, céguizuque, léguique, guéneguique*, ou *guéguique, céguizuteque, léguiquete*, je pouvais, tu pouvais, il pouvait, etc., et ainsi de suite pour l'absolu ; 2° par les modes relatifs.

§ II.

Conjugaisons relatives des personnes du singulier.

Nous avons déjà expliqué le nombre et la nature des personnes du singulier. A chacune d'elles correspondent deux conjugaisons, l'une régissant le singulier, l'autre le pluriel. Voici celles de la première personne :

138 GRAMMAIRE BASQUE.

3º. Indicatif. — Présent.

Ecarri dlezaquedaquec, en, da- Tu me le peux apporter
zu, (régime singulier).
Ecarri dlezaquet, Il me le peut apporter.
Ecarri dlezaquedazue, Vous me le pouvez —.
Ecarri dlezaquete. Ils me le peuvent —.

Prétérit Imparfait.

Ecarri ctniezaquet, Tu me le pouvais apporter.
Ecarri ctezaquet, Il me le pouvait —.
Ecarri ctniezaquedate, Vous me le pouviez —.
Ecarri ctezaquedate, Ils me le pouvaient —.

Prét. Parfait.

Ecarri ctniezaquedan, Tu me le pus apporter.
Ecarri ctezaquedan, Il me le put —.
Ecarri ctniezaquedaten, Vous me le pûtes —.
Ecarri ctezaquedaten, Ils me le purent —.

4º. Indicatif. — Présent.

Ecarri dltzaizquidaquec, en, Tu me les peux apporter
tzuque, (régime pluriel).
Ecarri dltzaizquidague, Il me les peut apporter.
Ecarri dltzaizquidatzueque, Vous me les pouvez —.
Ecarri dltzaizquidaterue, Ils me les peuvent.

Prét. Imparfait.

Ecarri cthitzaizquidaque, Tu me les pouvais apporter
Ecarri ctizaizquidaque, Il me les pouvait —.
Ecarri cthitzaizquidateque, Vous me les pouviez —.
Ecarri ctizaizquidateque, Ils me les pouv. apporter.

Le prétérit parfait se fait en ajoutant la syllabe *an* au *que* final de l'imparfait. Celles de la personne *zu, zen,* sont ainsi qu'il suit.

5º. Indicatif. — Présent.

Ecarri dezazuquet, Je te le peux apporter.
Ecarri dezazuque, Il te le peut —.
Ecarri gutniezazuque, Nous te le pouvons —.
Ecarri dezazuquete. Ils te le peuvent —.

Prét. Imparfait.

Ecarri ntezazuque, Je te le pouvais apporter.
Ecarri ltezazuque, ctezazuquete Il te le pouvait —.
Ecarri gutniezazuque, Nous te le pouvions —.
Ecarri ltezazuquete, ztezazu- Ils te le pouvaient —.
quete,

Le prétérit parfait se forme en ajoutant *an* au *que* final.

6º. Indicatif. — Présent.

Ecarri dltzaiztzuquet, Je te les peux apporter.
Ecarri dltzaiztzuque, Il te les peut —.
Ecarri gutnitzaiztzuque, Nous te les pouvons —.
Ecarri dltzaiztzueque, Ils te les peuvent —.

On peut aussi intercaler *qui* à toutes les personnes :
Dit-zaizquitzuquet.

Prétér. Imparfait.

Ecarri ntizaiztzuque, Je te les pouvais — moi.

DE LA CONJUGAISON DES VERBES.

Ecarri citzaizuque,	Il te le pouvait apporter.
Ecarri gutnitzaizizuque,	Nous te les pouvions —.
Ecarri citzaizuzueque,	Ils te les pouvaient —.

On dit aussi *Ecarri nitzaizquitzuque*, etc.
Le prétérit parfait se forme en ajoutant *an*.

Les conjugaisons de la *personne hi, eu, sont ainsi qu'il suit*.

7º. Indicatif. — Présent.

Ecarri dtezaaquet,	Je te le peux apporter.
Ecarri dtezaque,	Il te le peut —.
Ecarri dezaaquegue,	Nous te le pouvons —.
Ecarri dtezaleque,	Ils te le peuvent —.

Prét. Imparfait.

Ecarri ntezaquec,	Je te le pouvais apporter.
Ecarri ctezaquec,	Il te le pouvait —.
Ecarri gutnitezaquec,	Nous te le pouvions —.
Ecarri ctezaquetec,	Ils te le pouvaient —.

En parlant au féminin, la terminaison *ec* se change en : *Ntezaquen*.
Pour le prétérit parfait, on ajoute *an*, comme aux inflexions ci-dessus.

8º. Indicatif. — Présent.

Ecarri dtetzaizquiquet,	Je te les peux apporter.
Ecarri dtetzaizquique,	Il te les peut —.
Ecarri gutnitzaizquiquec,	Ecarri metzaizquiquec,
Ecarri dtetzaizquiquec,	Ecarri lltzaizquiquec,

Prétér. Imparfait.

Ecarri metzaizquiquec,	Je te les pouvais apporter.
Ecarri lltzaizquiquec,	Il te les pouvait —.
Ecarri guenitzaizquiquec,	Nous te les pouvions —.
Ecarri lltzaizquiquetec,	Ils te les pouvaient —.

Parlant au féminin, *ec* se change en *en*, et pour le prétérit parfait on ajoute *an*.

Conjugaisons de la 3ᵉ personne.

9º. Indicatif. — Présent.

Ecarri dtozaquet,	Je le lui peux apporter à lui
Ecarri tozaque, dtozaquezu,	Tu le lui peux —.
Ecarri dtozaque,	Il se le peut —.
Ecarri dtozaqugue,	Nous le lui pouvons —.
Ecarri dtozauquete,	Vous le lui pouvez —.
Ecarri dtozateque,	Ils se le peuvent —.

Prét. Imparfait.

Ecarri ntozaque,	Je le lui pouvais apporter.
Ecarri ctnlozaque,	Tu le lui pouvais —.
Ecarri ctozaque, ltozaque,	Il se le lui pouvait —.
Ecarri gutnlozaque,	Nous le lui pouvions —.
Ecarri ctnlozaqueque,	Vous le lui pouviez —.
Ecarri cio, ltozateque,	Ils se le lui pouvaient —.

Le prétérit parfait se forme en ajoutant la syllabe *an*.

10e. Indicatif. — Présent.

Ecarri ditzaizquioquet,	Je les leur peux apporter.
Ecarri ditzaizquioquic, en, izau-	Tu les leur peux —.
que,	
Ecarri ditzaizquioque,	Il se les leur peut —.
Ecarri ditzaizquioguque,	Nous les leur pouvons —.
Ecarri ditzaizquioizuteque,	Vous les leur pouvez —.
Ecarri ditzaizquioteque,	Ils se les leur peuvent —.

Prét. Imparfait.

Ecarri nitzaizquioque,	Je les leur pouvais apporter.
Ecarri cñitzaizquioque,	Tu les leur pouvais —.
Ecarri ciz, litzaizquioque,	Il les leur pouvait —.
Ecarri guñitzaizquioque,	Nous les leur pouvions —.
Ecarri cñitzaizquioteque,	Vous les leur pouviez —.
Ecarri ciz, litzaizquioteque,	Ils les leur pouvaient —.

Le prétérit parfait se forme en ajoutant *an*.

§ III.

Conjugaisons relatives des précédentes conjugaisons : voici celles de la première personne :

Elles suivent la méthode des précédentes conjugaisons : voici celles de la première personne :

11e. Indicatif. — Présent.

Ecarri diezaguquezu,	Tu nous le peux apporter.
Ecarri diezaguque,	Il nous le peut —.
Ecarri diezaguzuteque,	Vous nous le pouvez —.
Ecarri diezagaquete,	Ils nous le peuvent —.

Prét. Imparfait.

Ecarri cñiezaguque,	Tu nous le pouvais apport.
Ecarri ciezaguque,	Il nous le pouvait —.
Ecarri cñiezaguquete,	Vous nous le pouviez —.
Ecarri ciezaguquete,	Ils nous le pouvaient —.

Pour le prétérit parfait, on ajoute *an*.

12e. Indicatif. — Présent.

Ecarri ditzaiguzque,	Tu nous les peux apporter.
Ecarri ditzaigzque,	Il nous les peut —.
Ecarri ditzaiguzuteque,	Vous nous les pouvez —.
Ecarri ditzaiguzuzque,	Ils nous les peuvent —.

On le forme encore en intercalant *qui* : *Ecarri-ditzaiz-quiguzque*, etc.

Prét. Imparfait.

Ecarri cñitzaizgnque,	Tu nous les pouvais appor.

DE LA CONJUGAISON DES VERBES.

Ecarri ctzaizuquque,   Il nous les pouvait apporter
Ecarri cthizaizuguteque,   Vous nous les pouviez —.
Ecarri ctzaizuguteque,   Ils nous les pouvaient —.
On le forme aussi en intercalant *qui*: *Ecarri-cthizaiz-guqnque*, etc.
Pour le prétérit parfait, on ajoute *an*.

Conjugaisons de la 2e personne.

13e. INDICATIF. — Présent.

Ecarri dtezazuquetet,   Je peux vous l'apporter.
Ecarri dtezazuquete,   Il peut —.
Ecarri dtezazuguequque,   Nous pouvons —.
Ecarri dtezazuquete,   Ils peuvent —.

Prétérit Imparfait.

Ecarri ntezazuquete,   Je pouvais vous l'apporter.
Ecarri ctezazuquete,   Il pouvait —.
Ecarri guthiezazuquete,   Nous pouvions —.
Ecarri ctezazuquete,   Ils pouvaient —.
Le prétérit parfait se forme en ajoutant *an*.

14e. INDICATIF. — Présent.

Ecarri dtizaiztzuquetet,   Je peux vous les apporter.
Ecarri dtizaiztzuquete,   Il peut vous les —.
Ecarri dtizaiztzuguquete,   Nous pouvons vous les —.
Ecarri dtizaiztzuquete,   Ils peuvent vous les —.
Il se forme aussi en intercalant *qui*: *Ecarri-ditzaizqui-zuquetet*, etc.

Prétérit Imparfait.

Ecarri ntizaiztzuquete,   Je pouvais vous les apport.
Ecarri ttzaiztzuquete,   Il pouvait vous les —.
Ecarri guthizaiztzuquete,   Nous pouvions vous les —.
Ecarri ttzaiztzuquete,   Ils pouvaient vous les —.
On intercale aussi le *qui*: *Ecarri-ntizaizquitzuquete*, etc.

Conjugaisons de la 3e personne.

15e. INDICATIF. — Présent.

Ecarri dtozaquetet,   Je peux le leur apporter.
Ecarri dtozaquezuquete,   Tu peux le leur —.
Ecarri dtozaquete,   Il peut le leur —.
Ecarri dtozaqueguquete,   Nous pouvons le leur —.
Ecarri dtozaqueteque,   Ils peuvent le leur —.

Prét. Imparfait.

Ecarri ntozaquete,   Je pouvais le leur apporter.
Ecarri cthiozaquete,   Tu pouvais le leur —.
Ecarri ctozaquete,   Il pouvait le leur —.
Ecarri guthiozaquete,   Nous pouvions le leur —.
Ecarri ctozaqueteque,   Ils pouvaient le leur —.
Le prétérit parfait se forme en ajoutant *an*.

16e. INDICATIF. — Présent.

Ecarri dtotzaiziquioquetet,   Je peux les leur apporter.
Ecarri dtotzaiziquioquetzute,   Tu peux les leur —.
Ecarri dtotzaiziquioquete,   Il peut les leur —.
Ecarri dtotzaiziquioquegute,   Nous pouvons les leur —.

142   GRAMMAIRE BASQUE.

Ecarri dtotzaizquioquetzute,	Vous pouvez les leur appor.
Ecarri dtotzaizquioquete,	Ils peuvent les leur —.

Prét. Imparfait.

Ecarri ntzaizquioquetet,	Je pouvais les leur apport.
Ecarri etnizaizquioquete,	Tu pouvais les leur —.
Ecarri citz, ltznizquioquete,	Il pouvait les leur —.
Ecarri gunhitzaizquioquete,	Nous pouvions les leur —.
Ecarri ctnizaizquioquete,	Vous pouviez les leur —.
Ecarri citz, ltznizquioquete,	Ils pouvaient les leur —.

On ajoute *an* pour former le prétérit parfait.

Conjugaisons dont l'inflexion renferme et comprend pour accusatif les personnes mêmes du singulier ou du pluriel.

17°. Indicatif. — Présent.

Ecarri ndzaquec, en, zu,	Tu peux me porter moi-même.
Ecarri ndzaque,	Il peut me porter —.
Ecarri ndznquezute,	Vous pouvez me porter —.
Ecarri ndzaquete,	Ils peuvent me porter —.

Prétér. Imparfait.

Ecarri nintzaquec, en, tzngue,	Tu pouvais me porter moi-même.
Ecarri nintzaque,	Il pouvait me porter —.
Ecarri nintzaizuguete,	Vous pouviez me porter —.
Ecarri nintzaquete,	Ils pouvaient me porter —.

Le prétérit se forme en ajoutant *an*.

Pour la personne zu, zeu.

18°. Indicatif. — Présent.

Ecarri zditzaquet,	Je peux te porter.
Ecarri zditzaque,	Il peut te —.
Ecarri zditzaguque,	Nous pouvons te —.
Ecarri zditzaquete,	Ils peuvent te —.

Prétérit Imparfait.

Ecarri cintzaquet,	Je pouvais te porter.
Ecarri cintzaque,	Il pouvait te —.
Ecarri cintzaguque,	Nous pouvions te —.
Ecarri cintzaguete,	Ils pouvaient te —.

Le prétérit parfait en ajoutant *an*.

Pour la personne hi, eu.

19°. Indicatif. — Présent.

Ecarri dizaquet,	Je peux te porter.
Ecarri dzaque,	Il peut te —.
Ecarri dzagueguque,	Nous pouvons te —.
Ecarri dzaquete,	Ils peuvent te —.

Prét. Imparfait.

Ecarri intzaquet,	Je pouvais te porter.
Ecarri intzaque,	Il pouvait te —.
Ecarri intzagueguque,	Nous pouvions te —.
Ecarri intzaquete,	Ils pouvaient te —.

20°. Indicatif. — Présent.

Ecarri gditzaquec, en, tzngue, Tu peux nous porter.

DE LA CONJUGAISON DES VERBES. 143

Ecarri gáitzaque, Il peut nous porter. *Ecarri záitzaquete,* Il peut vous —.
Ecarri gáitzazquete, Vous pouvez nous —. *Ecarri záitzaguquete,* Nous pouvons vous —.
Ecarri gáitzaquete, Ils peuvent nous —. *Ecarri záitzaqueteque,* Ils peuvent vous —.

Prét. Imparfait.   Prétér. Imparfait.

Ecarri guintzaquec, en,tzuque, Tu pouvais nous porter. *Ecarri cintzaizquetet,* Je pouvais vous porter.
Ecarri guintzaque, Il pouvait nous —. *Ecarri cintzaizquete,* Il pouvait vous —.
Ecarri guintzatzuquete, Vous pouviez nous —. *Ecarri cintzaizguquete,* Nous pouvions vous —.
Ecarri guintzaquete, Ils pouvaient nous —. *Ecarri cintzaizqueteque,* Ils pouvaient vous —.

On forme le prétérit parfait en ajoutant *an.* On forme aussi cet imparfait en intercalant *qui* : *Ecarri-cintzaizguiquetet,* et le prétérit parfait en ajoutant *an.*

21°. Indicatif. — Présent.

Ecarri záitzaquetet, Je peux vous porter.

Telles sont les 21 conjugaisons du verbe actif avec les inflexions qui correspondent à *Je peux, tu peux ;* réunies aux deux syncopées de la seconde personne *hi, eu,* que nous avons données, nous en avons ainsi 23. En considérant une si prodigieuse variété unie à tant d'ordre et de ponctualité, les ignorants seuls y verraient de la confusion et de l'embarras ; une personne studieuse y verra, au contraire, une grande harmonie et un ingénieux artifice.

CHAPITRE XI.

CONJUGAISON DU VERBE NEUTRE AVEC LES INFLEXIONS CORRESPONDANTES A *je peux, tu peux.*

On retrouve, dans les conjugaisons de ces verbes, le même ordre que dans les précédentes : conjugaison absolue et conjugaisons relatives, chacune avec son inflexion particulière, qui explique la manière d'exercer l'action d'un verbe neutre. Il n'y a qu'une seule inflexion absolue, parce qu'elle ne peut régir accusatif de singulier ou pluriel. Les inflexions relatives sont au nombre de sept, qui correspondent aux sept personnes du singulier et du pluriel ; elles signifient l'exercice du verbe neutre, renfermant en elles-mêmes la transition ou relation à quelqu'une des personnes ; de manière que, pour déterminer les deux choses, ni les articles ni les pronoms ne sont nécessaires comme dans les autres langues : je peux m'asseoir, tu peux t'asseoir se traduisent en basque sans pronom aucun : *eseri-náiteque*, *eseri záitezque* : le français dit, tu peux m'asseoir, il peut m'asseoir ; le basque, *eseri áquiquet*, *eseri-dáquiquet*, etc., et ainsi des autres relations.

Inflexion absolue pour le verbe neutre.

1. INDICATIF.

Présent.		Prét. Imparfait.	
Eseri náiteque,	Je peux m'asseoir.	Eseri níndeque,	Je pouvais m'asseoir.
Eseri díteque, záitezque,	Tu peux t' —.	Eseri índeque, cíndezque,	Tu pouvais t' —.
Eseri ddíteque, díteque,	Il peut s' —.	Eseri líteque,	Il pouvait s' —.
Eseri gáitezque,	Nous pouvons nous —.	Eseri gníndezque,	Nous pouvions nous —.
Eseri záitezquete,	Vous pouvez vous —.	Eseri cíndezquete,	Vous pouviez vous —.
Eseri ddáiteque, díiezque,	Ils peuvent s² —.	Eseri líiezque,	Ils pouvaient s² —.

Le prétérit parfait se forme en ajoutant *an*.

Inflexion relative de la première personne.

2. INDICATIF.

Présent.			
Eseri áquiquet, atzaquiquet,	Toi tu peux m'asseoir.	Eseri zátzaizquíquet,	Vous pouvez m' —.
Eseri dáquiquet,	Il peut m' —.	Eseri dáquiquet,	Ils peuvent m' —.

DE LA CONJUGAISON DES VERBES.

Prét. Imparfait.

Eseri intzaizquiquet, cintzaiz. Toi tu pouvais m'asseoir. Eseri cintzaizquiquetet, Vous pouviez m'—.
guiquet, Eseri litzaizquiquet, Ils pouvaient m'—.
Eseri litzaquiquet, Il pouvait m'—.

Le prétérit parfait se forme en changeant le *t* final en *dan* : *Cintzaizquiquedan*.

Je me sers, pour traduire ces inflexions, d'expressions inusitées en français ; mais je les emploie pour montrer mieux toute la valeur de l'inflexion basque. Au reste, j'en ai déjà prévenu. Je me permettrai encore la même licence dans cette Grammaire.

Inflexion relative de la 2ᵉ personne hi, eu.

3. INDICATIF.

Présent.   **Prét. Imparfait.**

Eseri ndizaquiquec,   Je te me peux asseoir.   Eseri nitzaquiquec,   Je te me pouvais asseoir.
Eseri ddizaquiquec,   Il se te peut —.   Eseri litzaquitiquec,   Il te pouvait —.
Eseri gaizaquiquec,   Nous te pouvons —.   Eseri guintzaizquiquec,   Nous te pouvions —.
Eseri ddizaizquiquec,   Ils se te peuvent —.   Eseri litzaizquiquec,   Ils te pouvaient —.
On dit aussi Eseri-ndaquiquec, ddaquiquec, gdizquiquec, Et aussi Eseri-nenguiquec, téguiquec, guenguizquec, le-
ddizquiquec.   guizquec.

Le prétérit parfait se forme en ajoutant *an*.
Pour le féminin, le *ec* final des inflexions se change en *en*.

Inflexion relative de la 2ᵉ personne zu, zeu.

4. INDICATIF.

Présent.

Eseri ndizaquiquetzu,   Je te me peux asseoir.   Eseri gdizaquiquetzu,   Nous te pouvons asseoir.
Eseri ddizaquiquetzu,   Il te peut —.   Eseri ddizaizquiquetzute,   Ils te peuvent —.

On dit aussi *Eseri-naquiquetzu*, comme ci-dessus. Et *Eseri litzaquiquetzu*, souvent aussi le *quetzu* final se transforme. *Eseri gnintzaquiquetzu*, Et aussi *Eseri-nenquiquetzu*, comme au précédent. On change souvent *quetzu* en *tzuque*.-

Prét. Imparfait.

Eseri nintzaquiquetzu, Je le me pouvais asseoir. Il te pouvait —.
 Nous le pouvions asseoir.
 Ils te pouvaient —.

Au prétérit parfait, si la finale est *u*, on ajoute *n*; si elle est en *e*, on ajoute *an*.

Inflexion relative de 5° personne du singulier.

5. INDICATIF.

Présent.		Prét. Imparfait.	
Eseri ndtzaquioque,	[que, Je me le peux asseoir.	*Eseri nintzaquioque*, [quioque. Je me le pouvais asseoir.
Eseri dizaquioque, *zdtzaizquio-*	Tu le le peux —.	*Eseri dizaquioque*, *cintzaiz-* Tu te le pouvais —.
Eseri ddizaquioque,	Il se le peut —.	*Eseri litzaquioque*,	Il se le pouvait —.
Eseri gdtzaizquioque,	Nous le pouvons —.	*Eseri guintzaizquioque*,	Nous le pouvions —.
Eseri zdtzaizquioquete,	Vous le pouvez —.	*Eseri cintzaizquioquete*,	Vous le pouviez —.
Eseri ddtzaizquioque,	Ils se le peuvent —.	*Eseri litzaizquioquete*,	Ils se le pouvaient —.

On dit aussi *Eseri-naquioque*, *dquioque*, *ddquioque*, *gd-* Et aussi *Eseri-nenquioque*, *cénquioque*, *léquioque*, *gnen-quioque*, *zdizquioquete*, *ddquiozque*. *quiozque*, *cénquiozquete*, *léquiozque*.

Inflexion relative de la 1re personne du pluriel.

6. INDICATIF.

Présent.		Prét. Imparfait.	
Eseri ditzaquiguque, *zdtzaiz-*	Tu te nous peux asseoir.	*Eseri intzaquigugue*, *cintzaiz-* Tu te nous pouvais asseoir.
quigque,		*quigigne*,	
Eseri ddtzaquigngue,	Il nous peut —.	*Eseri litzaiquigngue*,	Il se nous pouvait —.
Eseri zdtzaizquignguete,	Vous nous pouvez —.	*Eseri cintzaizquignguete*,	Vous nous pouviez —.
Eseri ddtzaizquignguete,	Ils nous peuvent —.	*Eseri litzaizquigngu-ete*,	Ils nous pouvaient —.
Et aussi *Eseri dquigngue*, *ddquigngue*, etc.			

Il manque deux inflexions relatives de la seconde et de la troisième personne du pluriel; elles sont très-faciles. Celle de la seconde personne se forme avec les inflexions de la personne *zu, zeu*, en ajoutant à chacune la finale *te*. Celle de la troisième personne avec les inflexions de la troisième du singulier, en ajoutant aussi à chacune la même finale *te*: *eseri-natza-quiquetzute,* je vous me peux asseoir ; *cseri-nátzaquioquete,* je me les peux asseoir. Nous placerons, dans la Syntaxe et dans la Prosodie, quelques observations sur ces conjugaisons, si la crainte d'augmenter trop la longueur de cette Grammaire ne nous arrête pas.

CHAPITRE XII.

DES VERBES IRRÉGULIERS DE LA LANGUE BASQUE.

Jusqu'ici nous avons exposé les conjugaisons du verbe actif, passif et neutre; nous avons distingué les absolues des relatives et les relatives entr'elles, les réduisant chacune à un ordre fixe et déterminé. Nous avons donné des règles certaines, très-sûres, pour la formation des temps de tout verbe actif, passif ou neutre. Tout cela examiné avec attention doit nécessairement causer de l'admiration aux personnes intelligentes. Il nous reste à parler des verbes irréguliers, anomaux, défectueux, impersonnels. Cette tâche est facile. Les anomaux et les impersonnels sont en très petit nombre ; les irréguliers sont tous défectueux, car ils n'ont pas tous les temps, mais aucun d'eux n'entrave la conjugaison régulière de l'actif ni du neutre.

§ I.

DIFFÉRENTS VERBES ACTIFS IRRÉGULIERS.

La langue basque compte beaucoup de verbes irréguliers, soit actifs, soit neutres; il n'est pas possible de les donner tout au long, eu égard aux trois dialectes; je me bornerai à donner les plus usuels. Ces verbes sont irréguliers, soit parce que leurs temps sont simples et non composés, comme les réguliers, soit aussi parce que leur inflexion ne correspond pas à leur racine. En parlant des irréguliers actifs, nous avons dit déjà que toutes les terminaisons du verbe actif, absolues ou relatives, sont verbes irréguliers substantifs et simples. Toutefois, je dois faire remarquer que quelquefois la terminaison active ou neutre de quelques personnes a des inflexions irrégulières et non moins significatives. Par exemple : *Esáten-cioat, irabaci-etzioat, esán-cioatet.* Dans ces locutions, la personne est évidente ; c'est *ni, neu,* je ou moi, mais l'inflexion n'est pas aussi facile. *Esáten-cioat,* je le lui dis, a le son de l'inflexion transitive de la troisième personne ; l'inflexion régulière est *esáten-diot.* Il ressemble aussi à une transition de la seconde personne *hi, hic, eu, euc*, et son inflexion régulière n'est pas *cioat.* Je dis que c'est une inflexion transitive irrégulière à la troisième personne, mais qu'on doit l'employer absolument quand on dit avec toi, à l'aide de *hi, hic, eu, euc.* Il en est ainsi de quelques irréguliers neutres : *Hor néagoc, céagoc, guéaudec, céaudec, buneabilc, baceabilc,* etc. Outre ceux-ci, les suivants sont aussi irréguliers ; je ferai remarquer que les uns sont absolus, les autres relatifs ; ils contiennent le régime singulier ou pluriel comme les réguliers.

Du verbe *Iduqui*, tenir, se forment les irréguliers suivants :

1 INDIC. PRES. *Daucat, daucac, daucan, dauca, deucagu, daucazue, daucate*, je le tiens, tu le tiens, etc.

PRET. IMP. *Néucan, éucan, cénducazun, céucan, guénducan, cénducazuen, céucaten, céuquen*, je le tenais, tu le tenais, etc.

Au subjonctif, on emploie aussi ces inflexions : *Daucadalá, daucazulá*, que je le tienne, que tu le tiennes ; *neucalá, cenducazulá*, que je le tinsse, que tu le tinsses. Les mêmes inflexions s'emploient aussi dans ces locutions : *Ariá escuán daucadalá, edó neucalá zatozquit, edó céntozquidan*, moi tenant la pierre dans la main tu me viens.

Cette remarque s'applique également aux verbes suivants :

PRET. IMP. *Banéuca, baeuca, bacenduca, baleuca, baguenduca, bacenducate, baleucate*, si je l'eusse, si tu l'eusses, etc.

2 IND. PRES. *Dauzcat, dauzcac, dauzcan, dauzcatzu, dauzca, dauzcagu, dauzcatzue, dauzcate*, je les tiens, tu les tiens, etc.

PRET. IMP. *Néuzcan, éuzcan, céneuzcan, céuzcan, guéneuzcan, céneuzcaten, céuzcaten*, je les tenais, tu les tenais, etc.

SUBJ. PRET. IMP. *Baneuzca, baeuzca, baceneuzca, baleuzca, bagueneuzca, baceneuzcate, baleuzcate*, si je les tiendrais, si tu les tiendrais, etc.

3 IND. PRES. *Dáuzcatzit, dáuzcatzic, in dáuzcatzitzec, dáuzcatzi, dáuzcatzigu, dáuzcatzitzue, dáuzcatzite*, je les tiens, tu les tiens, etc.

PRET. IMP. *Néuzcatzien, éuzcatzien, céneuzcat-*

zien, *céuzcatzien*, *guéneuzcatzien*, *céneuzcatziten*, *céuzcatziten*, je les tenais, tu les tenais, etc.

SUBJ. PRET. IMP. *Baneuzcatzi*, *baceneuzcatzi*, *baleuzcatzi*, *bagueneuzcatzi*, *baceneuzcatzite*, *baleuzcatzite*, si je les tiendrais, etc.

Tous ces temps, ainsi exposés, sont absolus, mais on les rend facilement relatifs à l'aide de quelques légères additions :

4 IND. PRÉSENT. *Daucadac, an, daucadazu, daucat, daucadazue, daucadate*, tu me le tiens, il me le tient, etc.

PRÉT. IMP. *Eucadan, céneucadan, céucadan, céneucadaten, céucadaten*, tu me le tenais, il me le tenait, etc.

Pour éviter la prolixité, je ne donne pas les autres relatifs.

Du verbe *Ecarri*, apporter, on forme les irréguliers suivants :

1 IND. PRÉS. *Dácart, dácarc, dácan, dácar, dácargu, dácarzue, dácarte*, je l'apporte, tu l'apportes, etc.

PRÉT. IMP. *Nécarren, cénecarren, cécarren, guénecarren, cénecarten, cécarten*, je l'apportais, tu l'apportais, etc.

IMPÉRAT. *Ecárt, ecár, ecárzu*, apporte-le; *becár*, qu'il l'apporte; *ecárzute*, apportez-le; *becárte*, qu'ils l'apportent.

SUBJ. PRÉT. IMP. *Banecar, baecar, bacenecar, balecar, baguenecar, bacenecarte, balecarte*, si je l'apporterais, si tu l'apporterais, etc.

En ajoutant à ce même temps la terminaison *que*, il a la signification de *pouvoir apporter* : *Banecarque*, je le pourrais apporter. Même chose a lieu dans les irréguliers précédents à la signification correspondante : *Buneucaque*, je le pourrais tenir; *baneuzcaque*, je pourrais les tenir.

2 Indic. Prés. *Dácartzit, dácartzic, in, dácartzitzu, dácartzi, dácartzigu, dácartzitzute, dácartzite*, je les apporte, tu les apportes, etc.

Prét. Imp. *Nécartzien, cénecartzien, cécartzien, guénecartzien, cénecartziten, cécartziten*, je les apportais, tu les apportais, etc.

Impérat. *Ecártzic, ecártzin, ecártzitzu*, apporte-les; *becártzi*, qu'il les apporte; *ecártzizute*, apportez-les; *becártzite*, qu'ils les apportent.

Subj. Prét. Imp. *Banecartzi, bacenecartzi, balecartzi, baguenecartzi, bacenecartzite, balecartzite*, si je les apporterais, etc.

En ajoutant *que*: *banecartzique*, je les pourrais apporter, etc.

Ces absolus deviennent aussi relatifs à l'aide d'un petit nombre d'additions que l'usage apprendra. Mais ce verbe a de plus les suivants:

3 Indic. Pres. *Nárarc, nácan, nácarzu, nácar, nácarzue, nácarte*, tu m'apportes, il m'apporte, etc.

Pret. Imparf. *Néncarzun, néncarren, néncarzuten, néncarten*, tu m'apportais, il m'apportait, etc.

4 Indic. Pres. *Acart, ácar, ácargu, ácarte*, je t'apporte, il t'apporte, etc.

Pret. Imparf. *Encartan, écartan, éncargun, éncarten*, je t'apportais, etc.

5 Indic. Pres. *Zácart, zácar, zácargu, zácarte*, je l'apporte, il l'apporte, etc.

Indic. Pres. *Zácazquit, zácazqui, zácazquigu, zácazquite*, je l'apporte, etc.

6 Indic. Pres. *Gácarc, gácan, gácartzu, gácar, gácartzue, gácarte*, tu nous apportes, il nous apporte, etc.

Pret. Imparf. *Guéncartzun, guencarren, guéncartzuten, guéncarten*, tu nous apportais, il nous apportait, etc.

7 Indic. Pres. *Zácartet, zácarte, zácargute, zácartete.*

Du verbe *Eraman*, transporter, on forme les irréguliers suivants :

1 Indic. Pres. *Dáramat, dáramac, an, dáramazu, dárama, dáramagu, dáramazue, dáramate,* je le transporte, tu le transportes, etc.

Pret. Imparf. *Néraman, céneraman, céraman, guéneraman, céneramaten, céramaten,* je le transportais, tu le transportais, etc.

Impérat. *Eramac, cramazu,* transporte-le; *berama,* qu'il le transporte; *eramazute,* transportez-le; *beramate,* qu'ils les transportent.

Subj. Pret. Imparf. *Banerama, bacenerama, balerama, baguenerama, baceneramate, baleramate,* si je le transporterais, etc.

Id. Baneramaque, déjà je le pourrais transporter, etc.

2 Indic. Pres. *Dáramatzit, dáramatzic, in, dáramatzitzu, dáramatzi, dáramatzigu, dáramatzitzute, dáramatzite,* je les transporte, tu les transportes, etc.

Pret. Imparf. *Néramatzien, céneramatzien, céramatzien, guéneramatzien, céneramatziten, céramatziten,* je les transportais, etc.

Impérat. *Erámatzic, erámatzitzu,* transporte-les; *beramatzi,* qu'il les transporte; *cramatzitzute,* transportez-les; *beramatzite,* qu'ils les transportent.

Subj. Prét. Imparf. *Baneramatzi, baceneramatzi, baleramatzi, bagueneramatzi, baceneramatzite, baleramatzite,* si je les transporterais, si tu les transporterais, etc.

Id. Baneramatzique, déjà je pourrais les transporter, etc.

Ils deviennent aussi relatifs comme les précédents.

Ce verbe compte, en outre, les conjugaisons suivantes :

3 INDIC. PRÉS. *Náramac, an, náramazu, nárama, náramazue, naramate,* tu me transportais moi-même, il me transportait, etc.

PRET. IMPARF. *Néramazun, néraman, néramazuten, néramaten,* tu me transportais, il me transportait, etc.

4 INDIC. PRES. *Aramat hi, árama, gáramagu, áramate,* je te porte toi-même, il te porte toi-même, etc.

5 INDIC. PRES. *Záramat, zárama, záramagu, záramate,* je te transporte toi-même, etc., avec le pronom *zu, zeu.*

6 INDIC. PRES. *Gáramac, an, gáramazu, gárama, gáramazue, gáramate,* tu nous transportais, il nous transportait, etc.

7 INDIC. PRES. *Záramatet, záramate, záramategu, záramate.*

Du verbe *Eroan*, emporter, on forme les suivants :

1 INDIC. PRES. *Dároat, ac, an, dároazu, dároa, dároagu, dároazue, dároate,* je l'emporte, tu l'emportes, etc.

PRET. IMPARF. *Néroan, céroazun, céroan, céroagun, céroazuten, céroaten,* je l'emportais, tu l'emportais, etc.

IMPÉRAT. *Eróac, an, eróazu,* emporte-le, toi ; *eróazute,* emportez-le, vous.

2 INDIC. PRES. *Dároatzit, ic, in, dároatzitzu, dároatzi, dároatzigu, dároatzitzute, dároatzite,* je les emporte, tu les emportes, etc.

PRET. IMPARF. *Néroatzien, céroatzitzun, céroatzien, guéroatzigun, céroatzitzuten, céroatziten,* je les emportais, tu les emportais, etc.

IMPÉRAT. *Eróatzic, in, eróatzitzu,* emporte-les, toi ; *eróatzitzute,* emportez-les.

Ces absolus deviennent aussi relatifs comme les dérivés de *Eraman*, auquel cet irrégulier se conforme entièrement : *Nároac, an, nároazu, nároa,* tu m'emportes, il m'emporte, etc. *Aroat, aroa,* je t'emporte, il t'emporte, etc.

Du verbe *Erabilli*, apporter en secouant, on forme les irréguliers suivants :

1 INDIC. PRES. *Dárabilt, dárabilc, dárabiltzu, dárabil, dárabilgu, dárabilzute, dárabilte,* je le porte en secouant, tu, etc.

PRET. IMPARF. *Nérabillen, érabillen, cénerabillen, cérabillen, guérabillen, cénerabilten, cérabilten,* je le portais, etc.

2 INDIC. PRES. *Dárabiltzit, dárabiltzic, in, dárabiltzitzu, dárabiltzi, dárabiltzigu, dárabiltzitzute, dárabiltzite,* je les porte en secouant, etc.

PRET. IMPARF. *Nérabiltzan, érabiltzan, cénerabiltzan, cérabiltzan, guénerabiltzan, cénerabiltzaten, cérabiltzaten,* je les portais, etc.

Ces verbes deviennent relatifs, comme les précédents. On trouve, de plus, les suivants :

3 INDICAT. PRES. *Nárabile, nárabilzu, nárabil, narabilzule, nárabilte,* tu me portes, etc.

PRET. IMP. *Nérabiltzun, nérambilen, nérabilzuten, nérambilten,* tu me portais, etc.

4 IND. PRÉS. *Arabilt ; hi, arabil, arabilgu, arabilte,* je te porte, il te, etc.

5 IND. PRES. *Zárabiltzat, zárabiltza, zárabiltzagu, zárabiltzate,* je te porte, etc.

6 IND. PRES. *Gárabilzac, an, gárabiltzazu, gárabiltza, gárabiltzazute, gárabiltzate,* tu nous portes, etc.

7 IND. PRES. *Zárabiltzatet, zárabiltzate, zárabiltzategu, zárabiltzate,* je vous porte, etc.

DE LA CONJUGAISON DES VERBES. 155

Du verbe *Iaquín*, savoir, avoir avis, se forment les irréguliers suivants :

1 IND. PRES. *Dáquit, dáquic, in, dáquizu, dáqui, dáquigu, dáquizute, dáquite,* je le sais, tu le sais, etc.

PRET. IMP. *Néquian, cénequian, céquian, guénequigun, cénequiten, céquiten,* je le savais, tu le savais, etc.

SUBJ. PRET. IMP. *Banequi, bacenequi, balequi, baguenequi, baceneguite, balequite,* si je le saurais, etc.; et en ajoutant *que, banequique,* déjà je le pourrais savoir, etc.

2 IND. PRES. *Dáquitzit, dáquitzic, in, dáquitzitzu, dáquitzi, dáquitzigu, dáquitzitzue, dáquitzite,* je les savais, tu les savais, etc.

PRET. IMP. *Néquitzan, cénequitzan, céquitzan, guénequitzan, cénequitzaten, céquitzaten,* je les savais, etc.

SUBJ. PRET. IMP. *Banequitza, bacenequitza, balequitza, baguenequitza, bacenequitzate, balequitzate,* si je les saurais, etc. En ajoutant *que* : *Banequitzaque,* déjà je les pourrais savoir, etc.

3 IND. PRES. *Dáquizquit, ic, in, quitzu, dáquizqui, dáquizquigu, dáquizquitzute, dáquizquite,* je les sais, tu les sais, etc.

PRET. IMP. *Néquizquien, cénequizquien, céquizquien, guénequizquien, cénequizquiten, céquizquiten,* je les savais, etc.

§ II.

DE DIVERS IRRÉGULIERS DU VERBE NEUTRE.

Outre ceux que nous avons donnés plus haut, il y a beaucoup d'autres verbes neutres irréguliers : nous en mettrons ici quelques-uns.

Du verbe *Egón, egondú, egotú,* être, on forme les irréguliers suivants :

1 INDIC. PRES. *Nágo, ágo, zágoz, dágo, gágoz, zágoze, dágoz,* je suis, tu es, etc.

Il a, par anomalie, *Záude, gáude, záute, dáude.*

PRET. IMP. *Néngoan, égoan, cégozan, cégoan, guégozan, cégozaen, cégozten,* j'étais, tu étais, etc., avec l'anomalie de *céunden, guéunden, céundeten, céuden.*

IMPER. *Agó, zagóz, zaudé,* sois ; *begó,* qu'il soit ; *begoze, zaute,* soyez ; *begóz, béude,* qu'ils soient.

SUBJ. PRET. IMP. *Banengo, baceunde, balego, bagueunde, baceundete, baleute,* si je serais, etc. En ajoutant *que : Banengoque,* déjà je pourrais être.

2 IND. PRES. *Nágoca, ágoca, zágozca, dágoca, gágozca, zágozcate, dágozca,* je suis à le (quereller, regarder, etc.) ; tu es à le, etc.

PRET. IMP. *Néngocan, égocan, cégozcan, cégocan, guégozcan, cégozcaten, cégozcan,* j'étais à le, tu étais à le, etc.

3 IND. PRES. *Nágocac, dágocac, dágozcac,* je suis à te, il est à te, etc., avec le pronom *hi, eu.* Au féminin, on change *ac* en *an.*

4 IND. PRES. *Nágotzu, dágotzu, gágoztzu, dágoztzu,* je suis à te, il est à te, etc.

Id. Nagotzute, dagotzute, etc., je suis à vous, il est à vous, etc.

Du verbe *Ibilli,* aller, on forme les irréguliers suivants :

IND. PRES. *Nábil, ábil, zábiltza, dábil, gábiltza, zábiltzate, dábiltza,* je vais, tu vas, etc.

PRET. IMP. *Némbillen, ébillen, cémbiltzaten, cébiltzan,* j'allais, tu allais, il allait, etc.

IMPÉR. *Abil, zabiltzá,* va ; *bebil,* qu'il aille ; *zabiltzate,* allez ; *bebiltza,* qu'ils aillent.

Du verbe *Joan,* aller, on forme l'irrégulier suivant :

IND. PRES. *Nóa, óa, zóaz, dóa, góaz, zóazte, dóaz,* je vais, tu vas, etc. On dit aussi, aux troisièmes personnes: *Dijoa, dijoaz.*

PRET. IMP. *Nioan, ioan, cioacen, cioan, guinoacen, cioasten, cioazen.* Et aussi *nijoan, cijoacen,* etc., j'allais, tu allais, etc.

IMPÉRAT. *Oá, zoáz,* va; *goacén,* allons; *bioá, bijoá,* qu'il aille; *zoazte,* allez; *bioáz, hijoáz,* qu'ils aillent; *bóa,* qu'il aille.

SUBJ. PRET. IMP. *Banijoa, bacijoaz, balijoa, baguinjoaz, bacijoazte, balijoaz,* si je serais, si tu serais, etc.

Le verbe *Iduri*, ressembler, a l'irrégulier suivant:

IND. PRES. *Dirudit, dirudic, in, dirudizu, dirudi, dirudigu, dirudizue, dirudite,* je ressemble, tu ressembles, etc.

PRET. IMP. *Nirudien, irudien, cirudizun, cirudien, guirudien, cirudizuten, ciruditen,* je ressemblais, tu ressemblais, et aussi *diruril, diruric,* etc.

Le verbe *Iritzi*, paraître, a l'irrégulier suivant:

IND. PRES. *Déritzat, déritzac, an, déritzazu, déritza, déritzagu, déritzazute, déritzate,* il me semble, il te semble, etc. Il signifie aussi je m'appelle, tu t'appelles, il s'appelle, etc.

PRET. IMP. *Néritzan, éritzan, céritzazun, céritzan, guéritzagun, céritzazuten, céritzaten,* il me paraissait, il te paraissait; et aussi je m'appelais, tu t'appelais, etc.

Du verbe *Jario*, se répandre, couler de, on forme l'irrégulier suivant:

IND. PRES. *Dáriot, dárioc, on, dáriozu, dário, dáriogu, dáriozue, dáriote,* je m'en vais de, etc.

PRET. IMP. *Nérion, érion, cériozun, cérion, cériogun, cériozuten, cérioten,* je m'en allais de, etc.

Le verbe *Iraquin*, bouillir, a l'irrégulier suivant :

IND. PRES. *Diraquit, diraquic, in, diraquizu, diraqui, diraquigu, diraquizue, diraquite*, je bous, tu bous, etc.

PRET. IMP. *Niraquien, ciraquizun. ciraquien, guiraquigun, ciraquizuten, ciraquiten*, je bouillais, tu bouillais, etc.

SUBJ. IMP. *Baniraqui, baciraquizu, baliraqui, baguiraquigu, baciraquizute, baliraquite*, si je bouillirais, si tu bouillirais, etc. En ajoutant *que* : *Baniraquique*, déjà je pourrais bouillir, etc.

Le verbe *Iraun, iraundú, irautú*, durer, persévérer, a l'irrégulier suivant :

IND. PRES. *Diraut, dirauc, un, dirauzu, dirau, diraugu, dirauzute, diraute*, je persévère, tu persévères, etc.

PRET. IMP. *Niraun, cirauzun, ciraun, ciraugun, cirauzuten, cirauten*, je persévérais, tu persévérais, etc., — et aussi *Nirauen, cirauzuen, cirauen*, etc.

SUBJ. PRET. IMP. *Banirau, bacirauzu, balirau, baciraugu, bacirauzue, baliraute*, si je persévèrerais, etc. ; en ajoutant *que* : *Banirauque*, déjà je pourrais durer, etc.

Le verbe *Erausi*, parler beaucoup et précipitamment, a l'irrégulier suivant :

IND. PRES. *Dárausquit, dárausquic, in, dárausquizu, dárauzqui, dárauzquigu, dárauzquizute, dárauzquite*, je parle, tu parles, etc.

PRET. IMP. *Nérausquien, céneraussquien, cérausquien, guénerausquien, cénerausquiten, cérausquiten*, je parlais, tu parlais, etc.

Ou au PRES. *Dárausit*, etc., et à l'IMP. *Nérausien*, etc.

SUBJ. PRET. IMP. *Banerausqui, bacenerausqui, balerausqui, baguenerausqui, bacenerausquite, baleraus-*

quite, si je parlerais, si tu parlerais, etc.; en ajoutant *que: Banerausquique,* déjà je pourrais parler, etc.

Je ne donne pas d'autres irréguliers, pour éviter la prolixité; et, pour la même raison, je laisse de côté quelques observations.

DES VERBES QUE L'ON NOMME IMPERSONNELS.

Je ne sais pourquoi les grammairiens donnent ce nom à certains verbes. Dans la langue basque, on peut, si l'on veut, dénommer ainsi ceux qui correspondent aux verbes impersonnels des autres langues. Le nombre en est très-petit, et ils ne demandent aucune explication. Je donnerai pour exemple ceux qui signifient une même chose: *Badáte,* il est possible, ce peut être; *ezdáte,* il est impossible, ce ne peut être; *ecin dáte,* il est impossible; *badáteque,* il est possible, il peut être; *ezdáteque,* c'est impossible, ce ne peut être; *ecin dátaque,* c'est impossible, il ne peut être; *baliteque,* il est possible, il peut être; s'il était possible, s'il pouvait être; *ez liteque, ecin liteque, balizateque, eslizateque, ecin lizateque,* s'il ne pouvait pas être, etc. On peut également, et dans le même sens, retrancher l'initiale *ba,* bien que son emploi soit plus usité.

CONCLUSION DE LA PREMIÈRE PARTIE.

Sans entrer dans des considérations et des discussions grammaticales, je me bornerai à dire que la Grammaire basque n'admet pas de distinction de genres, comme les autres langues; elle évite ainsi les difficultés, souvent inextricables, la confusion, l'arbitraire, et la déplorable ressource d'innombrables exceptions.

Le hasard ou le caprice n'ayant eu aucune part dans la formation de la langue basque, les genres et la confusion qui en procède ne s'y introduisirent point. Aussi, et bien qu'il y ait concours de substantifs et d'adjectifs, il n'y a cependant pas de concordances; elles ne sont ni nécessaires, ni opportunes. Telle est la cause des méprises que les Basques commettent en parlant une autre langue, méprises communes à tous ceux qui apprennent une langue étrangère, bien qu'ils n'aient pas l'excuse que donne aux Basques cette exception de leur langue.

Nous pourrions aussi demander raison de ces noms qui sont des deux et même des trois genres dans plusieurs langues : le neutre surtout offrirait ample matière à la plaisanterie. Si le français, l'espagnol, etc., ont des noms masculins et féminins et non le basque, le basque, au contraire, a des conjugaisons masculines et féminines que n'ont pas ces langues. Bien plus, si le français ou l'espagnol ne peut réussir à expliquer pourquoi tels ou tels noms sont masculins ou féminins, le basque, au contraire, déclare avec certitude et à propos la différence ou l'application des conjugaisons masculines ou féminines. Le basque a beaucoup de conjugaisons transitives, qui s'adressent à l'homme, et d'autres à la femme, et toutes sont avec beaucoup d'à-propos masculines ou féminines dans les deux sens, objectivement ou subjectivement, c'est-à-dire en leur propre objet et en elles-mêmes. Celles qui s'adressent à l'homme sont masculines, subjectivement, parce que, comme nous l'avons vu, leurs inflexions et leurs finales sont plus fortes, plus rudes et plus graves; elles sont aussi masculines objectivement ou dans leur objet, parce qu'elles aboutissent à l'homme, qui est du sexe masculin. Celles qui s'adressent à la femme sont féminines subjectivement et en elles-mêmes, parce que l'inflexion est plus suave et plus douce; et elles le sont aussi objectivement ou dans leur objet, parce qu'elles se rapportent à la femme.

Les prétérits ou participes apportent aussi une confusion pénible, par leurs règles et leurs exceptions, qui n'ont eu d'autre origine que le hasard fécond en mille inconséquences; nous pourrions nous étendre beaucoup à ce sujet, et manifester l'évidence des imperfections notables que l'on y trouve. Le basque en est exempt, parce que tous ses verbes actifs suivent une même règle de conjugaison. Tout prétérit absolu de régime singulier ou pluriel se forme de même; tout prétérit relatif à une personne, avec régime singulier ou pluriel, a le même mode de formation, sans variation aucune, dans tous les dialectes, et ainsi de tous les autres temps, soit de l'actif, soit du neutre. Les avantages que ceci donne au basque sur les autres langues sont évidents pour quiconque est un peu versé dans ces matières; je ne m'étendrai donc pas davantage.

DEUXIÈME PARTIE.

SYNTAXE

OU CONSTRUCTION DE LA LANGUE BASQUE.

Cette langue n'a pas moins d'harmonie dans sa syntaxe que dans l'inflexion des noms et dans la conjugaison des verbes. Sa construction est susceptible de la plus grande élégance ; comme la Syntaxe latine, elle se prête aux inversions les plus variées.

Dans la première Partie, nous avons expliqué les articles, les noms et les pronoms, et leurs inflexions ; les verbes, et la variété de leurs conjugaisons. Ce sont là les parties principales du discours, et en quelque sorte les matériaux dont il se compose. Mais de même que, pour savoir construire un édifice, il ne suffit pas de connaître les matériaux, les pièces dont il se compose, mais aussi l'ordre et l'accord qu'il faut leur donner, le plan qu'ils doivent occuper, de même il est nécessaire, pour parler avec pureté le basque, ainsi que cela est nécessaire pour toute autre langue, de savoir employer et coordonner ses divers matériaux : c'est pour cela que cette partie de la Grammaire se nomme Syntaxe ou construction.

Nous emploierons les noms ordinaires des huit parties du discours : le *Nom*, le *Pronom*, le *Verbe*, le *Participe*, la *Postposition*, l'*Adverbe*, l'*Interjection* et la *Conjonction*. Quant à l'article qui détermine le nom et le pronom, mon avis est qu'il en fait partie. La langue basque n'a pas de prépositions, les postpositions en tiennent lieu. De ces huit parties, quelques-unes ont à peine besoin d'explications; aussi, les laisserons-nous pour la fin, traitant plus particulièrement celles qui demandent un examen spécial, et qui présentent quelque difficulté.

CHAPITRE I.

CONSTRUCTION DU NOM.

Le nom s'exprime avec ou sans article; il est ou substantif ou adjectif; on en réunit plusieurs, ou on l'emploie isolément; avec ou sans relatif. Mais expliquons séparément chacun de ses accidents: nous éviterons ainsi la confusion.

§ 1.

DU NOM ET DE SON ARTICLE.

Nous l'avons dit déjà, tout nom basque, au nominatif, contient son article *a*; mais dans le discours, il le perd quelquefois. Cette *indifférence* pour l'article n'existe qu'au nominatif et à l'accusatif, ainsi qu'on le remarque dans d'autres langues; les autres cas prennent indispensablement leurs articles correspondants. Nous avons dit aussi que tout nom basque n'admet pas en soi d'inflexion singulière ou plurielle, mais que cette modification n'est marquée que par l'article ou par ce qui tient lieu de l'article dans la phrase. Nous ajouterons:

1° Que le nom, soit substantif, soit adjectif, perd, comme en français, son article commun, quand il est accompagné de quelque pronom qui en tient lieu:

Guizon áiec, ces hommes; *zaldí óiec*, ces chevaux; *mutil batzuec*, quelques jeunes gens. Mais si les pronoms ne tiennent pas lieu des articles, et sont employés dans la phrase comme sujets de la proposition, alors le nom retient son article : *Aec dira guizónac*, ceux-là sont des hommes; *óec zaldiac dirade*, ceux-ci sont des chevaux; *au ederrá da*, celui-ci est beau.

2° Le nom perd toujours son article commun, quand il est accompagné d'un nombre, parce qu'alors celui-ci sert d'article et marque la différence du singulier au pluriel : *Izár bi*, deux étoiles; *hirú higúzqui*, trois soleils; *eun zuhaitz*, cent arbres. Mais quand, en français, l'article commun précède les nombres, il s'exprime aussi en basque : Les cent arbres, les trois soleils, *eun zuháitzac, hirú egúzquiac*.

3° Le nom perd son article, quand on y joint un adverbe qui l'amplifie ou qui restreint sa signification : *Ohuí uscó jan det*, j'ai mangé beaucoup de pain; *ur guciegui edán nuén*, je bus trop d'eau; *dirú gutti emánendut*, je donnerai peu d'argent; *gari guchi dogu*, nous avons peu de blé. Mais si ces adverbes deviennent adjectifs, ils prennent l'article; et par rapport au verbe actif, de deux manières, soit en ajoutant à la dernière voyelle un *c*, ou l'article commun *ác*, comme dans ces phrases proverbiales : *Oguí ascóc gaitz guichí*, la grande quantité de pain fait peu de mal; *ur gucieguic ilco au*, la trop grande quantité d'eau te tuera; *gari guchiac aurpegui gaiztó*, le peu de blé donne tristes figures. Les autres adverbes unis aux verbes ne privent jamais le nom de son article: *Izárrac ederqui dirudite*, les étoiles brillent magnifiquement.

§ II.

DU SUBSTANTIF ET DE L'ADJECTIF.

Le substantif et l'adjectif ne présentent pas, dans la langue basque, la différence qui les distingue communément dans d'autres langues. Le nom est *substantif*, quand sa signification subsiste par elle-même et comme sujet pouvant comprendre d'autres accidents et qualités. Il est *adjectif*, quand sa signification est comme adhérente et ajoutée à autre chose.

Le substantif peut être accompagné d'autres substantifs ou d'adjectifs. Si plusieurs substantifs se suivent, chacun prend son article: *Guizónac, emacúmeac, áurrac etorri dira*, les hommes, les femmes, les enfants sont venus; cependant on peut ne mettre l'article qu'au dernier, surtout si celui-ci est adjectif: *Guizón, emacumé, aur guciac etorri diré.*

Si on joint au substantif un autre génitif de possession, celui-ci se met toujours devant l'autre: *Aitarén semé*, fils de père; *Jaincoarén amá*, mère de Dieu. Cette règle a lieu pour tout génitif de possession, soit qu'il soit accompagné d'un substantif ou d'un adjectif. Le français a des cas que l'on prendrait pour génitif de possession, et qui, en latin, sont ou l'ablatif ou de véritables adjectifs: *Tête d'or, main d'argent, homme de bois*: le basque voit là des adjectifs: *Urrezcó buruá, cillarrezcó escuá, zurezcó guizoná*, comme en latin *caput aureum, manus argentèa, homo ligneus*. Et la raison en est que les substantifs qui signifient la matière dont se compose quelque chose forment des adjectifs en *ezcó*, comme le latin en *eus*: *Urré, cil-*

lár, zur ; aurum, argentum, lignum ; *urrezcó, cillarrezcó, zurezcó*, aureus, argenteus, ligneus.

Quand le substantif est accompagné d'un ou de plusieurs adjectifs, il les précède toujours : *Guizón edér bat*, un homme beau ; et bien qu'en français on dise mieux encore un bel homme, le basque ne peut pas dire *edér bat guizón*. Ainsi, l'adjectif remplit si absolument le but de son substantif, qu'il le suit toujours sans exception : on ne peut dire *Zuri elúr*, blanche neige ; *gogór arri*, dure pierre ; mais *elúr zuriá, arri gogorra*. Il en est de même quand l'adjectif est pris substantivement : *Aitarén tsusia*, le laid du père ; *nagusiarén gogorrá*, le dur du maître ou du seigneur.

Le basque n'ayant pas de genres grammaticaux, le substantif et l'adjectif n'ont à s'accorder qu'en nombre et en cas : *Eguraldi galantá dago*, le temps est beau : le substantif *eguraldi* et l'adjectif *galantá* sont au nominatif singulier.

§ III.

FORMATION DES NOMBRES SUBSTANTIFS ET ADJECTIFS.

Les règles que nous avons données conviennent sans exception à tout substantif et adjectif, de quelque espèce qu'ils soient ; primitifs ou dérivés, simples ou composés, verbaux ou non. Je dirai succinctement comment se forment les dérivés et les composés basques, car ils sont fixes et très-réguliers.

1° A l'aide des noms substantifs, on forme une série dont la finale est en *ca* et qui correspondent à la locution française *à coup de* : A coups de pierres, *arrica* ;

à coups de dents, *orzca* ; à coups de pates, *osticóca* ; à coups de poings, *ucabilca*. Cette forme de noms basques rend leur signification adverbiale. De ces adverbes on forme d'autres substantifs, en ajoutant *da* : *Arricadá*, coup de pierre ; *osticadá*, coup de pate ; *orzcadá*, coup de dent, etc.

2° Il y a des noms substantifs concrets et abstraits, il en est de même des adjectifs. Substantifs concrets : *Guizon*, homme : *guizatásuna*, *guizontasúna*, humanité ; *Jaincó*, Dieu : *jaincotasúna*, divinité ; *gazté*, jeune homme : *gaztetazúna*, jeunesse ; *aundi*, grand : *aunditasúna*, grandeur. Des concrets on forme les abstraits de deux manières : 1° en ajoutant au nom concret *tasún* ou *tasúna*, comme dans les exemples donnés. 2° En ajoutant *queri* ou *quería*: *Eró*, fou, *eroqueria*, folie ; *itzontzi*, parleur : *itzontziqueria*, loquacité ; *liquits*, malpropre : *liquitsquería*, malpropreté. L'espagnol a évidemment imité le basque pour les finales de ses noms abstraits. J'ajouterai que l'on peut employer indifféremment l'une ou l'autre de ces terminaisons pour quelque nom que ce soit ; on dit aussi bien *guizontasuna* que *guizonquería*; *erotasuna* que *eroquería*.

3° Les noms verbaux se forment de plusieurs manières, laissant de côté le premier et le second infinitifs, qui sont déclinables avec les articles communs : *Janá*, *jateá*, *janarén*, *jatearén*, etc. Les noms français qui se terminent en *eur*, comme docteur, lecteur, auditeur, etc. se forment de trois manières en basque : 1° avec la terminaison *izalle*, ajoutée à l'infinitif moins sa dernière lettre : *Eracastzálle*, *iracurtzálle*, *aditzálle*. 2° En ajoutant *le* : *Eracásle*, *iracúrle*, *adile*, etc. 3º En ajoutant *taria* ou *aria* : *Eracastaria, iracurtaria, aditaria*. Ces trois modes de formation sont communs aux trois dialectes, bien que chacun ne les adapte pas à tous les noms verbaux ; car l'un de ces dialectes emploie plus souvent *tzalle*, l'autre *le*, principalement dans les proverbes : *Esále enzúnle*, le diseur doit être écouteur ; et dans les noms verbaux plus usuels : *Edále*, buveur ; *jále*, mangeur ; *emále*, donneur, etc. Dans tous les dialectes, la terminaison *taria* est moins usitée : *Ibiltaria*, marcheur, coureur ; *danzaria*, danseur ; *cantaria*, chanteur ; *pillotaria*, joueur de paume.

4º On peut regarder comme verbaux ou non verbaux tous les noms qui correspondent en français aux noms d'emplois ou autres semblables, et qui se terminent en *ier* et quelquefois en *eur*. Le motif en est qu'ils se composent de deux noms syncopés et verbaux, dérivés de l'actif *eguin*, faire, *guillea* et *quiña* ou *guiña* (l'*a* final est l'article comme dans les précédents). Leur signification est facteur, faiteur, bien que ce dernier mot ne trouve place que dans bienfaiteur, malfaiteur, qui se rendent en basque par *onguille, gaizguille*. Cette formation se fait en ajoutant au nom la finale *guille* ou *guiña* : *Bizarguille*, barbier ; *osaguille*, médecin ; *burniguille*, ferratier, ferreur, forgeron, que d'autres personnes rendent par *errementari* : *Gaztaguille*, fromager ; *cillarguille*, argentier, orfèvre ; *oguiquiñá, oquiñá*, panetier ; *arriguiña, arguiña*, carrier ; *sorguiñá*, sorcier, de *sorá*, maléfice, et *guiñá*, faiseur.

5º Les verbaux du neutre et du passif se forment avec les terminaisons *cor* et *coi* qui, avec l'article, font ordinairement *corra* et *coia*, signifiant ce qui est disposé, porté, facile à ou pour telle chose: de *ibili*, marcher: *ibilcorra*, marcheur; de *iragán* ou *iragó*, passer: *iragancorra*, facile à passer ou transitoire; de *eman* ou *emón*, donner: *emacorra*, facile, disposé à donner, et aussi *ibilcoi*, *iragancoi*, *emacoi*. Cette formation s'étend aussi à différents noms: *Barrencoi*, intrinsèque, intérieur, retiré; *campocoi*, extrinsèque, superficiel, amateur de bruit. Je laisse de côté quelques autres modes de formation des noms verbaux; ceci suffit pour faire connaître avec quelle régularité le basque forme ses dérivés.

§ IV.

DU POSITIF, DU COMPARATIF ET DU SUPERLATIF.

Leur syntaxe suit les règles générales du substantif et de l'adjectif; nous n'avons pas à les déterminer: il ne nous reste donc qu'à dire comment ils se forment.

Le positif est le nom dans sa simple expression: *Belzá*, noir; *arreá*, brun, etc.

Du positif on forme le comparatif. Dans la langue basque, il y a, comme dans la langue latine, des comparatifs simples qui n'existent pas en français ni en espagnol: *Calidior*, *frigidior*, *doctior*, plus chaud, plus froid, plus savant; *beroago*, *otzago*, *jaquintsuágo*. Le latin ne tire aucun comparatif des substantifs; le basque, comme le français, en forme quelquefois: Je suis plus homme que celui-là, *guizonágo naiz hurá baño*. Bien plus, le basque marque souvent le comparatif avec les verbes, en les employant au participe présent: chaque jour il devient plus beau, *egunoró*

7

edertzenago da : on peut dire aussi, en reportant le comparatif sur l'adjectif : *egunoró ederrágo eguitenda*.

Le comparatif se forme en ajoutant *ágo* au positif : *zuri, edér, galánt, oquér*, blanc, beau, galant, borgne ; *zuriágo, ederrágo, galantágo, oquerrágo*, plus blanc, plus beau, plus galant, plus borgne. Dans des phrases entières, quand on exprime la personne ou la chose comparée, on ajoute l'adverbe *baño*, qui est le relatif de comparaison, comme *plus* en français ; il est également suivi de *que* : *zu baño obeago*, meilleur que toi ; *ederrágo loréac baño*, plus beau que les fleurs.

On doit remarquer ici : 1° que le nom auquel on en compare un autre reçoit toujours l'article *a* du nominatif comme en français ; *otzágo, elurrá baño*, plus froid que la neige, et non *otzágo elúr baño* ; 2° que l'adverbe *baño* doit toujours se placer après et jamais avant le nom, ainsi qu'on le voit dans les exemples donnés ; 3° que la comparaison peut se placer avant ou après dans la construction : *zuriágo elurrá baño* ou *elurrá baño zuriágo* ; il est même plus élégant de le placer après. 4° que pour les adverbes comparatifs, on observe les mêmes règles pour la formation et la construction : *zuc baño ederquiágo*, plus bellement que toi ; *onéc baño poliquiágo*, plus joliment que celui-ci. 5° Enfin, on doit remarquer que les comparatifs se déclinent comme les articles communs du positif : *andiagoa, andiagoarén, andiagouri*, etc.

Il y a deux superlatifs dans la langue basque ; l'un est composé, l'autre est simple. Le composé se forme du positif et des adverbes qui signifient prééminence et excès, et correspondent au *valde* latin, *très* français, *muy* espagnol : *chit, chitez, gustiz, guciz, anitz* ; *chit ederra*, très-beau ; *chitez andia*, très-grand ; *gustiz gozoa*, très-doux ; *guciz samiña*, très-amer ; *anitz uezurtia*, très-fourbe ; la seule chose à noter est que ces adverbes peuvent se placer avant ou après le positif : *ederra chit, andia chitez* ; ce qui n'a pas lieu en français.

Le superlatif simple basque se forme en ajoutant au positif la finale *en* et avec l'article *ena* : *andi, labur, samin, chiqui*, grand, court, amer, petit ; *andiena, labúrrena, samiñena, chiquiená*, le plus grand, le plus court, le plus amer, le plus petit.

Comme dans les autres langues, ce superlatif demande et régit toujours le pluriel, et le plus souvent aussi le génitif, comme en français : *gucien andiena*, le plus grand de tous ; *guizónen gogórrena*, le plus dur des hommes. Je dis le plus souvent, car ils admettent quelquefois l'ablatif : *gucietatic andiena, guizónetatic gogórrena*.

CHAPITRE II.

DU RELATIF.

Sans parler ici des interrogatifs *cer, nor, ceiñ*, qui correspondent à que, qui, quel, je dis que cette particule *que* peut se présenter de deux manières dans la construction : ou entre un verbe déterminant et déterminé, ou après un nom ou pronom. De la première manière, *que* est une liaison ou conjonction des deux propositions et n'est point relatif dans le sens dont il est ici question ; il se dit alors en basque *ecen, ece, ce* : *dio, ecén, aditze-eztedulá*, il dit que je ne l'entends pas; ou sans ces particules, comme on le verra au chapitre du verbe. De la seconde manière, le *que* est relatif et présente de grandes variétés en basque; il est nécessaire d'y apporter beaucoup d'attention, pour éviter l'équivoque et la confusion.

On doit remarquer, en premier lieu, si le *que* français ou ses équivalents relatifs se présentent aux cas obliques, c'est-à-dire au génitif, datif et ablatif, alors le relatif basque *ceñá ceñarén* y correspond nécessairement. Voici quelques exemples: cette maison, dont il paraît que tu es propriétaire, etc., *eché au, ceñarén zu bidé cerá jabe*; ce temple auquel nos aïeux donnèrent tant d'or, etc., *eliz au, ceñari emán-cioten guré gará soac ain beste urre*. Quand le *que* relatif vient avec les autres cas, c'est-à-dire avec le nominatif et l'accusatif, les relatifs basques sont relatifs et diffèrent selon la variété de quelques temps et de quelques modes, mais ils sont certains et fixes.

§ I.

RELATIF DE LA PERSONNE PASSIVE.

En parlant du verbe actif et régulier, on doit distinguer les modes de l'indicatif et du subjonctif, et donner à chacun ses relatifs. Tout l'indicatif se forme à l'aide des terminaisons substantives du présent et de l'imparfait, et les relatifs de ces deux temps servent de même pour tout l'indicatif.

Voici donc quels sont les relatifs du présent. Toutes les terminaisons du verbe actif, dans ces vingt-trois modes absolus et transitifs du présent, se terminent en *t* ou en voyelle.

SYNTAXE.   175

1re Règle. Les terminaisons en *t* font leur relatif en *an*, en changeant le *t* final en *d* ; nous parlerons de ce changement au commencement de la Prosodie : moi comme il m'a trahi, je lui donnerai, il me les a enlevés, se traduisent en basque à l'aide de terminaisons en *t* : *jaten dét, ecarri dit, emangó-diot, eramándizquit* ; et au contraire, on traduit avec le relatif en *an*, ajouté à la terminaison *jaten*, ces autres phrases : le pain que je mange, l'or qu'il m'a apporté, la chaîne que je lui donnerai, les pièces d'argent qu'il m'a emportées, *dedan oguiá, ecarri-didán urreá, emangó diodán cateá, eramán dizquidán dirúac*. Il en est ainsi dans tous les autres modes et dialectes. Dans quelques endroits, on dit *jaten-derán* pour *jaten-dedán*, mais c'est à tort.

2e Règle. Les terminaisons en voyelle font le relatif en ajoutant *u* : *jandezú, icústen dégu, ecárten-didazu, emáten diote* font *jandezún araguiác*, la viande que tu as mangée ; *icústen-degún Ceruá*, le ciel que nous voyons ; *ecárten-didazún soñecoá*, l'habit que tu m'apportes ; *emáten dioten edoriá*, le breuvage qu'ils lui donnent. L'usage, en quelques endroits, a introduit que, dans la terminaison de la troisième personne du singulier de la conjugaison absolue, le relatif ajoute non-seulement une *n* à la voyelle, suivant la règle, mais aussi *en* : *jaten-du, deu, dou* ; *játen-duen, deuen, douen sagarrá* ; mais cet usage n'altère point la règle générale.

Les relatifs du prétérit imparfait sont les terminaisons mêmes du verbe, sans y ajouter, puisqu'elles ont déjà l'*n* du relatif ; on évite ainsi la discordance des sons : *icústen-núen*, je voyais ; *ecarri cenduen*, tu l'apportas; *icústen nuén guizonác*, l'homme que je voyais; *ecarri-cenduén oialá*, le drap que tu apportas. Et, bien que cela soit ainsi, il n'y a cependant pas de confusion, grâce à l'accent qui les distingue d'une manière très-claire. Quand il n'y a pas de relatif, l'accent de la terminaison reste où il tombe naturellement, soit à la première syllabe: *ecarri-cénduen oialá*; mais quand il y a relatif, l'accent passe à la dernière syllabe: *ecarri-cenduén oialá*.

On doit remarquer encore: 1° que lorsque, dans ces constructions de relatif, on supprime le nom, alors on ajoute au relatif l'article commun du nom, et tout reste déclinable: *icústen-dedaná*, *icústen-dedanác*, *icusten-dedanaren*, *icusten-dedanari*, etc., celui que je vois, de celui que tu vois, pour celui que je vois, etc.; 2° que ces relatifs servent aussi dans les phrases qui expriment doute et interrogation, comme nous le dirons plus loin: *galdez dago, eman dizudan edo ez*; 3° que la construction de ces relatifs doit se faire de manière que le nom se postpose au verbe et au relatif; en conséquence, on construira ainsi cette phrase: la main que je tiens est prodigieuse, *dedán escuá miragarria da*, et non *escú dedaná*, bien que quelquefois on s'exprime ainsi.

Les règles données pour les relatifs du verbe actif régulier servent aussi ordinairement pour les irréguliers. Les inflexions des irréguliers sont simples et se terminent par une consonne ou une voyelle. Si la consonne est *t*, comme dans *dacart*, *dacartzit*, *daramot*, *darabilt*, etc., le relatif est en *an*, comme aux réguliers: *dacardán cargá*, la charge que je porte; *dacartzidán berriac*, les nouvelles que j'apporte. Si c'est une autre consonne, comme dans *dácar, dárabit*, le relatif est *en* ou *an* : *dacarren contuá, darabillán muguidá*. Si la terminaison est *a, e, o, u*, on forme le relatif en ajoutant seulement *n*, comme nous l'avons dit pour les réguliers : *dauca, dio, dácarzute, daucagu* ; *daucán goseá*, la faim qu'il a ; *dión guezurrá*, le mensonge qu'il dit ; *dacarzutén errierlá*, la querelle que vous faites ; *daucagún olzá*, le froid que nous avons. Si la voyelle est *i*, le relatif ajoute *en*, comme aux troisièmes personnes, afin de ne pas les confondre avec les secondes : *dáqui, dáquitzi, dácartzi, dáramatzi, dárabilzi*, il le sait, il les sait, il les apporte, il les porte, il les secoue. Si on n'y ajoutait que *n*, il y aurait confusion avec la seconde personne féminine : *daquic*, tu sais (homme) ; *dáquin* (à la femme). C'est donc pour cela que le relatif, en ces cas, est *en* : *harc daquién gauzá, daquitzién hypuñac*, etc., et par cette raison, l'usage aura introduit dans les verbes actifs réguliers ce que nous avons dit pour la troisième personne des conjugaisons absolues. Les relatifs de l'imparfait sont, pour les irréguliers comme pour les réguliers, dont la syntaxe est en tout la même.

Au subjonctif, le basque, comme le latin et d'autres langues modernes, emploie moins ce relatif. Cependant, il l'a présenté assez souvent, au présent et aux deux derniers imparfaits ; mais leurs terminaisons contiennent les relatifs sans y ajouter rien, par le motif donné pour les imparfaits de l'indicatif. Si dans quelqu'autres temps les relatifs sont employés, cela a lieu, pour le basque, à l'aide des équivalents, comme le futur du subjonctif pour le futur de l'indicatif.

§ II.

RELATIF DE PERSONNE ACTIVE.

Quand le relatif, dans d'autres langues, est de personne active, il suit, dans sa formation, les mêmes règles que le relatif de personne passive ; mais la construction devient particulière, parce qu'alors au nom ou pronom qui a un relatif on a coutume d'ajouter quelque démonstratif, comme l'a fait Virgile dans son premier vers : *Ille ego, qui quondam*, autrement la phrase serait sans élégance : *jan dedán onéc*, moi qui ai mangé ; *ecárten-cenduén orrec*, toi qui portais ; *emáten degúnac*, nous qui donnons. Si on supprime le nom ou le pronom au relatif, on y ajoute l'article commun du nom, comme nous l'avons dit plus haut, quand on laisse le démonstratif : *icústen dútenac*, ceux qui le voient ; *ecarri déuenac*, ceux qui l'ont apporté, etc. Si la phrase qui a un relatif de personne active est celle que nous appelons première d'active, la construction veut que l'accusatif précède et qu'elle se termine par le nominatif, laissant au milieu le verbe avec son relatif : les pères qui élèvent leurs enfants, *beré semeac azitzen dilúzten gurásoac*.

Ce relatif de personne active, outre les manières citées, se forme très-bien aussi avec le pronom relatif *ceñá*, *ceñác*, qui, l'avons-nous dit, se place dans les cas obliques ; la construction est alors très-facile, car si le verbe est actif, le relatif est *ceñac* ; s'il est neutre, *ceñá* : *sagarrá ceñac min eguin didan, gaziegui zan*, la pomme qui m'a fait mal était trop aigre, ou selon la règle donnée : *min eguindidán sagarrá, gaztegui da*.

Quand le nom qui accompagne le relatif de personne active est un nom propre d'homme ou de femme, la phrase ne se rend pas en basque par le relatif, mais par des équivalents : 1° par l'ablatif absolu : *Pedroc aimbeste izanic, certacó naidu gueiago?* Pierre, qui possède tant, pourquoi veut-il davantage ? 2° Avec la particule postposée des verbes déterminants et déterminés : *Pedroc aimbeste duelá, certacó,* etc. ; 3° avec les particules conditionnelles : *Pedroc aimbeste baldin bádeu, certacó,* etc.

§ III.

RELATIFS DES VERBES NEUTRES ET PASSIFS.

Il y a des neutres réguliers et irréguliers, absolus et transitifs, et pour aucun d'eux le relatif n'est personne passive : 1° Pour les réguliers, au présent de la conjugaison absolue, ses terminaisons sont en *z* et en voyelle ; la première forme le relatif en ajoutant *an*, les autres en ajoutant *n*, en supprimant le pronom et ajoutant l'article commun : *etorten-naizaná, etorri-zarená,* etc. Au prétérit imparfait, le relatif n'ajoute rien aux terminaisons, si ce n'est l'accent, mais il les rend déclinables, comme nous l'avons dit des actives : *ni naiz etorri-nintzaná.*

2° Pour les neutres transitifs, on forme les relatifs comme dans les conjugaisons actives. Toutes les terminaisons du présent, dans tous les modes, sont en *t* ou en voyelle : celles en *t* ont le relatif en *an*, en changeant le *t* en *d* : *etórten zátzaizquit,* tu viens à moi ; *etórten zatzaizquidaná,* toi qui viens à moi ; celles qui sont en voyelle la forment en ajoutant *n* : *etór-*

ten-nátzaio, je viens à lui; *etorten-natzoióna*, moi qui lui viens.

Des irréguliers neutres, les uns sont absolus, les autres transitifs. Les absolus forment leurs relatifs ainsi qu'il suit : les terminaisons en consonne, par l'addition de *en*: *nator*, *zatoz*, *dator*, etc., *natorrená*, *zatozená*, *datorrená*, moi qui viens, toi qui viens, lui qui vient; l'*a* final de ces mots est l'article commun : de même, *nabil*, *dabil*, *nabillén au*, *dabillén ori*, celui-ci que je vais, celui-là qui va. Les terminaisons en voyelle ajoutent une *n*: *orrelá dabiltzán guizónac*, les hommes qui vont ainsi ; on voit qu'à *dábiltza* on ajoute pour relatif l'*n* et l'accent sur la dernière voyelle. Celles en *o* peuvent aussi le former avec *en*: *emen dagoen aurrá*, l'enfant qui est ici, ou *emén dagoán*. D'où l'on voit que les verbes actifs qui se conjuguent avec les irréguliers neutres *nago*, *nabil*, je suis, je vais, forment le relatif en suivant ces dernières règles, et que dès-lors les terminaisons actives disparaissent.

Dans les irréguliers relatifs, comme *zatozquit*, *natorquizu*, etc., tu me viens toi, je me viens à toi, on forme les relatifs comme dans les verbes actifs, parce que s'ils se terminent en *t*, le relatif ajoute *an*, changeant le *t* en *d*: *zátozquit*, *zatozquidán ori*, *edó zatozquidána*: s'ils se terminent en voyelle, on ajoute une *n*: *datorquizu*, *datorquizún guizoná*, *edó datorquizúna*.

Les relatifs, dans le verbe passif, ne présentent pas de difficulté spéciale, par la raison que, se faisant avec les terminaisons du neutre, on les forme de la même manière que pour le neutre : *erretzen-naizaná*, celui que je me brûle ; *gaitz eguiten-dána*, celui qui se fait mal.

CHAPITRE III.

DU PRONOM ET DE SA CONSTRUCTION.

Nous nous sommes étendus sur les pronoms dans la première partie, aussi nous reste-t-il peu de chose à en dire. De même que tout nom a deux articles au nominatif singulier, tout pronom a aussi deux terminaisons. Je ne les nomme pas articles, parce qu'on donne ce nom à ces particules qui ont la déclinaison régulière et commune, et correspondent en français à *le, la, les*. Ainsi, comme en français, le pronom ne prend pas d'article. Toutefois, ils imitent autant que possible l'article commun dans leurs terminaisons.

Nous avons déjà expliqué l'emploi des deux terminaisons. La première sert avec les verbes neutres : *ni nator, zu zaré*. La seconde avec les verbes actifs : *nic artuco-det*, je le prendrai ; *zuc emánen-dezu*, tu le donneras. L'accusatif est comme le nominatif dans sa première terminaison, et l'on dit : *jaincoác icústen nau ni*, Dieu me voit, et non *icústen nau nic*. Ce que je dis de ces pronoms s'applique à tous les autres.

Les pronoms personnels se placent indifféremment et sans exception avant ou après le verbe ; on dit également *neu etorri-naiz* ou *etorri-naiz neu*, je suis venu ; *nizás oroitzé eztá* ou *oróit, zen eztá nizás*, il ne se souvient pas de moi.

Les pronoms démonstratifs communs, tels que *ou onéc, ori, orrec*, etc., régimes d'un verbe ou régis par le verbe, sont toujours placés après le nom ; c'est le contraire en français : *guizón au etorrida*, cet homme est venu ; *mutil orréc jandeu*, ce jeune homme l'a mangé, et non *au guizón*, *orréc mutil*. J'ai dit lorsqu'ils régissent le verbe, car dans les phrases où le verbe n'est pas exprimé, ce qui arrive quand il y a admiration, étonnement, on met alors le pronom devant : *au guizoná*, y a-t-il un homme comme celui-ci ? il en est de même dans le sens de froid ou chaleur: *aut otza*, *au beroa! ori choraqueria*, y a-t-il folie comme celle-là ! et seulement au nominatif. Les démonstratifs particuliers, comme *ni nerau, neronéc, zu, cerori, cerorréc*, etc., suivent, dans la construction, leurs pronoms démontrés.

Les pronoms relatifs *cer, nor, ceiñ*, se placent toujours avant les noms : *cer guizón, nor deabrú*, et non autrement. Mais on doit remarquer que si un verbe neutre suit, le pronom ni le nom n'ajoutent rien au nominatif : *cer guizón dator*, quel homme vient? Mais si c'est un verbe qui suit, le nom ajoute *c* ou *ec*, au lieu d'article; si le nom se termine en voyelle, il ajoute *c* : *cer deabrúc?* quel diable? *ser arric?* quelle pierre? S'il se termine par une consonne, il prend *ec* : *cer guizonec*, quel homme? *ceiñ jaunéc*, quel seigneur ?

Des pronoms indéfinis, les uns viennent seuls dans la construction, sans accompagnement d'aucun nom ; tels sont *iñór, nihór, ecér, cerbait, norbait*. Ils se placent indifféremment avant ou après le verbe. D'autres s'emploient seuls et quelquefois accompagnés, savoir : *edoceiñ, edoceiñec, bat, batéc, cembat, cembatéc, besteá, besteác*. Le pronom *edoceiñ*, quelconque, suit en tout son primitif *ceiñ*, et se place toujours comme lui avant le nom; si le pronom *bat-batec*, quelqu'un, est suivi d'un nom, on met toujours celui-ci après et au génitif : *arrienbat*, une pierre ; *arguirén batéc*, une lumière ; ceci s'entend sans exclusion du nominatif, qui s'emploie aussi. Mais on doit remarquer que, si le nom se termine par une voyelle, comme *arri argui*, le génitif est au singulier, en supprimant l'*a* : *arrirén bat daucat*, j'ai une pierre ; *arguirén batec itsutú nau*, une lumière m'a aveuglé : mais si le nom se termine par une consonne, le génitif est au pluriel : *chacúr, mutil, jaun*, etc., *chacurren bat, mutillen batec, jaunen batec*, et non *chacurraren bat, mutillaren bat, jaunarén bat*. Le pronom *cembat, cembatéc*, combien, se place toujours avant le nom, et quand un verbe actif vient à la suite, le nom reçoit les terminaisons, suivant la règle que nous avons donnée aux pronoms relatifs.

Nous n'avons rien à ajouter aux explications de la première partie sur les pronoms numéraux.

CHAPITRE IV.

DU VERBE ET DE SA CONSTRUCTION.

Je ne m'arrêterai pas à examiner l'harmonie, la proportion et la beauté de la langue basque dans la conjugaison de ses verbes, soit parce que nous en avons dit assez dans les explications préliminaires, soit parce que nous aurons souvent l'occasion de faire ressortir ces beautés. Pour le moment, nous expliquerons la syntaxe du verbe en lui-même et dans les parties constitutives, sans relation avec les autres parties du discours. Il y a des verbes actifs, neutres et passifs ; les actifs et les neutres sont réguliers ou irréguliers : les premiers sont composés dans leurs conjugaisons; les seconds sont simples. Les conjugaisons se composent avec des terminaisons substantives auxiliaires et divers modes de l'infinitif, à l'actif comme au neutre. Puis il est des verbes déterminables, qui appartiennent à l'actif ou au neutre. Expliquons tout cela avec ordre.

§ 1.

DU VERBE ACTIF ET CONSTRUCTION DE TOUTES SES PARTIES CONSTITUTIVES.

Les inflexions du verbe actif se composent de terminaisons et de modes de l'infinitif. Nous avons déjà expliqué, dans la première partie, la propriété et la signification des terminaisons. Elles sont les parties caractéristiques de l'inflexion et de ses espèces et différences, et régissent toute la construction de la phrase. La terminaison marque le singulier et le pluriel; faute de s'y conformer strictement, il en résulterait des solécismes, chacun des deux nombres ayant ses terminaisons spéciales.

On dit, en latin, *ego video*, en français, *je vois*, et en basque, *icústen det*; mais quelle différence! en latin et en français, ces mots n'indiquent ni singulier ni pluriel pour les objets qui se voient; on les emploie indistinctement : *je vois un homme, je vois des hommes*. En basque, au contraire, si je vois un seul, je dis : *icústen-det guizón bat*; si je faisais suivre un pluriel, il y aurait solécisme, je manquerais à la Syntaxe *icústen-det guizon bi*, car, en ce cas, la terminaison est autre, *icústen ditut*. Même chose a lieu pour les terminaisons des autres dialectes : *equiten-det*, je fais ; *emaiten-dut* , je donne, qui indiquent l'accusatif singulier ; mais *eguiten-dódaz, emaiten-tut,* ou *emaite-intut* demandent le pluriel.

Il est vrai que souvent nous parlons absolument en signifiant l'action et non le passif ; je veux dire que nous parlons sans nous astreindre expressément à l'accusatif singulier ou pluriel : *je vis, tu entends, je parle* ; dans ce cas, le basque emploie la terminaison de la première conjugaison absolue , *icusi-núen, aditzen-dezu, itzeguiten-det,* parce qu'en disant ainsi absolument *je vois, tu parles,* etc., on sous-entend toujours un accusatif singulier ; ainsi *je vois, j'entends quelque chose* se rendent en basque par la terminaison de la première conjugaison absolue. De là vient que les verbes qui, en français, ont leur accusatif sous-entendu et indiqué par *le, la* : *je la vis, je l'entendis, je l'aime*, qui se rapportent à un accusatif, n'exigent pas, en basque, l'addition de l'article ni de rien autre, parce que la terminaison de la première conjugaison contient plutôt *le, la,* que *les,* et ainsi l'on dit *icusinuen, aditu núen, maitatzen det.* De là vient l'oubli que font si souvent les Basques de l'article *le, la, les,* quand ils parlent français, entraînés à croire qu'à l'imitation de leur langue, les inflexions françaises contiennent ces articles. Ainsi, au lieu de dire *je les vis, je la vis,* ils disent *je vis.* Mais s'ils répondaient en basque, ils diraient de deux manières je vis : *icusi nituen*, je les vis ; *icusi-nuen*, je la vis.

Les terminaisons relatives, outre qu'elles régissent, comme les absolues, l'accusatif singulier ou pluriel, ont aussi la propriété de déterminer et de marquer la personne avec laquelle elles exercent l'action et le cas datif à donner à cette même personne. Elles déterminent le nombre singulier ou pluriel : *ecárten-dizut berri on bat*, je t'apporte une bonne nouvelle, et non de bonnes nouvelles, car dans ce dernier cas, il faudrait dire *ecárten-dizquitzút berri on batzuec*. Il en est de même dans les autres dialectes ; *ecárten-deutsut*, singulier ; *ecárten-deut sudaz*, pluriel ; et aussi *ecárten-dératzut*, *dérauzquitzut*, *dáuzquitzut*. Elles déterminent aussi la personne, comme ces terminaisons *dizut*, *déutzut*, *dárotzut*, qui sont de seconde du singulier, de sorte que l'on ne peut, sans commettre une faute grave, les appliquer à une autre personne. Même chose a lieu avec les autres terminaisons. Elles déterminent enfin le cas à donner à la personne, le rapport ; c'est, je le répète, le cas du datif et non un autre : *ecárten-dizut zuri, emáten-didázu niri, quéntzen dizquiet iri*, et de même dans les autres dialectes.

Enfin, pour résumer, tout verbe actif régulier ne demande ni ne peut recevoir d'autre régime que celui de ses terminaisons. Celles-ci, si elles sont absolues, régissent seulement l'accusatif, la première du singulier, et la seconde du pluriel, à exclusion de tout autre cas. Si elles sont transitives, chaque personne en a deux : la première régit l'accusatif singulier, la seconde l'accusatif pluriel, et en outre, elles ont toutes le datif de la même personne. Les transitives, qui ont pour accusatif la personne même sur laquelle se reporte l'action, comme : *Játen-zá itut*, je te mange ; *ecarten-názu*, tu m'apportes, ne demandent pas d'autre remarque que celle de mettre toujours à l'accusatif et non à un autre cas la personne sur qui se reporte l'action : *játen zaitut zu, ecárten-nazu ni, edo neu*.

§ II.

CONSTRUCTION DES TERMINAISONS DU VERBE ACTIF AVEC LES ADVERBES *ba* **ET** *ez*.

Ces terminaisons se présentent ordinairement dans le discours, après le verbe ou après le mode de l'infinitif qui compose le temps et son inflexion, mais non de manière qu'elles exigent indispensablement cette place, car on peut dire: *ditut-jaten* tout comme *jatenditut*. Ceci arrive surtout quand les terminaisons sont suivies de quelques adverbes qui demandent à être placés absolument entre le verbe et la terminaison, ou au moins avant elle: *Zuc esán omen diozu*, on dit que tu le leur as dit; *onéc artú bidé du*, il paraît que celui-ci l'a pris; dans ces phrases, les adverbes *omén* et *bidé* se placent avant les terminaisons. Je dis encore que l'on peut aussi postposer le verbe: *Zuc omén diozú esan, onec vidé du ártu*. Ce qui a lieu aussi, quand les adverbes *ba* et *ez* viennent dans la phrase avec le verbe.

En outre, les terminaisons du verbe actif ont une construction particulière avec ces adverbes *ba* et *ez*. Quand l'affirmation est simple, on emploie *baî, si*: *bai jauna*, oui monsieur; *bai andrea*, oui madame. L'adverbe *ba* suit toujours les verbes et non les noms. Il a deux significations: l'une est affirmative: *Estituzu ecarri*, tu ne les as pas apportés; *baditút ordea*, si un tel les a apportés: à cette signification se réduit l'affirmation avec les verbes irréguliers; elle correspond à vraiment: *badacurt*, vraiment je l'apporte; *baniequian*, vraiment je le savais, etc. L'autre signification correspond au *si* conditionnel, et alors elle vient du verbe antécédent de la phrase : s'il te tue, *are ilzen bazaitú*; si je le découvre, *nic salatzen badet*; mais l'adverbe *ba* doit toujours être joint immédiatement à la terminaison et non au verbe, comme dans les exemples donnés *bazaitú*, *badet*, et cela alors même qu'on postpose le verbe, comme dans *bazaitú iltzen*, *badet salátzen*.

La négation *ez* a un caractère tout particulier, car elle change la prononciation de quelques-unes des lettres qui la suivent, ou elle en introduit d'autres à leur place; cela a lieu surtout pour le *d,* dont la prononciation est comme celle du *t* ou se change en *t*, comme nous le dirons au commencement de la Prosodie : *Det, dot, dut*, je tiens; *eztet, eztot, eztut, diot*; *eztiot, diogu, eztiogu*, etc. Cette négation a deux significations : l'une correspond à *non*, et l'autre à *ni*; dans la première signification, elle va toujours avec et devant les terminaisons, et jamais avec le verbe, soit qu'on le mette avant ou après : *Jaten eztet, eztet jaten; ecarri eztot, eztot ecarri; emanen eztut, eztut emanen*. Dans la seconde signification, elle ne vient pas avec la terminaison, mais avec le verbe : *Ez játen utzi digú, ez edáten*, il ne nous a laissé ni manger ni boire.

De même qu'en français et en latin ces adverbes se réunissent, *sinon, nisi*; en basque, *ba* et *ez* se réunissent également, mais en faisant toujours précéder *ez*. Dans la langue basque, le *b*, après la négation, a le son du *p* ou se change en *p* : *ezpa*, sinon : sa construction est la même que celle des adverbes dont elle se compose, parce qu'elle est toujours avec les terminaisons et non avec le verbe : *Erretzen ezpaditút*, sinon je les brûle; *artú ezpanituen*, si je ne les eusse pris.

Mais il faut remarquer que quand le *sinon* français est seul et sans être conditionnel, on ne dit pas *ezpa*, mais *ezpere, ezperén, ezpaberé, bestelá, berzelá,* etc. : *ori orrelá bada, bai* ; *baña ezperé,* si cela est ainsi, bien, mais sinon ; il en est de même de *baiá ezpaberé, bañan berzelá.*

Ces mêmes adverbes *ba* et *ez*, précédant les terminaisons, servent souvent à éviter la répétition du verbe : *Zuc eztituzu ecarri?* ne les as-tu pas apportés toi ? *baditut ordea,* oui je les ai apportés, sans qu'il soit nécessaire d'ajouter *baditut ordea ecarri.* De même, quand on dit *suc jancituen gastañac,* tu mangeas les châtaignes, et qu'il est répondu immédiatement *eznituen bada,* non je ne les mangeai pas, sans qu'il soit nécessaire de répéter *jan*

§ III.

CONSTRUCTION AVEC LES MODES DE L'INFINITIF DU VERBE ACTIF.

La seconde matière constitutive des temps et de leurs inflexions se compose des divers modes de l'infinitif ; et, bien qu'ils ne concourrent pas tous à la composition, nous expliquerons ici leur emploi dans le discours.

Le Présent de l'infinitif, comme nous l'avons dit, sert indifféremment comme participe prétérit ; mais, supposant ici la distinction, nous allons donner sa syntaxe. Donc le présent de l'infinitif, quelle que soit sa terminaison, en voyelle ou en consonne, outre sa syntaxe régulière et commune avec les autres infinitifs, en a une autre commune au prétérit parfait, ou à l'ablatif absolu, ou à tous ensemble, car dans tous, le sens est le même. Dans cette phrase : il mangea et se retira aussitôt, on ne dit pas seulement *jan-zaen, eta berreala joanzan*, mais beaucoup mieux encore, avec l'infinitif : *jan ta berrealá joanzan* ; on dit aussi *jan ezquero*, et dans un autre dialecte, *janéz gueroz, berealá joanzen*, il partit aussitôt après avoir mangé. Par ces équivalents, on voit que cet infinitif n'est pas au présent, mais au prétérit ; cette construction se rapproche de celle du latin, *ego conatus, pransus, potus abitu* : on en trouve de nombreux exemples dans les autres langues.

C'est faute de remarquer ce rapport de leur infinitif que les Basques emploient de si vicieuses locutions, lorsqu'ils s'expriment en espagnol : *afaldú ta joango naiz*. Bien que *afaldú* ou *apaldú* se dise indifféremment pour signifier le présent souper, très souvent il représente exclusivement le prétérit de l'infinitif, comme dans cette phrase, qui ne peut se traduire par souper et j'irai, mais par ayant soupé j'irai, comme en latin *cœnatus abibo*, et ainsi de toutes les constructions de ce genre.

Quand, en latin, en français, et dans plusieurs autres langues, le présent de l'infinitif est régi par d'autres verbes, en basque, ces verbes étant réguliers et déterminés, ne peuvent se mettre qu'au participe présent (nous parlerons plus loin des verbes indéterminés) : laisse-moi manger ne se traduit pas par *ustazu jan*, ni par *jatea*, mais par *ustazu jaten, eztiót utzicó edáten*, je ne le laisserai pas boire ; *loja zaiozu loacártzen*, laisse-le dormir. Mais si, dans d'autres langues, le verbe est au présent de l'infinitif avec l'article commun du nom : ne l'empêche pas de manger, de parler, etc., on le rend, en basque, par l'infinitif déclinable, *ez quendú jatea, itzeguitea, edó etzaio zula quendú.*

Il est une autre construction particulière au présent de l'infinitif, avec la précédente négation *ez*; elle équivaut à l'impératif et au subjonctif, en supprimant les terminaisons correspondantes; ainsi, en disant à quelqu'un *ezquendú ori*, n'enlève pas cela. Je supprime aussi la terminaison *dezazula*. Il en est de même au pluriel : *ez quendú ori*, n'enlevez pas cela, et avec d'autres verbes, *ez ecarri, ez etorri*, etc. J'ai dit avec la négation *ez*, parce que je ne vois pas d'équivalent à l'impératif et au subjonctif affirmatifs, à moins de dire *quen ortic*, qui signifie indifféremment sors, ou sortez de là.

Le présent de l'infinitif déclinable et le prétérit de l'infinitif composé n'ont besoin d'aucune explication. On ne les emploie que lorsque, dans les autres langues, le verbe est aux mêmes modes de l'infinitif et avec les articles : *ascó edó asqui janác*, le manger beaucoup; *gueiegui edateac*, le trop boire ; *igiltze onari*, *déritza Sancho*, ils appellent Sancho, le bon se taire; *jan izanagatic*, pour avoir mangé ; *icusi-izanagatic*, pour avoir vu ; *necatu-izanác onela nauca*, le m'être fatigué me rend ainsi, etc.

Le participe présent, outre sa construction régulière, en a d'autres particulières : 1° celle que nous avons indiquée un peu plus haut, lorsque le présent de l'infinitif des autres langues se rend en basque par ce participe : *ezcequien jotzen*, il ne savait pas jouer ; *bacequien cantatzen*, il savait bien chanter. 2° Lorsqu'en français le présent de l'infinitif est précédé de la préposition *à* ou *de* et indique le gérondif : *jaten emaiten badit*, si il me donne à manger, et aussi *jateco*. 3° Au lieu de l'accusatif que ce participe régit régulièrement, il admet avec élégance le génitif : *Jaincoarén icústen ari dirá dohátsuac, edó jaincoaren icusten daude*, les bienheureux voient Dieu.

Les gérondifs basques ne présentent pas d'autre particularité, si ce n'est d'admettre soit l'accusatif, soit aussi le génitif, surtout dans le dialecte du Lampourdan.

L'ablatif absolu s'emploie dans les mêmes circonstances qu'en latin ; ainsi, les personnes qui savent cette langue ne trouvent aucune difficulté pour cette construction basque, dont nous avons donné plus haut quelques exemples : *Ain ongui viciric*, etc.

On doit remarquer enfin que l'infinitif s'emploie non seulement avec les articles communs, mais aussi avec les autres, ainsi que nous l'avons expliqué au commencement de la première partie.

CHAPITRE V.

DU VERBE NEUTRE ET DE SA CONSTRUCTION.

Nous répèterions, pour ce verbe, les mêmes explications que pour le verbe actif ; toutefois, nous parlerons des verbes réguliers, tant actifs que neutres. L'inflexion du verbe neutre est donc composée, comme celle de l'actif, des terminaisons et des modes de l'infinitif : *Etorten naiz*, je viens (je suis venant) ; *etorri naiz*, je suis venu. Les terminaisons de la première conjugaison sont absolues ; les autres sont relatives. Les absolues ne régissent aucun cas, et les cas qui viennent ensuite sont ordinairement indépendants de la terminaison, ils procèdent d'un autre mobile : *Etorri naiz echerá*, je suis venu à la maison. Les relatives ou transitives régissent le datif de la personne à laquelle se porte la transition : *Etorten zatzaizquit niri, joaten-natzatzu zuri*.

Bien que les terminaisons se placent ordinairement après le verbe, on peut les mettre avant, dans les mêmes cas que pour les verbes actifs : *Etorri omén naiz, omén naiz etorri*, ils disent que je suis venu. Avec les adverbes *ba* et *ez*, la construction est la même que pour les verbes actifs ; elles sont toujours placées immédiatement avant les terminaisons : *Etorten ez naiz, joanbanadi, joan ezpanadi* ; on en peut dire autant des autres remarques. De même que la négation *ez* change la prononciation de quelques terminaisons actives, elle la change aussi dans les verbes neutres ; ainsi, elle transforme *d* en *t* : *da, bada, eztá* ; *c* et *z* deviennent *tz* : *zu cerá, zu ciñan, hurá zan, zu eztzerá, eztciñan, eztzán*. Bien qu'il soit d'usage de changer le *g* en *q* : *gu guerá, gare, gu ezquerá, ezcaré, gu guiñan, gu ezquiñan*, cela n'empêche pas de conserver toujours la même lettre et la même prononciation : *Ez guerá, ez garé, ez guiñan*. Avec ces adverbes joints à la terminaison, on supprime quelquefois le mode de l'infinitif, comme on l'a dit plus haut : *Eztzerá etórten*, tu n'as pas l'habitude de venir ; *banaiz ordea*, si j'ai cette habitude ; *hurá joaten da* ; il a coutume d'aller ; *eztá badá*, il n'a pas l'habitude de faire cela.

La construction des modes de l'infinitif du verbe neutre étant conforme à celle des modes du verbe actif, nous passerons outre.

Le verbe passif n'offre également rien de particulier. Sa syntaxe est comme celle du verbe neutre, dont les terminaisons lui servent à composer ses temps avec les modes communs aux verbes actifs ; nous avons déjà expliqué tout ceci.

CHAPITRE VI.

CONSTRUCTION DES VERBES IRRÉGULIERS.

Nous parlerons, en premier lieu, des verbes irréguliers actifs ; tous sont d'inflexion simple, comme nous l'avons vu. Toutes les terminaisons substantives du verbe actif sont en elles-mêmes des verbes irréguliers avec une signification propre et particulière. Les unes sont absolues, d'autres relatives. Nous avons déjà expliqué leur construction. Or, à l'imitation de ceux-ci, il est d'autres irréguliers actifs qui suivent en tout la syntaxe des réguliers, car il y a des irréguliers absolus et relatifs ; parmi les absolus, les uns régissent l'accusatif singulier : *dácart, dácarzu, dacar diruá* ; d'autres le pluriel : *dácartzit, dácartzizu, dácar tzi ollóac* : on ne peut changer l'accusatif sans faire un solécisme : *dacart ollóac, dacartzit diruá*. Il en est de même des relatifs, qui demandent en outre le datif de la personne à laquelle ils se rapportent ; pour tout le reste aussi, leur construction est conforme à celle du verbe actif régulier.

Les irréguliers neutres ne demandent également que peu d'explications : les uns sont absolus, *nagó, nabil, noá* ; les autres relatifs, *nágoca, nágotzu, nárraica* : ceux-ci régissent le datif : *nágoca ari, nágotzu zuri, nárraica oni*. Ils sont le plus souvent accompagnés du participe présent d'un autre verbe : *Edáten nago*, je suis buvant ; *batútzen nabil*, je vais recueillant. Quelquefois aussi ils sont suivis d'un nom à l'ablatif avec l'article *ez* : *Negarrez nágoca*, je suis le pleurant ; *deadárrez narraica*, je le suis en criant ; ou avec *z*, si le nom se termine par une consonne, comme *aierúz nago*, etc.

La construction ou syntaxe des verbes déterminables a été démontrée dans tous ses détails dans la première partie, comme aussi celle des conjugaisons absolues et relatives, actives et neutres, qui correspondent au verbe *possum*, *potes*, je peux, tu peux, qui est très-irrégulier ; il est inutile d'en répéter ici l'explication.

Cependant, il est deux verbes dont il faut indiquer les particularités ; ces deux verbes sont *erazo, erazi*. Tous les deux sont actifs et réguliers, soit dans les modes de l'infinitif, soit dans les terminaisons dont ils forment leurs temps. Ils ne s'emploient jamais seuls, mais avec d'autres verbes, actifs ou neutres indifféremment, qui toujours les précèdent. Leur propriété est de préciser et d'obliger ou faire faire quelque chose à quelqu'un. : *Jan-erazo, jan-arazi*, le faire manger ; *arrerazo artuerazo, arrarazi artuarazi*, lui faire prendre ; *ibillarazi, ibillerazo*, le faire aller. Au reste, ces deux verbes se conjuguent comme tout autre verbe actif, absolument et relativement, et par conséquent ils ont la même syntaxe et les mêmes règles : *Arrerazoco dizut* au singulier, et de même *arrerazoco-deutsut, darotzut*, ou *arrerazoco-dizquitzut* au pluriel, ou encore *arrerazoco deutsudaz, dauzquitzut*, je te le ferai prendre, je te les ferai prendre.

CHAPITRE VII.

§ I.

DU VERBE DÉTERMINANT ET DU VERBE DÉTERMINÉ.

Il y a des phrases où se trouvent deux verbes ; l'un se nomme déterminant, et l'autre déterminé: cette distinction se fait à l'aide de quelque particule, adverbe ou conjonction. Pour le moment, je parle en général des verbes avec lesquels on emploie *que*, comme en latin *quod*, ou en mettant le déterminé à l'infinitif. Or, toutes ces constructions se forment, dans la langue basque, en postposant une particule à la terminaison du verbe. Mais comme la terminaison varie, on varie également la particule postposée suivant les règles que voici :

1° Les terminaisons qui finissent par une voyelle ajoutent *la* au verbe déterminé; *la* correspond au *que* du français, et cela dans tous les dialectes: *Usledu, que artu degulá*, pense que nous nous l'avons pris; *esan diot, quendu diogulá*, je lui ai dit que nous le lui avons ôté ; *badaquit, ostu dizquidatzutelá*, je sais que vous me les avez dérobés. Dans les terminaisons *deu, dou, du* et *ditu*, il est plus ordinaire d'ajouter *ela*: *Jaten-deuela, icásten-douela, aditzen duelá, bótatzendituelá*. Egalement à l'imparfait du subjonctif, lorsqu'il prend la finale *que* : *Jangó-núque nituque*, etc. Il est plus ordinaire d'ajouter *ala*: *Jango-nuqueala, nituquealá*, mais ceci n'empêche en rien l'emploi de la règle générale.

2° Les terminaisons en *t* ajoutent *alá*, en changeant

ordinairement *t* en *d* : *Diot, ditut, det, dit, esan niόn, emaiten-diodalá, emáiten-ditudalá, dedalá, didalá,* je lui dis que je le lui donnais, etc.

3° Les terminaisons en *n* perdent cette lettre et ajoutent *la* : *Jan-nuen, nic jan-nuela, jan-dezadán, nic jan-dezadalá, ecarri nezán, ecarri-nezalá, ecarri-cinitzán, ecarri-cinitzalá,* etc. Ces règles servent aussi pour tous les verbes neutres réguliers et leurs terminaisons, à l'exception de *naiz* et *aiz,* où se trouve une consonne finale qui ne se rencontre pas dans les terminaisons actives, ces deux verbes prennent *ala* ou *ela* : *naizalá, naizelá.* Les terminaisons en *in* ajoutent *lla* pour *la, izan-nendin, cedin, izan-nendillá, cedillá,* dont le son est plus doux.

Les irréguliers actifs et neutres s'écarteraient presque de ces règles ; cependant, ils les suivent ordinairement, car les inflexions en *t* ajoutent *alá* : *Dácart, dacardalá* ; *badaquit, badaquidalá* ; *zatozquit, zatozquidalá* ; celles en voyelle ajoutent *la* : *Dácarzu, dacarzulá* ; *dáduca, daducalá* ; *zaude, zaudelá* ; bien que celles qui se terminent en *o* et en *i* ajoutent le plus souvent *elá* : *Nago, dago, nagoelá, dagoelá,* et aussi *dagoalá, nagoalá* ; *badaqui, badaquitzi, badaquielá, badaquitzielá* ; *banoa, badoa, banoalá, badoalá.* Enfin, celles qui se terminent par d'autres consonnes ajoutent *elá* : *Nabil, dabil, darabil, nabillelá, dabillelá, darabillelá* ; *nator, dator, natorrelá, datorrelá* ; *zatoz, gatoz, zatozelá, gatozelá.* Je suppose aussi que celles qui se terminent en *n* suivent la règle des terminaisons régulières.

On doit remarquer : 1° Que ces locutions de verbe déterminant et déterminé se font aussi avec des particules correspondant à *que* : ce sont *ecen, ece, ce*, qui pour cela ne perdent point le *la* postposé que nous venons d'expliquer : *Badio, ecen jaten-degulá*, lui dit que nous le mangeons ; *aditudet, ece ezcontzendalá*, j'ai entendu dire qu'il se marie. La différence consiste en ce que lorsque ces locutions se font sans les particules *ecen, ece, ce*, on peut mettre le verbe déterminant avant ou après le déterminé ; mais cela ne peut pas avoir lieu quand elles se font avec les particules, car alors il est toujours placé avant.

2° Que quelques verbes impersonnels en français, savoir : *on dit que, il se dit que, il court le bruit que, il paraît que*, etc., si on les rend en basque par des correspondants, tels que : *diote ece, esaten da ecen*, etc., prennent les particules que nous venons d'expliquer. Mais on peut les rendre à l'aide de quelques adverbes qui équivalent à ces verbes : *omén, bidé*, et suivant alors la conjugaison régulière, on place ces adverbes avant la terminaison, pour les verbes réguliers, et avant toute l'inflexion, dans les verbes irréguliers : *Eguin omén dute*, ils disent qu'ils l'ont fait ; *il omén zuen*, on dit qu'il le tua ; *etorri bide da*, il paraît qu'il est venu. Si on répond, il est d'usage de répéter le même verbe : *Bai omén*, on dit que oui.

3° On doit remarquer que souvent ces expressions se résument en se bornant à dire *que oui* ou *que non*, qui se rapportent au verbe employé. *On dit qu'ils sont morts*, on répond *on dit que oui, on dit que non*. Or, quand ces locutions se rendent en basque par les verbes correspondants, on ajoute à l'affirmation ou à la négation cette finale *etz* : *Baietz diote, ezetz esandu*, il a dit que non ; de même *diote ecen baietz, esandu* ecen ecetz. De là viennent les formules *que oui, que non, baietz, ezetz.*

§ II.

VERBES QUI EXPRIMENT LA DEMANDE, LE DOUTE, ETC.

Ces verbes, en français, se rendent par l'absolu avec *si*, en latin avec *an, utrum* ou *ne*. Le basque les forme avec la terminaison relative expliquée dans le chapitre que nous avons donné sur le relatif, c'est-à-dire, que les terminaisons en *t* ajoutent *an* pour l'absolu : *Bada-quizu gaitz eguin-diodan?* Sais-tu si je lui ai fait mal? *galdéz dago ecarri diozun*, il demande si tu les lui as apportés. Nous avons dit déjà tout ce qu'il y aurait à ajouter. On remarquera que, communément dans ces locutions, on place entre l'absolu et le déterminant l'adverbe *ea*, qui correspond au *si* français, sans pour cela annuler la première règle : *Jaquin nai dev, ea ieusi cenduen*, il veut savoir si tu le vis : suivant la règle des relatifs, à la terminaison de l'imparfait on ne met l'accent qu'à la dernière syllabe.

On rend aussi ces locutions avec l'adverbe de doute *oté*, qui se place toujours avant la terminaison : *Ez daquigu joan otedan*, nous ne savons pas s'il s'est en allé ; *ez niequien erabacico oté guenduen* : on observe aussi la première règle. Avec ce même adverbe de doute, on fait les phrases interrogatives sans exprimer de verbe déterminant : *Etorrico oté dá?*. Viendra-t-il par hasard? *quenduco oté diozcat?* vous les ôterai-je?

Dans ces locutions interrogatives, on ajoute souvent en français *ou non* : Sais-tu si cela arrivera ou non ; savais-tu ou non s'il devait te l'ôter? Elles se rendent en basque soit en exprimant ou non par *edó ez* : *Badaquizu guertatuco dan edo ez? baciniequien quenduco cizun edo ez?* ou comme dans un autre dialecte, en syncopant *edo ez* en un seul *z* qui s'ajoute à la terminaison de l'absolu, comme dans les exemples donnés : *Badaquizu, guertatuco danz? baciniaquian quenduco cizunz?*

Ces règles s'observent dans tous les dialectes, comme on le voit par ces exemples et par d'autres encore que nous ne citons pas, pour éviter la prolixité : *Itándudeuzt, emóten déutsudán jaten*, il m'a demandé si je te donne à manger : dans cette phrase, le *déutsut*, qui est terminaison, ajoute, selon la règle générale, le relatif et conditionnel *an, deutsudan* ; c'est ainsi que l'on place entre le déterminant et l'absolu les adverbes conditionnels *eá, oté*. Il en est de même pour *emaitén darotzudán* et *deratzudán*.

Les phrases qui, en français, prennent au déterminant les adverbes *tant, autant*, et en latin *adeò, itá*, se rendent en basque par *ain, aimbat, aimbesté*, qui viennent du déterminant. Mais alors l'absolu régit l'adverbe *non* ou *nun*, qui équivant à l'*ut* latin et au *que* français : *Ain dá ederrá non garaitzendeu eguzquiá*, il est si beau, qu'il l'emporte sur le soleil ; *aimbát necatu zuen, non estanderazocion*, il le fatigua tant, qu'il le fit crever ; *alacó beguiac ditú, nun badirudite izárrac*, il a de si beaux yeux, qu'ils ressemblent à des étoiles. On peut aussi rendre ces phrases en ajoutant la finale aux terminaisons de l'absolu, selon la règle des relatifs : *non garaitzen deuen, nun badiruditen*, etc. Un grand nombre de ces locutions admet l'adverbe *ecen, ece*, à la place de *non*, spécialement celles qui ont au futur le verbe absolu à la terminaison duquel on ajoute alors le *la* ordinaire : *Aimbeste nai dióí, ece zoratuco naizala,* je l'aime tant, que j'en deviendrai fou.

Quand ces phrases ont une négation au déterminant, alors le basque, outre la manière indiquée, les rend aussi et le plus souvent en déclinant la finale relative qui s'ajoute à la terminaison de l'absolu. Je m'explique : ce nom *gaistó*, par exemple, se décline *gaistoá*, *gaistoác*, et aussi *gaistoric*, surtout quand il y a négation ; donc ce verbe *da*, il est, devient déclinable avec la finale *dána*, comme cela a été dit plusieurs fois : *dána*, qui est, terminaison neutre ; *dánac*, qui est, terminaison active ; *dánic*, qui est, terminaison indifférente. Donc, quand, dans les expressions dont nous parlons, il y a négation au déterminant, la terminaison de l'absolu devient déclinable : Il n'est aucun homme si méchant qu'il le soit pour soi-même, *está iñor ain gaistoric, beretzát ere dánic* ; je n'ai pas rencontré de Basque qui n'aimât pas ses compatriotes, *Euscaldunic idoró eztét, erritárrac maitatzé eztucnic*. Un autre dialecte dit *nehor* pour *iñor* ; *denic* pour *danic* ; *aurquituezlút* pour *idoró eztét*, etc.

Ces adverbes français *tant, autant*, se trouvent quelquefois dans des phrases simples, sans relation de verbe déterminant et absolu, et prennent, après eux, le relatif *que*, devenant ainsi en quelque sorte adverbes comparatifs de quantité. Le basque rend ces locutions à l'aide d'adverbes spéciaux : *Adiñá, bezain, bezambat, ambat, cembat ; zu bezain, ederrá da,* il est aussi beau que toi ; *zuc bezain endó jotzen du,* il joue aussi bien que toi ; *au adiña banaiz,* je suis autant que lui ; *harc adiñá jangó-det,* je mangerai autant que celui-ci ; *cembat andiago, ambat obeago,* d'autant plus grand, d'autant meilleur, ou *cembatenaz, ambatenaz* ; *zuec bezambat eguinen dut,* je ferai autant que vous.

§ III.

VERBES DE JOUISSANCE, D'ADMIRATION, ETC.

Les verbes qui indiquent jouissance, admiration, peine, etc., d'autres encore qui, en latin, sont suivis de *quod*, et en français de *que, de ce que, parce que*, se rendent en basque :

1° Avec l'adverbe *laco,* placé après la terminaison du verbe absolu, et qui correspond avec *parce que* ou *de ce que : Damú naiz eritú ceralacó,* je suis peiné que tu aies été malade ; *atseguin-det, osatu-zautelaco,* je me réjouis de ce que l'on a pu te guérir ; on peut aussi employer la finale *la,* qui correspond à *que : Miresten naiz eman-dizutelá,* je m'étonne qu'on te les ait donnés ; *urrical zaio, quendú dizquitzulá,* il se repent de te les avoir enlevés.

2° Avec d'autres adverbes correspondants, mais que l'on place avant le déterminé : *ceren, cerren, cergatic, cergaiti* ; mais alors on ajoute les finales relatives que nous avons si souvent indiquées aux terminaisons du déterminé : *Pozic nago, cerren ecarri didazun berri on bat,* je suis très-satisfait de ce que tu m'as apporté une bonne nouvelle ; on voit qu'à la terminaison *didazu* on ajoute l'*n* finale relative des terminaisons en voyelle : *Damucór nabil, ceren ayuretú naizán,* je suis chagrin d'avoir vieilli ; dans cette phrase, on a ajouté *an* à la terminaison *naiz* ; *lotsatzen, nazu cergatic zabilt, zan ain ciquin liquitsu*, tu me fais honte de te tenir si négligé et si sale.

Les phrases qui comportent les verbes *il me paraît, il me semble*, etc., demandent des explications sur la manière de les rendre en basque ; si on exprime la personne à qui il paraît, elles suivent alors la syntaxe commune aux déterminants et déterminés : *Baderitzat garaitúco dedalá*, il me semble que je dois le surpasser, ou *baderitzat ecén garaitúco dedalá* ; *baderitzazu atzemangó diozulá ?* te semble-t-il que tu puisses l'atteindre ? On peut encore rendre ces phrases en exprimant le déterminant sans exprimer le déterminé : *Neré iritzián garaitucodet*, à mon avis, je dois le surpasser ; *zuré ustéz atzemangó diozu*, à ton avis, tu dois l'atteindre.

Mais lorsque le déterminant de ces locutions est employé impersonnellement, on le rend de deux manières : 1° avec l'impersonnel *dirudi, badirudi*, il paraît, et la construction que nous venons d'expliquer des déterminants et déterminés : *Badirudi, jan nai gaituztelá*, il semble qu'ils veulent nous manger ; ou *jan gura gaiturzala* ; 2° avec l'adverbe *vide*, qui correspond à l'impersonnel *il paraît* ; mais alors on le place avant la terminaison du verbe : *Icusi vide zuen*, il paraît qu'il le vit ; *ecarri izán vide zituen*, il paraît qu'il les avait apportés.

Quand ces phrases contiennent négation au déterminant, et qu'à la suite se trouve *que* ou *sinon que*, on emploie les adverbes *baicic, baicican, baicen*, qui suivent le déterminant, le déterminé conservant sa construction régulière : Il ne paraît autre chose, sinon que je voulais le tuer, *eztirudí baicic il naizuelá* ; *ezti-*

rudi baicen arrizcoa dalá, il ne paraît pas être autre chose qu'une pierre. Il en est de même quand, après d'autres déterminants exprimés, on emploie *si ce n'est que*; ils ne diront rien, si ce n'est que, etc.

§ IV.

DES LOCUTIONS ÉTANT, QUAND, AYANT, ETC.

Il y a des phrases où se trouvent un verbe déterminant et un verbe déterminé, le déterminant signifiant confusément le temps pendant lequel on fait la chose qu'indique le déterminé : ces locutions demandent en français *quand, étant à, lorsque*: quand je lis; étant à écouter; lorsque j'écrivais. En basque, on rend ainsi la locution *quand*. Je suppose que le *quand* interrogatif est *noiz*, mais qu'en réponse on ne construit pas à l'aide de *noiz* les phrases où se trouve *quand*: *Noiz eguingó dezu ori*? quand feras-tu cela? On répond *nai dedanean*, quand je voudrai.

1° Aux terminaisons du verbe auquel se rapporte l'adverbe *quand*, on ajoute les finales relatives ou celles des verbes de doute que nous avons données plus haut; par exemple, à celles qui se terminent en *t* on ajoute *an*, changeant le *t* en *d* dans le dialecte du Guipuzcoa : *Icusten det, icusten dedan, ecartendiot, ecartendiodan; etorri en zatzaizquit, etorten-zatzaizquidan, dacart, dacardan*, et ainsi pour toutes les autres terminaisons régulières et irrégulières. De même, celles qui se terminent en *n*, selon ce que nous avons dit aussi, n'ont d'autre particularité que le changement de l'accent; celles qui se terminent en voyelle ajoutent une *n*. On doit remarquer de nouveau ce qui a été dit à ce sujet. Donc cela posé, le *quand* se rend en basque de deux manières : 1° avec l'adverbe postposé *orduán*, et le verbe avec les terminaisons expliquées : *Icustededán orduán*, quand je le vois ; *ecartendiodán orduán*, quand je le lui apporte ; *etorten-zatzaizquidán orduán*, quand tu viens à moi ; *dacardán orduán*, quand je l'apporte. 2° En ajoutant à la phrase l'adverbe postposé *ean* : *Dacartzit*, je les apporte ; *dacartzidánean*, quand je les apporte ; *ditugún ditugúnean*, quand nous les tenons ; *ecarten dizún*, *ecarten-dizúnean*, *etorten zaizquidán*, *etorten zaizquidánean*. Dans les irréguliers dont nous avons parlé plus haut, on observe aussi cette même construction : *Dabillén, dabillénean, datorrén, datorrénean* ; de manière que, dans ces locutions, celle qui paraît être un seul mot, parce qu'il se prononce ainsi, est en effet composé de trois parties : la première, du verbe : *dator* ; la seconde, de la finale relative *en* : *datorrén* ; et la troisième, de l'adverbe de temps postposé *ean* : *datorrénean* ; il est nécessaire de se rappeler cela, soit pour pouvoir former plus promptement ces locutions, soit pour savoir ce qui correspond aux adverbes et aux termes français ou de toute autre langue.

L'expression française *étant à* se rend en basque de deux manières : 1° avec le correspondant *egón* ou *egotú*, ou avec ses irréguliers *nago, ago, dago, zaude*, etc., ou ainsi que l'on peut rendre *quand* : *Játen-nengoán, orduán*, quand j'étais à manger, ou étant à manger, et aussi *jaten-nengoánean*, et alors on place toujours le participe présent avant toute autre locution. 2° Avec les particules des verbes déterminants et déterminés que nous avons expliqués, mais en les joignant au déterminant, c'est-à-dire au verbe avec lequel cette expression *étant* se trouve en français : *Jaten dedalá, dátorquit,* étant à manger, il vient à moi ; *eiceán ari naizalá, sugué bat aterá zait,* allant à la maison, un serpent s'est présenté à moi, et aussi *eiceán nabillelá, bideán cetorrellá, ebasi cioten zaldiá,* étant en chemin, ou suivant son chemin, ils lui volèrent son cheval. Ces locutions se rendent de la même manière, dans les autres dialectes.

Si ces mêmes expressions françaises sont accompagnées de la particule *au, à le,* au dormir, au réveil, on les rend : 1° et le plus souvent comme il vient d'être dit ; 2° avec l'infinitif déterminé et déclinable à l'ablatif : *loacartzean, esnatzean, irazart zean, ibit zean,* etc. Si elles sont négatives et sans autre verbe adjoint : Moi n'étant pas ici, on les rend par des équivalents : Si je ne suis pas ici, *ni emén ezpanagó ; neu emén, neu berlan ezpanaiz.*

Les expressions *ayant, après avoir, venant de,* se rendent : 1° avec élégance par l'infinitif indifférent ou par le prétérit de l'infinitif, comme il a été dit plus haut : *Icusi ta etorrico naiz,* je viendrai après l'avoir vu ; *jan da bercalá naiz zurequin,* ayant mangé, ou venant de manger, je suis aussitôt à toi. 2° Par l'ablatif absolu : *Jante etorri da,* il est venu après avoir mangé ; *cecena icusiric, itzuri natzaio,* ayant vu le taureau, je me suis échappé. 3° Avec les particules ou adverbes équivalents *si, après que, après avoir,* en basque : *ba, ezquero, ezgueró, ez gueroztic :* Si cela était ainsi, *ori orrelá bazán ; ori orrelá zan ezquero ; ori orrelá zenez gueróz* et *zenez gueroztic certacó itze guin cion ?* pourquoi lui parla-t-il ?

§ V.

DE QUELQUES AUTRES LOCUTIONS.

Bien que, dans le chapitre du relatif, j'aie fait connaître son emploi si varié, soit avec les verbes actifs, soit avec les verbes neutres, toutefois, j'en dirai quelque chose encore, pour les cas où il se rencontre sans nom exprimé : *Ceux que, celui que, ce que,* etc. Quand ces locutions françaises sont des nominatifs régissant un verbe, alors on met à la terminaison les finales relatives que nous avons indiquées en leur lieu et place : ceux qui mangent, *jaten dutenac, déuenac, dóueñac*; celui qui boit, *edaten duená, deuená, dóuená dator*; et si un verbe actif suit, *edaten duenac esandit.* Si ces relatifs ou locutions se présentent en français dans des cas obliques, on décline également en basque les finales correspondantes : *Au esatendue nari*, à celui qui dirait cela ; *au eguiten edo eguingo-dutenentzát*, pour ceux qui feraient cela. Même chose avec les irréguliers actifs et neutres : *Datorrená*, celui qui vient ; *dabiltzanac*, ceux qui vont ; *dacarrenari*, à celui qui l'apporte, et ainsi dans tous les dialectes.

Les locutions qui, en français, indiquent une fin, un but, *pour, pour que*, se rendent en basque en postposant *tzat* à la terminaison du verbe : *Etorri-dadintzát*, pour qu'il vienne ; *artú cenezantzát*, pour que tu le prisses ; *ori eguitecotzat*, pour faire cela ; *eman guenioazantzat*, pour que nous lui donnassions. Il n'en est pas de même quand le *pour que* est interrogatif, car alors il a son correspondant interrogatif : *Certacó diozu?* pourquoi le dis-tu? *certacó zatoz?* pourquoi viens-tu ? *certaraco, cergatie, cergutican, cegaiti*, sont les synonymes.

Les expressions qui, en français, présentent les particules *tant*, *autant*, *d'autant*, se rendent en basque avec les divers adverbes correspondants. Si *d'autant* précède et se trouve suivi de *autant* ou *que*, on emploie les adverbes *ceimbat, aimbat; ceimbatéz, ambatéz; ceimbeste, aimbeste; cembatenaz, ambatenaz; cembát arrentzál obeágo, aimbát neretzál gaiztoògo,* d'autant meilleur pour lui, autant pire pour moi. Si *tant* et *d'autant* ou *que* se comparent entr'eux, outre les adverbes donnés, le basque a encore l'adverbe particulier *bezambat*, qui se place après le verbe : *Eztá bear deseguiteco, eguiteco bezambat,* pour défaire, on n'a pas besoin d'autant que pour faire. Ce même adverbe sert encore dans d'autres cas : *Ascó dan bezain bat?* combien suffit-il ? *jaunarén aldetic dénaz gezambat?* combien y a-t-il de la part du seigneur ? *izateaz danez bezambat,* qu'y a-t-il dans l'être ou de l'être ?

Les phrases où se trouve *après* ou *après que,* outre les manières indiquées plus haut *ayant à*, etc., se rendent en basque en plaçant après l'infinitif l'adverbe *ondoan* : après avoir vaincu les ennemis, *etsaiac garaitu ondoan.*

Celles où l'on emploie les particules *alors, tandis que, pendant que,* se rendent de diverses manières : 1° avec les adverbes *artean, bitartean, bizquitartean,* qui se placent après ; et alors à la terminaison du verbe on ajoute la finale correspondant à *quand*, expliquée plus haut : *Emén-nagoen artean,* pendant que je suis ici ; *iocoan ari cerán bitartean*, tandis que tu es à jouer. 2° Avec les adverbes *eiño, eño,* qui sont aussi postpositifs, et alors on syncope souvent la terminaison du verbe avec ces adverbes : *Berri direiño*, alors qu'ils sont nouveaux; *gazte deiño*, pendant qu'il est jeune ; *agoá, beró, deño, galda, jaten-dueiño*, pendant qu'il est à manger.

CHAPITRE VIII.

DE L'ADVERBE ET DE SA CONSTRUCTION.

Il est un grand nombre d'adverbes qui ont leur syntaxe spéciale; nous en avons expliqué quelques-uns : d'autres, plus faciles, demandent peu d'observations. Mais les adverbes de lieu et de temps en exigent davantage. Nous commencerons par les adverbes de lieu, en les classant, car les uns correspondent à *où* (ubi des Latins) ; d'autres à *d'où* (undè) ; d'autres à *où* (quò), et d'autres enfin à *par où* (quà).

§ 1.

ADVERBES BASQUES QUI CORRESPONDENT A *où* (ubi).

En basque, on compte deux adverbes interrogatifs correspondant à où ? savoir *non, nun* : *Non cerá?* où es-tu ? *nun zabiltza ?* où vas-tu ? Et pour répondre, on emploie ordinairement ces adverbes particuliers de lieu : *emén*, ici ; *emenche*, de même ; *or*, là ; *orché*, de même ; *an*, là, *anché*, de même ; *bertán*, au même endroit ; *goién, goián*, en haut ; *bean, behean*, en bas ; *barrenén, barrúan*, dedans ; *campoan*, hors. Pour l'emploi de cet adverbe en d'autres circonstances, on observera les règles suivantes :

1° Avec les noms propres de lieux ou de villes terminés en français par une consonne on ajoute *en* : *non dagó?* où es-tu? *Burgosen, Valladoliden, Parisen, Londresen.*

2° Mais les noms propres terminés par une voyelle n'ajoutent que *n* : *Non vici da?* où réside-t-il? *Erromán, Donostián, Hernanin, Bilbaon, Salamancan*, etc.

3° Les appellatifs terminés par une consonne prennent *ean* : *Lur, belár, hondár; lurreán, belarreán, hondarreán,* dans la terre, dans l'herbe, dans le sable.

4° Les appellatifs terminés en voyelle ajoutent *an* : *Eché, cerú, escú; echeán, ceruán, escuán,* dans la maison, dans le ciel, dans la main. Ces deux finales sont semblables à celles de l'article commun du nom.

§ II.

ADVERBES CORRESPONDANT A *d'où* (undè).

Nondic, nundic signifient *d'où*, dans les divers dialectes, et on y répond par ces adverbes particuliers: *Emendic, ortic, andic, goitic, betic, behetic, barrenetic, campotic;* ou par *emendi, orti,* etc., si on a employé *nondi* pour la question. Il faut observer les règles suivantes :

1° Les noms propres terminés par une consonne prennent la finale *etic* : *Nondic zatóz?* d'où viens-tu? *Burgosetic, Valladolidetic;* on peut dire aussi *Burgostic,* etc.

2° Ceux qui se terminent par une voyelle ajoutent *tic* : *Hernanitic, Donostiatic, Sevillatic, Toledotic.*

3° Les appellatifs terminés par une consonne ajoutent *etic* : *Lurretic*, de la terre ; *lanetic*, du travail.

4° Les appellatifs terminés par une voyelle ajoutent *tic* : *Echetic*, de la maison ; *cerutic*, du ciel. On remarquera qu'ils perdent le *c* final quand, pour la question, on a employé l'adverbe *nondi, echeti, ceruti*. Même chose a lieu pour les noms propres : *Bilbaoti, Durangoti,* etc.

5° Quand le nom est au pluriel, qu'il se termine par une voyelle ou une consonne, on y ajoute *etatic* ou *etaric* : *Echéetatic, garietatic,* des maisons, des blés ; *loréetaric, barátzetaric,* des fleurs, des jardins.

On emploie encore d'autres adverbes. Quand le mouvement se fait comme d'un lieu, ou qu'il est produit par un être vivant, on se sert de l'adverbe interrogatif *norgandic* ou *norgandi* : *Norgandic zatoz?* de la part de qui viens-tu ? d'où viens-tu ? On répond en ajoutant au nom ou au pronom la finale *gandic* : *Orregandic,* de celui-ci ; *argandic,* de celui-là ; *zugandic,* de toi ; *aitagandic,* du père ; *erregueagandic,* du roi. On interroge aussi en employant *norganic*, et on répond en ajoutant *gánic* : *Zeuganic, aitaganic, amaganic,* etc. On doit remarquer que ces finales postposées régissent aussi et avec élégance le génitif : *Norenganic,* de qui ; *aitarenganic, amarenganic*.

Ici trouve également sa place l'adverbe *nongoá* ou *nungoá,* qui correspond au *cuyas* latin : *Nongoá aiz ?* d'où es-tu ? Même chose pour *noncoá, nuncoá*. On répond *emengoá, angoá, goicoá, becoá, orcoá,* etc. On doit observer les règles suivantes :

1° Les noms propres que termine une consonne ajoutent *ecoá* : *Nongoa cerá ?* d'où es-tu ? *naiz Madridecoa, Burgosecoa,* je suis de Madrid, de Burgos.

D'autres fois ils perdent l'e : *Madridcoa, Burgoscoa*.

2º Les noms propres terminés par une voyelle prennent *coa* : *Nongoá zaré?* d'où es-tu ? *Bayonacoa, Donostiacoa*, de Bayonne, de St-Sébastien. Les noms appellatifs suivent ces deux mêmes règles.

3º Les noms pluriels ajoutent *etacoa* : *Lurretacoa, bastérretacoa, loréetacoa*, des terres, des coins, des fleurs.

On remarquera que l'*a* final de ces adverbes et des réponses correspondantes est l'article du nom, et se perd quand il se présente avec un autre : *Nongó guizoná da ori?* d'où est cet homme? *emengó lorea*, la fleur d'ici ; *orco usaiá*, le parfum d'ici. Et de même avec les noms : *Donostiaco semé bat*, un fils de St. Sébastien ; *Donibaneco edertasuna*, la beauté de St-Jean-de-Luz ; *Andoaiñeco*, *edó Andoaingo portitzac*, les guapos et les forts d'Andoain. Ainsi, cette terminaison admet les articles des autres cas : *Donostiacoa, Donostiacoárena, Donostiacoari*, etc.

Tarra ou *arra*, autre adverbe postpositif, a aussi sa place ici : *Vizcaitarra*, biscayen ; *españarra*, espagnol ; *gaztelarra*, castillan ; *erritarra*, du pays, etc.

§ III.

ADVERBES CORRESPONDANT A *où* (quò).

Norá, norát : *Norá zoas?* où vas-tu ? *norát zaré?* où es tu allé? On répond à *norá* : *oná, onará*, ici ; *orrá, orrará*, là ; *ará*, ici, là ; *gorá*, là-haut ; *berá, beherá*, en bas ; *aurrerá*, en avant, plus loin ; *atzerá*, en arrière ; *barrená, barrurá*, dedans ; *camporá*, dehors. Si on répond à *norát*, on ajoute *t* aux autres adverbes :

orrat, onat, etc.; ce qui s'observe aussi pour les noms.

Règles. — 1° Le nom propre ou appellatif, terminé par une consonne, ajoute *era* à la réponse : *Burgosera, Valladolidera, lurrera, basterrera*.

2° Si le nom se termine par une voyelle, on ajoute *ra* : *Donostiara, Chinara, Bayonara, echera, errira*.

Quand le mouvement consiste à faire ou exécuter une action, on prend alors le second infinitif : il est déclinable, et on y ajoute *ra*, selon la règle de ceux terminés par une voyelle : *Norá zoaz?* où vas-tu? *jaterá, icusterá*, manger, voir, ou *jaterat, icusterat*, qui correspond à *norat*.

Si le mouvement a rapport à quelqu'un, on suit alors une forme particulière pour la demande et pour la réponse, à savoir le postpositif *gand* : *Norganá zoaz?* à qui vas-tu? *zuganá, aitaganá, niganá, elcarganá*.

Nous devons placer ici un autre adverbe de lieu, *norónz*, qui correspond à *vers où* (quo versus). Ses corrélatifs sont *onónz*, de ce côté-ci; *orrónz*, de ce côté-là; *arónz*, de ce côté-là bas; *gorónz*, du côté d'en haut; *berónz*, du côté d'en bas.

Règles. — 1° Les noms propres ou appellatifs, terminés par une consonne, ajoutent *eronz* : *Burgoseronz*, vers Burgos; *basterrerónz*, vers le coin, vers le bord; *ezquerrerónz*, vers la gauche.

2° Ceux que termine une voyelle ajoutent *ronz* : *Hernanironz*, vers Hernani; *echerónz*, vers la maison; *errirónz*, vers la terre.

Je ne parle pas de *noracó* et ses correspondants, parce qu'ils sont très-faciles.

§ IV.

ADVERBES CORRESPONDANT A *par où* (quà).

Tous les adverbes qui correspondent à *d'où* (undè), que j'ai expliqués au § II, trouvent leur place ici, car nous disons aussi bien *nondic zatoz?* d'où viens-tu? que *nondic igaró da*, par où avez-vous passé? Toutefois, ceux qui correspondent particulièrement au *quà* du latin sont : *nondicán, nundicán*, et on y répond par *emendicán*, par ici; *orticán*, par là, etc.; de manière que, pour les adverbes comme pour les noms propres ou appellatifs, on ajoute *an* au *ic* final des autres : *Echeticán*, par la maison. Il n'y a pas d'autre remarque à faire, si ce n'est que cette terminaison forme aussi les adverbes qui correspondent à (undè) *d'où*: *Nondican zatóz?* d'où viens-tu?

§ V.

ADVERBES DE TEMPS.

Le premier est *noiz*, quànd : *Noiz emangó-dézu?* quand le donneras-tu? On répond ordinairement par ces adverbes: *iñoiz, nehoiz*, jamais; *maiz*, souvent; *sarrí*, vite; *aurquí*, bientôt; *orain, orán*, maintenant; *gueró*, ensuite; *len*, avant; *bereala*, aussitôt; *laster*, vite; *biar, bigar*, demain; *egún*, aujourd'hui; *etzi*, après demain; *etzi-damú*, dans trois jours; *etzi-dazú*, dans quatre jours; *gaur*, aujourd'hui; *atzó*, hier; *arenegún, erenegún*, avant-hier; *biaramonean*, le jour après; *aurtén*, cette année; *igáz*, l'an passé; *goiz*, de bonne heure; *belú, berandú*, tard.

2º *Noizcó*, pour quand : *Noizcó esandeu?* pour quand le dit-il ? On répond en ajoutant aux adverbes qui précèdent la finale *co* : *Biarcó, gaurcóetzicó*, etc., ou la finale *go*, si l'adverbe se termine en *n* : *Oraingó, aurtengó*.

3º *Noiztic*, depuis quand ; la finale de l'adverbe de lieu est *nondic* : pour répondre, *goicetic, arratzetic, bertatic*, dès le matin, depuis la nuit, aussitôt, etc.

CHAPITRE IX.

DE LA POSTPOSITION.

On doit avoir présente à la mémoire cette partie du discours, pour ne pas se tromper dans l'acception des mots basques qui, étant composés, semblent n'en former qu'un seul. On doit distinguer ces parties pour le régime, et pour établir le correspondant des prépositions latines et des autres langues. Ainsi, *zeugatic* ou *zeugaiti* est un mot composé du pronom *zeu* et de la postposition *gatic* ou *gaiti* ; et, bien que la prononciation n'en fasse qu'un son, il y en a deux en réalité, et ils signifient *pour toi*. Si on me demande comment on rend absolument *par*, je réponds par *gatic* ou *gaiti* qui, mis après le nom, équivalent à la préposition et au nom latin ou français. Cette remarque est faite aussi pour les autres postpositions.

Les postpositions basques sont nombreuses et de diverses formes ; mais nous donnerons ici celles qui correspondent à celles de l'ablatif et de l'accusatif.
1º Les terminaisons que nous avons données pour articles de l'ablatif sont toutes des postpositions : *Requin*,

gan, gabe, gatic, gaz ; ou les fait précéder de l'article *a* du nominatif : *Jaun-arequin*, au pluriel, *acquin, etan, acgabe, acgatic, acgaz*, dont les correspondants sont en français *avec, dans, sans, par*.

2° Les articles en *z* et *ez* qui paraissent être du génitif sont aussi des postpositions : *Az, ez, iz, oz, uz*, et ils signifient *de* : *Arzáz*, de celui-ci ; *cillarréz*, d'argent ; *guriz*, de beurre ; *ostóz*, de feuille ; *buruz*, de tête. La construction de ces noms et leurs postpositions demandent qu'on fasse précéder l'adjectif : *Cillarréz beteá*, plein d'argent.

3° On range aussi au nombre des postpositions toutes les finales que nous venons d'expliquer dans les adverbes de lieu *an, en, ean*, et elles signifient : *Enerrián*, dans la terre ; *Cadizen*, à Cadix ; *basterreán*, dans le coin. Aussi *di, dic, tic, etic*, qui signifient *de* : *Etatic, etarric*, des ; *nondi, nondic*, d'où ; *goitic*, d'en haut ; *lurretic*, du sol ; *echectatic*, ou *echectaric*, des maisons. De même, *gandic* et *ganic*, de : *Norgandic, aitaganic*, de qui, du père. De même, *go, co, goa, coa*, de *nongó* ; *echecó, nongoá, echecoa* ; *ecoa, etacoa* ; *Burgosecoa*, de Burgos ; *echetacoa*, des maisons. De même, *era, ra, gana, eronz, ronz, basterrerá*, au coin ; *echerá*, à la maison ; *aitagana*, au père ; *Burgoseronz*, vers Burgos ; *errironz*, vers la terre. Il y a encore d'autres postpositions ; les unes correspondent aux prépositions de l'ablatif, les autres à celles de l'accusatif latin.

Outre ces postpositions, il en est d'autres pour rendre ces prépositions *avant, après, contre, tout près, environ, sur, dessous, selon, entre* ; elles demandent le génitif : *Guizonarén aurreán*, devant l'homme ; *ar-*

riaren atzeán, derrière la pierre ; *etsaien contra*, contre les ennemis ; *mutillen ondoán*, près des jeunes gens ; *elizarén aldean*, près de l'église ; *mendiaren gañean*, sur la montagne ; et aussi *mendi gañean* ; *itzalaren azpián*, sous (à) l'ombre, et aussi *itzál azpian* ; *jaincoaren arabera*, selon Dieu ; *echearén barrenén*, dans la maison. Mais si ces postpositions sont avec des pronoms, ceux-ci se confondent avec le nominatif de leurs possessifs : *Neré aur rean*, devant moi ; *guré aldean*, près de nous.

CHAPITRE X.

CONSTRUCTION DES AUTRES PARTIES DU DISCOURS.

Il nous reste à parler du participe, de l'interjection et de la conjonction, qui ne présentent aucune difficulté. Nous avons parlé du participe dans le chapitre du verbe, ainsi que de sa construction. Les interjections ne donnent lieu à aucune explication.

Les conjonctions sont de plusieurs sortes. Copulatives : *Eta, ta, enda, da* ; *guizoná eta andrea*, l'homme et la femme ; *oguia ta sagarra*, le pain et la pomme ; *etorrizan endá bereála biurtuzan*, il vint et s'en alla aussitôt ; *jan da juango naiz*, je m'en irai en mangeant.

Disjonctives : *Edo, biz, naiz* : *Balá edo besteá, emanen dizut*, je te donnerai l'un ou l'autre ; *biz guizon, biz andre*, soit homme, soit femme ; *naiz au, naiz ori*, soit ceci, soit cet autre.

Adversatives : *Baña, baia, banan, ordea, alaere, alere*; *etsai indartsuá dezu, baña garaituco dezu,* tu as un fort ennemi, avec tout cela tu le vaincras ; *ederra ezta ordea bai polita,* il n'est pas beau, mais bien joli ; *gaizqui nai dit, alere maite dut nic,* il m'aime mal, toutefois je l'aime bien.

Il y a encore d'autres termes qui, bien qu'adverbes par eux-mêmes, font dans la construction l'office de conjonctions.

Ce que je viens de dire de la syntaxe basque doit suffire. Pour éviter la prolixité, je ne donne pas toujours des exemples dans tous les dialectes. Le même motif me décide à laisser de côté quelques réflexions secondaires sur la connexité et l'ordre des parties du discours de la langue basque.

TROISIÈME PARTIE.

PROSODIE DE LA LANGUE BASQUE.

Cette langue est également remarquable sur ce point ; car, bien qu'elle présente beaucoup de choses communes aux autres langues, il en est d'autres toutes particulières, d'un ordre et d'une harmonie admirables. Il est nécessaire d'avoir bien présent à la mémoire le système des accents, pour comprendre l'euphonie basque et les règles que nous en donnons, car toutes ces règles dépendent de l'accent et de sa diversité. Et, bien que jusqu'à présent je ne me sois pas attaché à démontrer les définitions et les termes de la grammaire, parce qu'ils se trouvent facilement dans d'autres ouvrages de ce genre, je dois exposer brièvement ce que nous savons des accents. Toutefois, nous parlerons d'abord de la prononciation et de l'orthographe.

CHAPITRE I.

PRONONCIATION ET ORTHOGRAPHE DE LA LANGUE BASQUE.

La prononciation basque est généralement douce et gracieuse, sans aspérité ni rudesse aucune. Cette langue s'écrit comme elle se prononce. Il faut remarquer :
1° Que le basque ne prononce pas gutturalement le *j* et le *g*. Il est vrai que, dans quelques endroits, on donne au *j* consonne cette prononciation gutturale de

l'espagnol, comme dans *jauna, jan, jo, anagea,* etc., mais c'est une exception locale : la preuve en est, que non-seulement en France, mais aussi pour la plupart des Basques d'Espagne, *j* et *g* se prononcent comme le *j* latin, doux et nullement guttural : *joan, jauna,* etc. On doit certainement conserver la prononciation primitive.

2° L'aspiration de certains mots se fait à peine sentir par les Basques d'Espagne, même pour les mots qui reçoivent le *b* ou l'aspiration ; toutefois, les Basques de France marquent ordinairement cette aspiration. En ceci, chaque province observe son usage, comme dans l'intonation particulière de la voix.

3° J'ai déjà fait remarquer, dans la syntaxe, que la négation *ez* change la prononciation de quelques lettres, et la transforme en une autre semblable ou qui s'en rapproche : *Det, dot, dáramat, badá, guera, guero, eztet, eztót, eztáramat, ezpadá, ezquerá, ezquéro*; changement occasionné par la grande ressemblance de son du *d* et du *t*, du *b* et du *p*. Ce changement n'est pas général, car, dans quelques endroits, on écrit et on prononce *ezdet, ezdot, ezdaramat, ezguerá, ezguero*. Il suffit de se rappeler cette différence.

4° Le *t*, outre sa prononciation régulière, en a une autre devant *u* ; elle tient le milieu entre la prononciation du *t* et du *j* consonne, moins forte que la première, moins douce que la seconde. Elle a alors presque le son de *tiu* monosyllabe : *Ditut, badituzte, ditiut, baditiuzte*. Pour marquer cette prononciation, on double le *t* dans quelques endroits.

5° Quelques mots s'écrivent par *x*, que l'on prononce non du gosier, mais à la manière latine ou étrangère : *Ori*, *orixe*, *alaxe*, etc. Cette prononciation se rapproche de celle de *orisie*, *alasie*.

6° Enfin, il est deux prononciations difficiles pour certaines personnes, je veux parler de celles de *ts*, *tz*, et cependant elles sont très-douces, très-suaves : *Otzá*, froid ; *gatzá*, sel ; *hitzá*, parole ; *otsá*, rue ; *lotsá*, honte ; *otsoá*, loup ; *atsoá*, vieille femme ; *utsá*, vide, vain. On comprendrait et on observerait cette prononciation, si on doublait les deux consonnes, comme faisant partie de la syllabe suivante.

Outre ces remarques, j'en ferai deux autres sur la manière d'écrire : 1° Le nom, soit substantif, soit adjectif, qui par lui-même et sans l'article se termine en *r* avec la prononciation forte, double l'*r*, quand on le décline ou qu'on y joint l'article pour conserver sa prononciation : *Lur*, *baztér*, *edér*, *amár*, *lurrá*; *bazterreán*, *ederrari*, *amárrac*. 2° Souvent on forme des verbes des mots qui ont *tz* et *ts* ; mais quand un autre *t* simple vient ensuite, le *t* de *tz* et de *ts* disparaît, comme de *gatzá*, sel, on forme *gaztú*, saler ; de *otzá*, froid, *oztú*, refroidir ; de *utzi*, laisser, *ezdit uzten*, ne me laisse pas ; de *utsá*, vide, *ustú*, vider, etc. Même chose s'observe dans d'autres noms composés : de *hitzá*, parole, diction, *hizteguia*, dictionnaire ; de *gatzá*, sel, *gazteguia*, saline.

Dans tout le reste, la prononciation et l'orthographe du basque sont régulières et sans difficulté aucune. Ceci soit dit pour que l'on sache combien se sont trompés ceux qui se persuadaient qu'en basque, il était impossible de s'expliquer par écrit, tandis qu'au contraire, dans aucune autre langue on ne trouve moins de difficultés, et que la seule qui se rencontre dans le basque vient uniquement du manque d'étude et d'application. J'ai dit que l'orthographe de la langue basque est régulière, je n'ajoute rien à cela, pour ne pas prendre parti actuellement entre les opinions des grammairiens modernes. Les uns repoussent telle ou telle lettre, totalement ou en partie ; d'autres ne veulent pas de lettres doubles ; il en est qui ne se règlent absolument que sur la prononciation ; quelques-uns se soumettent à la raison, à la conséquence naturelle, mais seulement à demi ; quelques autres ne font pas cas de l'usage bien appuyé et de l'expérience des savants. Qu'il en soit de tout ceci ce que l'on voudra, moi je dis qu'à côté de tous ces systèmes, l'orthographe basque est régulière et ne présente pas de difficulté.

CHAPITRE II.

L'ACCENT EST LA RÈGLE DE LA PRONONCIATION BASQUE.

Nous dirions qu'il y a trois accents, si le circonflexe n'était pas oublié depuis des siècles. Nous ne parlerons donc que de l'accent aigu et de l'accent grave. L'accent aigu resserre, élève le ton de la syllabe sur laquelle il se trouve ; il est l'occasion d'une suspension insensible ; il s'écrit, et sa valeur est comme dans l'*o* de *Dóminus* en latin. L'accent grave est celui qui déprime la syllabe où il est placé ; il se trace dans le sens contraire de l'accent aigu, comme dans *à*. L'accent aigu peut se placer sur la dernière syllabe, ou sur la pénultième et l'antipénultième, et plus en arrière encore dans la langue basque, ainsi que nous le dirons bientôt.

L'accent grave ne se place que sur la dernière syllabe et non autrement. Bien que toutes les syllabes ne s'accentuent pas, il est entendu qu'alors elles ont l'accent grave qui, pour ce motif, se nomme syllabique.

La règle de la prononciation est ou la quantité ou l'accent. La quantité est la règle de la prononciation latine, car si on observe l'accent, c'est pour indiquer la quantité brève ou longue des syllabes. Si le mot latin n'a qu'une syllabe ou deux au plus, il ne reçoit aucun accent (je ne parle pas des adverbes); si le mot a trois syllabes, ou plus encore, l'accent ne dépasse jamais la troisième, et on le caractérise ainsi: si la pénultième est longue, elle prend l'accent aigu ou circonflexe: *Perfectus dominórum*; si elle est brève, la prononciation en est grave, et l'accent aigu se place sur l'antépénultième: *Amábimus, légite*, etc. Au contraire, l'accent règle la prononciation grecque et non la quantité, et pour cette cause, on prononce *Aléxandros*, comme si l'*a* pénultième était bref.

En ce qui concerne la langue basque, on pourrait régler la quantité brève ou longue de ses syllabes sur le latin; mais ce serait superflu, car la règle euphonique de cette langue est précisément l'accent, comme dans la langue grecque. Il y a cependant une différence remarquable, c'est que, dans la langue grecque et dans les autres langues, l'accent ne remonte pas au-delà de la troisième ou antépénultième syllabe, tandis qu'en basque, il remonte quelquefois jusqu'à la quatrième, la cinquième, et même la sixième. A l'imitation des Grecs, nous pourrions appeler *òxitono* le mot dont l'accent est à la dernière syllabe: *Egún, atzó*; paroxitono: *Icústen, beguirátzen*, qui l'ont à la pénultième; *proparoxitono*, ceux qui l'ont à l'antépénultième, comme *dirudit, ndrama*. Mais nous manquerions de termes pour dénommer les mots qui ont l'accent aux quatrième, cinquième et sixième syllabes : *Dáramatzit, dáramatzigu, dáramatzizute*, où l'accent est toujours sur la syllabe *dá*, ce qui suit se prononçant toujours lié et avec quelque précipitation. Il suit de là que, alors même que le mot écrit est long, il paraît bref et court à la prononciation, parce que toutes les syllabes se prononcent en un temps, grammaticalement parlant. Cette particularité de la langue basque de reporter si loin l'accent se remarque quelquefois en espagnol, dans ces mots par exemple : *Cáscamelos, mátamele, diabólicamente*, et d'autres encore, où l'accent remonte à la quatrième syllabe.

CHAPITRE III.

ACCENTS DU NOM ET DU PRONOM.

L'accent s'emploie en basque pour les huit parties du discours. Pour éviter la confusion, nous les suivrons toutes, et en premier lieu le nom, que nous classerons comme suit : le nom seul sans article, le nom singulier avec son article, le nom pluriel avec l'article, et le nom propre.

1° Les noms sans article ont pour règle certaine de recevoir l'accent sur la dernière syllabe : *Egún, escú, arri, guezúr, elúr, andré, aitá*, substantifs; *gaistó, edér, polít, itsusi, zuri*, adjectifs. Diverses espèces de noms verbaux et composés ou dérivés reçoivent l'accent sur la pénultième syllabe, ou, selon la règle générale, sur la dernière : 1° les verbaux en *tzálle* : *Ateratzálle, botatzálle, beguiratzálle*. Les noms en *le* : *Esánle, enzúnle, ecárle, iracúrle*. Les composés en *ti* : *Goséti, veldúrti, másti, sagásti*. Ceux en *guille, aga, eta* : *Onguille, cillarguille, osinága, zavalága, larréta, zuhaitzéta*. Les comparatifs en *ago* et les superlatifs en *en* : *Obeágo, gaistoágo, edérren, ciquiñen*. On peut écrire aussi, suivant la règle générale, *ateratzallé, esanlé, veldurtí, cillarguillé, osinagá, larretá, oleagó, ederrén*.

2° Le nom singulier décliné ou avec l'article. L'article se joignant au nom comme s'il en faisait partie, l'accent se reporte donc sur l'article, et la règle générale d'accentuer la dernière syllabe conserve ainsi son empire : *Guizoná, guizonác, guizonarén, guizonari, guizonarenzál, guizonarequin, guizonagáz, guizongabé, guizonagátic, guizonagán, guizonéz, guizoncí*, et ainsi des autres articles. Sans enfreindre cette règle, le génitif *arena* peut s'accentuer sur la dernière ou sur la pénultième syllabe : *Guizonaréna* ou *guizonarená* ; le datif *arentzat*, sur la pénultième : *guizonarénzat* ; l'ablatif *arequin, agabe, agatic*, aussi sur la pénultième : *guizonaréquin, guizonagábe, guizonagátic* : ces prononciations sont très-usitées.

3° Si le nom est au pluriel, il conserve l'accent sur sa dernière syllabe, quel que soit l'article et ce qui peut être joint : *Guizón*, homme, *guizónac*, les hommes, ce qui le distingue du singulier *guizonác*, l'homme ; *guizónena, guizónai, guizónenzat*, etc. Cette règle s'observe soit pour le substantif, soit pour l'adjectif, ainsi que dans les divers dialectes. Les verbaux et composés dont nous avons parlé peuvent aussi recevoir l'accent sur la pénultième syllabe au pluriel, comme nous l'avons dit au singulier : *beguiratzálleac, cillarguilleai, veldúrtiena*, etc.

4º Le nom propre quel qu'il soit, sans article ou avec article, et dans tous ses cas, conserve l'accent sur la même syllabe qu'en espagnol : *Pédro, Pédrorena, Pédrori, Pédrorentzat* ; *Martin, Martinena, Martini, Martinequin*, etc.

Les Pronoms s'accentuent à peu près comme les noms. Les personnels *ni, neu, gu, gueu, hi, eu, zu, zeu, a, hurá* ont l'accent sur la dernière syllabe dans tous leurs cas : *nirí, guretzát, zeurequin, arí, guzáz,* etc. *Gabe* et *gatic* admettent l'accent sur la pénultième : *higábe, argátic, agáitic, gugábe*. Ceux de ces pronoms qui ont au pluriel une terminaison distincte sont *zu, zeu*, et *a, hura*; ils ont l'accent sur la première syllabe, quelle que soit l'adjonction qu'ils reçoivent : *zúec, zéuec, zúentzat, zúecquin* ; *áiec, áec, áientzat, áiei, áecquin*, etc.

Les pronoms positifs suivent en tout la règle des noms, c'est-à-dire que sans article, on accentue la dernière syllabe : *neré, hiré, zuré, guré, beré*. Si on décline, l'accent passe à l'article, ainsi que nous l'avons expliqué au nom.

Les pronoms démonstratifs communs et particuliers, et les interrogatifs avec leurs dérivés, suivent en tout les personnels. Le démonstratif *berá, berác* suivant le nom dans sa déclinaison, le suit aussi pour l'accent. Il en est de même des autres pronoms qui suivent les conditions du nom, et que nous avons expliqués dans la première partie.

Les numéraux *bi, hirú, lau, bost*, etc. non déclinés

ou déclinés ont l'accent sur la dernière syllabe au singulier, c'est-à-dire sur les terminaisons qui imitent le singulier : *Birená, biri, hirurená, heruri, laçi, bosti,* etc. Au pluriel, ils ont invariablement l'accent sur la syllabe qui la reçoit sans l'article : *Bí*, *biac, biena, biacquin*; *hirú, hirúrac, hirúraquin*; *zazpi, zazpiuc, zazpientzat*. *Batá, batác,* suit l'accent du nom, comme sa déclinaison; mais il arrive souvent qu'on accentue la première syllabe, *báta, bátac,* ainsi que *béstea* et *bércea*. *Bat*, *batec* au singulier s'accentue sur la dernière syllabe, et au pluriel sur la première. Les ordinaux ont l'accent sur la pénultième syllabe, *lénen, bigárren, kirugárren, laugárren*; et, bien qu'on y ajoute les articles du nom, l'accent reste sur la même syllabe : *Lénenac, bigárrenac,* etc.

CHAPITRE IV.

PROSODIE DU VERBE ET DE SES PARTIES CONSTITUTIVES.

On pourrait ici craindre la confusion, les terminaisons des verbes actifs et neutres, réguliers et irréguliers, absolus et transitifs étant si variées. Mais en établissant une classification, je rendrai, je crois, la chose claire et facile.

§ I.

ACCENTS DE L'INFINITIF DANS SES DIFFÉRENTS MODES.

Le verbe actif et le verbe neutre s'accordent dans la formation des différents modes de l'infinitif; les règles de l'accent seront donc communes sur ce point. Tout présent d'infinitif a l'accent sur la dernière syllabe : *Emán*, *artú*, *ecarrí*, *egotzí*, *eguin*, *biurtú*. Sans affaiblir cette règle, quelques verbes ont aussi l'accent sur la pénultième : *Bóta*, *eránian*, *eróan*, *eróri*, et les postposés *aráci*, *erázo*, comme *soraráci*, *artuerázo*. La règle a lieu pour les verbes neutres : *Eseri*, *oztú*, *etorri*, *ibillí*, etc.

Tout participe présent, régulier ou irrégulier, a l'accent sur la pénultième : *Játen*, *edáten*, *eguiten*, *ecárten*, *ecarritzen*, *ucátzen*, *ucatútcen*; même chose pour les verbes neutres : *Ibillítcen*, *ibilten*, *jarritzen*, *járten*, *etorritzen*, *etórten*.

Tout infinitif déterminé et déclinable, et tout gérondif de verbes actifs ou neutres, a l'accent sur la même syllabe que le participe présent : *Játen*, *játea*, *eguíten*, *eguitea*, *ecárten*, *ecártea* : de même *játeco*, *eguíteco*, *ecárteco*; et, quel que soit l'augment que l'infinitif reçoive aux articles, toujours l'accent se met sur la même syllabe : *Játearentzat*, *játearequin*, *ibilteagatic*.

Tout participe du prétérit et tout ablatif absolu s'accentue sur la dernière syllabe, soit dans les actifs : *janá*, *janic*, *eguiñá*, *eguiñic*, soit dans les neutres : *jarriá*, *jarriric*, *jauciá*, *jauciric*.

Le participe du futur est en *go*, *co*, *en*. Tout participe en *go* reçoit l'accent sur cette syllabe même : *Edangó*, *egongó*, *emangó*, *eguingó*. Les deux autres ont l'accent sur l'antécédente : *Ecarríco*, *icusíco*, *emánen*, *eguiñen*; bien que cependant beaucoup de participes en *co* s'accentuent sur la dernière syllabe, ce qui arrive aux verbes de deux syllabes : *Urtú*, *os-*

tú, aci, urtucó, azicó, ostucó. Tous les verbes qui, à l'infinitif, ont ou admettent l'accent sur la pénultième, peuvent également l'admettre pour ces participes : *Erámango, erámanen, bótaco, artuerázoco*, etc.; même chose a lieu pour le gérondif accusatif, dont l'accent régulier est sur la même syllabe qu'au participe présent : *Játen, játera; ecárten, ecártera* ou *ecárterat*, etc.

§ II.

ACCENTS DES TERMINAISONS RÉGULIÈRES DU VERBE ACTIF.

Le verbe actif a vingt-trois conjugaisons, et chacune a des terminaisons distinctes, et chaque dialecte a les siennes. Cependant, les règles sont très-concises et faciles en ce qui concerne les terminaisons régulières : nous parlerons ensuite des irrégulières.

Toute terminaison du présent et de l'imparfait de l'indicatif (tous les autres temps de l'indicatif se forment avec ces terminaisons) en tout vingt-trois modes, et dans tous les dialectes, quel que soit l'augment qu'ils reçoivent, ont l'accent sur la première syllabe : *Eguiten-dézu, dózu, dúzu; eguiten-dilut, dódaz; eguiten-didac, déuztac, dárotac; eguiten-diégu, déuvagu* : ces terminaisons appartiennent au présent; il en est de même de celles de l'imparfait.

Outre cette accentuation, qui peut toujours s'employer, les mêmes terminaisons en ont une autre, quand, dans les deux prétérits, le mode de l'infinitif dont ils se forment n'a pas plus de deux syllabes; alors l'accent peut passer de la première à la seconde syllabe de la terminaison : *Jan-eguin, emán, artú; jan-dezú, dozú, duzú; eguin ditút, dodáz; emán-didác, deuz-tác, darótac.* Même chose a lieu dans les terminaisons du prétérit imparfait, bien que ce second mode d'accentuation ne soit pas toujours admissible, mais seulement le premier, qui est général. Sans autres règles on sait ainsi l'accentuation de l'indicatif. Celle de l'impératif est aussi sur la première syllabe, à moins que le mode de l'infinitif ne dépasse deux syllabes, car alors on peut accentuer la première ou la seconde.

Au subjonctif, toutes les terminaisons du présent et de l'imparfait s'accentuent sur la dernière syllabe, dans les vingt-trois conjugaisons : *Jan dezadán, jan nezán, jan diozadán, jan niozán,* etc. : cependant, les terminaisons du pluriel des deux temps, dont la finale est *ten,* admettent aussi l'accent sur la pénultième. Toutes les terminaisons du premier imparfait ont l'accent sur la première : *Eguingó-cénduque, nituque, cinequet,* etc. La terminaison du deuxième imparfait est celle de l'imparfait actif. Ces terminaisons formant les autres temps du subjonctif avec très peu de différence, on en connaît ainsi l'accentuation.

Ces mêmes terminaisons changent l'accent (je ne parle pas de celui de la dernière syllabe, qui reçoit le changement que j'indiquerai bientôt), quand entr'elles et le mode de l'infinitif on interpose l'affirmation *ba,* ou la négation *ez.* La règle veut alors que l'accent passe à la syllabe suivante : *Ecarten-dítut, dódaz; ecarten-badítut, eztítut, badodúz, eztodáz.* Mais toujours elles peuvent recevoir l'accent régulier universel. En conséquence, les temps conditionnels du subjonctif qui ont l'affirmation *ba,* ont l'accent sur la dernière syllabe de leurs terminaisons : *Ecarri banú, bacendú, balitû*, etc. Les déterminables interposés *al* et *oy* ont la même vertu que *ba* et *ez*.

Comme les noms viennent tantôt avec et tantôt sans articles, de même les terminaisons viennent tantôt seules et tantôt avec des particules et des adverbes postposés ; et de même que les articles semblent faire partie du nom, et se prononcent comme s'ils en faisaient partie, de même les particules ajoutées aux terminaisons se prononcent aussi comme en faisant partie. Enfin, comme lorsque le nom est avec les articles, l'accent passe sur ceux-ci, de même quand les terminaisons reçoivent des particules, l'accent est ordinairement placé sur ces dernières.

Si les terminaisons reçoivent les relatifs postposés, l'accent se place sur ceux-ci à la dernière syllabe : *Jan-det, ecarri-ditut, emán-ditú, jan dedán-oguiá, ecarri-ditudán berriac, emán-dituén diruac*, et ainsi de tous les relatifs. Quand, au relatif, on ajoute l'article du nom, au singulier, l'accent passe à l'article : *Eguiten-dedaná, ecarri-duenác*, et il reste à la même syllabe, quel que soit l'augment qu'on y ajoute : *Eguiten-dedanári, ecarri duenárentzat*. Si les articles sont au pluriel, ils suivent la règle des noms qui ne prennent pas l'accent sur les articles : *Emán-ditudánac, ecarri-dizquitzudánentzát*. Les autres dialectes suivent la règle.

Si les terminaisons ont reçu des particules de temps, ce sont celles du relatif, et alors l'accent se met sur la dernière syllabe de ces particules : *Ecárten-diodán orduán icústen-dezún orduán*. L'accent reste sur la même syllabe, quand on ajoute les particules *can, an, ecárten, diodánean, icusten-dezúnean*.

§ III.

ACCENT DES TERMINAISONS RÉGULIÈRES DU VERBE NEUTRE.

Comme dans les divers modes de l'infinitif le verbe neutre suit l'actif, de même il le suit pour l'accent des terminaisons régulières de l'indicatif. En conséquence, toutes les terminaisons absolues ou relatives ont l'accent sur la première syllabe, dans tous les dialectes, et quel que soit l'augment : *Etórten-guéra, zárete, etórten-guiñan, guiñaden, guinean, cinean,* qui sont absolues. Même chose pour les transitives : *Etórten-zátzaizquit, zaizquit, etórten-cintzaistan, cintzaizquidaten, etórten-záiataz, iátazan.* Il est vrai que si le mode de l'infinitif n'a pas plus de deux syllabes, quelques-unes de ces terminaisons admettent l'accent sur la seconde : *Eldú-jarri, eldú-guiñán, jarri-cirán*; mais alors même elles peuvent suivre la règle générale. Les terminaisons de l'impératif suivent ces deux règles : *Etorri-záitezte, etorri-záquizquit,* etc.

Les terminaisons du subjonctif suivent aussi l'accentuation des actives. Ainsi, toutes celles du présent du subjonctif et du troisième imparfait s'accentuent sur la dernière syllabe, et celles du premier imparfait sur la première syllabe : au présent, *etorri-nadín, gaitezén, etorri-zatzaizquidán, daquidán, etorri-natzaquitzún* : au troisième imparfait, *etorri-nendin, guindecén, etorri-cintzaizquidán, cequidán* : au premier imparfait, *etorrico-nintzaque, lizaque, etorrico-intzaque, litzaizquiquet.*

Quand ces terminaisons sont précédées de l'affirmation *ba* et de la négation *ez*, l'accent peut passer de la première à la seconde syllabe, comme nous l'avons dit pour les actives : *Etorten-guiñan, etórten-baguiñán, etorri-guiñaden, etorri ez guiñáden.* De même les temps conditionnels du subjonctif ont l'accent sur la dernière syllabe : *Etorri-banadi, bagaitéz, etorri-badaquit, badaquizquit*, bien que souvent ils reçoivent aussi l'accent sur d'autres syllabes.

Si ces terminaisons reçoivent les particules postposées, elles s'accentuent comme les actives : *Etortennaiz, cera, etórten-naizán, au, etorri cerán ori, etórten-naizaná, etorri dedillá, etórten-naizánean*, etc.

§ IV.

ACCENT DES VERBES IRRÉGULIERS ET DES DÉTERMINABLES.

L'irrégularité de ces verbes n'en rend point l'accentuation irrégulière, mais ils suivent au contraire ponctuellement les règles que nous venons de donner, comme nous allons le voir.

Nous parlerons ensuite des terminaisons substantives.

Tout verbe actif irrégulier, quelqu'augment qu'on y ait joint, s'accentue à la première syllabe dans les deux temps de l'indicatif : *Dáucat, dáucazu, dáucazute*, ou *dáducat, dáducazu, dáducazute.* De même *néucan, cénducazun.* Puis ceux de régime pluriel : *Dáuzcat, dáuzcatzu; néuzcan, céneuzcan; dáuzcatzit, dáuzcatzitzu; dáramatzit, dáramatzitzute; náramac, náramazu; dároat, dároagu; dárabilt, dárabiltzigu.* Et les irréguliers neutres suivants : *Nago, néngoan, nágoca, néngocan, nábil, nábiltza, némbillen, dirudit, dirudizu, déritzat, déritzagu, dáriot, dário-*

gu, *diraquit*, *néraquien*, *dáravsquit*, *nérausquien*.

Les irréguliers peuvent, comme les réguliers, lorsqu'on interpose *ba, ez, oi, al*, conserver l'accent sur la première syllabe, ou le faire passer sur la seconde : *Dáucat*, *badaucát*; *céneuzcan*, *bacenéuzcan*; *nagó*, *oinagó*, etc.

L'accentuation est également la même qu'aux réguliers, avec les particules relatives ou conjonctives : *Daucadán*, *daucadaná*, *dauzcadalá*, *dauzcatzitzulá*, *nagoelá*, *daucadáneun*, *nabillénean*, etc. On fera bien de relire ces règles données plus haut. Les imparfaits de l'indicatif, comme nous l'avons déjà noté dans la Syntaxe, n'ont rien à ajouter pour devenir relatifs et conditionnels, mais ils changent l'accent à la dernière syllabe : *Néucan*, je tenais; *nic neucán oguiá*, le pain que j'avais; *galdéz cegoan*; *nic neucán, edo ez*, je demandais si je l'avais ou non.

Les verbes déterminables qui se conjuguent avec les terminaisons régulières de l'actif ou du neutre s'accentuent ordinairement en reportant l'accent à une syllabe au-dessous de celle qui le reçoit régulièrement, comme nous l'avons vu : *Albadegú*, *naidegú*, etc. : je ne vois pas autre chose à en dire.

Quant aux déterminables, aux terminaisons absolues et relatives de l'actif ou du neutre qui correspondent à *je peux, tu peux*, leur accentuation est facile. Indépendamment des particules postposées, ils ont l'accent sur la première syllabe, quelque long que soit l'augment : *Ecarri-dézaquet*, *dézaquegu*, *dézaquezute*; *ecarri-dáguiquet*, *dáguiquegu*; *eseri-nindeque*, *guindezque*, *ecárri-ciniezaquet*; *eseri-dátzaquiguque*. Suivis des particules, on observe en tout les règles des réguliers : *Ecarri-dezaquet, dezaquedán, dezaquedulá*, etc.

Les terminaisons substantives du verbe actif s'emploient, les unes, dans leur propre et seule signification, et les autres, pour composer : pour celles-ci, nous n'avons rien à ajouter aux règles données. Celles qui s'emploient absolument sont toujours, ou avec les pronoms correspondants exprimés *nic*, *neuc*, *neurc*, *zuc*, *zeuc*, *zeurc*, *ac*, *arc*, *guc*, *gueuc*, etc., qui sont monosyllabes; ou avec l'affirmation et conditionnel *ba* et la négation *ez*, qui sont aussi des monosyllabes; ou enfin avec des pronoms ou des noms dissyllabiques.

1re Règle. — Si elles sont précédées de dissyllabiques, l'accent se met sur la première syllabe : *Neronéc ditut*, moi-même je les ai; *gueronéc dégu*, nous mêmes nous les avons. Il en est de même de *dódaz, dógu. Pédroc cituen, guizónac cituezan*, etc.

2e Règle. — Si elles sont précédées de monosyllabes, l'accent se place sur la seconde syllabe : *Badegú eztegú, baditút eztitút, badogú eztogú, hic didac, deuztác, zuc dezú, zuc eztezú, baniqué eznuqué*, ou *baneuqué ezneuqué, baluqué ezluqué*.

Même chose a lieu dans les terminaisons substantives du verbe neutre qui s'emploient seules; ce sont les régulières absolues : car, si elles sont précédées de pronoms ou de noms polysyllabiques, elles gardent leur accent sur la première syllabe : *Guizónac, guéra, gára, gáre, guérade, cerori, céra, choroá, zára, ederrá, záre; aiec ciraden, ciran, ciren*; mais si elles sont précédées de monosyllabes, l'accent passe sur la seconde syllabe : *Zu cerá, zeu zará, zu zaré; ni nintzán, neu nintzén; gu guiñán, gu guiñáden*, etc. De cette indifférence, bien que, dans des circonstances diverses, il résulte que, soit dans ces terminaisons, soit dans les actives, sans observer cette ponctualité, on a coutume, dans divers endroits, d'accentuer tantôt la première, tantôt la seconde syllabe.

CHAPITRE V.

PROSODIE DE L'ADVERBE.

§ I.

ACCENTS DES ADVERBES DE LIEU.

Les adverbes particuliers qui servent à répondre à *non, nun,* où, ont tous l'accent sur la dernière syllabe : *Emén, emenché,* or, *orché, an anché, bertán, goién, goián, beán, barrenén, barruán*. Si les noms avec lesquels on répond à *non, nun*, sont des noms propres, l'accent reste sur la même syllabe qu'en espagnol : *Búrgosen, Lóndresen, Bilbáon, Erromán, Hernánin, Salamáncan,* où là où le reçoit le basque, indépendamment des finales. Si les noms sont appellatifs, ils ont tous l'accent sur la dernière syllabe : *Echeán, lurreán, ceruán, escuán,* etc.

Les adverbes particuliers à *nondic, nundic,* d'où, suivent leurs interrogatifs qui ont l'accent sur la dernière syllabe : *Emendic, andic, ortic, goitic, betic*. Si ce sont des noms propres, ils conservent l'accent là où il est en espagnol ou en basque, sans tenir compte des finales : *Búrgosetic, Salamáncatic, Erromatic*. Si les noms sont appellatifs, tous ont l'accent sur la dernière syllabe : *Echetic, lurretic, basotic, cerutic*. Si le nom est au pluriel, l'accent se met sur la dernière syllabe du nom, sans tenir compte de la finale : *Eché, lúr, basó, echéetatic, lúrretatic, basóetatic.* Et cela a lieu aussi pour les noms de l'adverbe précédent : *Echéetan, cerúetan,* etc.

Les adverbes *norgándic, ceiñagandic,* s'accentuent indifféremment, soit sur la pénultième, soit sur la dernière syllabe : *Norgandic, ceiñegandic.* Dans les noms ou pronoms, la finale *gandic* présente la même indifférence : *Zugándic, zugandic; aitagándic, aitagandic.* Il en est de même de *norganic* et de ses correspondants, bien qu'ils s'accentuent plus souvent sur la dernière syllabe.

Les adverbes qui correspondent à *nongó, nungó,* suivent ces interrogatifs pour l'accent qui se met sur la dernière syllabe : *Emengó, angó, goicó, becó, orcó,* etc. Les noms propres conservent l'accent où ils l'ont, indépendamment de la finale : *Búrgoseco, Donostiáco, Cádizco,* bien qu'ils puissent aussi le recevoir sur la dernière syllabe : *Burgosecó, Donostiacó, Bayonacó.* Les appellatifs ont tous l'accent sur la dernière syllabe : *Echecó, lurrecó, basterrecó.* Mais si on y ajoute l'article, l'accent passe sur l'article : *Nongoá, angoá, goicoá, echecoá.* Il peut même rester sur la même syllabe, dans les appellatifs : *Echecoá, basterrecoá,* etc. Si les noms sont au pluriel, l'accent se met sur la dernière syllabe du nom simple : *Eché, lúr, echéctacoa, lúrretacoa.* Le postpositif qui appartient à cet adverbe, *árra, tárra, dárra,* a toujours et avec quelque nom que ce soit l'accent sur la pénultième : *Erritárra, Andoaindárra, Donostiárra,* etc. Et il se maintient sur la même syllabe, même alors que l'augment s'accroît : *Erritárrari, erritárrarequin.*

Les adverbes *norá*, *norát*, où, s'accentuent sur la dernière syllabe, ainsi que leurs accidents: *Oná, onará*; *orrá, orrará*; *ará, gorá, berá*, etc.; de même *orrát, onát*, etc. Si les noms sont des noms propres, ils conservent l'accent où ils l'ont en espagnol, et ce, indépendamment de la finale: *Búrgosera, Donostiara, Hernánira, Salamáncara*. S'ils sont appellatifs, ces noms prennent l'accent sur la dernière syllabe: *Echerá, lurrerá, landará, obirá*. Les adverbes de *norónz* et les noms qui servent à y répondre suivent en tout ces règles: *Búrgoseronz, echerónz, gorónz, berónz*.

Les adverbes *nondicán, nundicán*, et ses corrélatifs, suivent en tout l'accentuation de l'adverbe *nondic*, que j'ai expliqué déjà.

Les adverbes de temps, qui correspondent à *noiz*, quand, s'accentuent tous sur la dernière: *Iñoiz, sarri, aurquí, lastér, bercalá, biár, egún, atzó*, etc. Il en est ainsi pour ceux qui correspondent à *noizcó*, qui l'ont à la dernière syllabe: *Iñoizcó, biarcó, gaurcó*. Même chose avec les correspondants de *noiztic* ou *noizetic*.

ACCENT D'AUTRES ADVERBES.

La prosodie basque est également facile pour les autres sortes d'adverbes, car l'accent se met sur la dernière syllabe; cependant, il en est quelques-uns qui peuvent l'avoir aussi sur une autre syllabe. Nous indiquerons quelques-unes de ces variétés.

Adverbes de quantité restreinte ou continue, autres que *beiñ*, une fois, qui est monosyllabe; *bi, bidér*, deux fois; *hirú bidér*, trois fois; *lau bidér*, etc. L'adverbe numéral *bidér* s'accentue sur la dernière syllabe.

De même *ascó*, beaucoup, assez ; *guchi, guichi, gutti*, peu ; *gueiegui*, trop ; bien que ces adverbes en *egui* puissent s'accentuer et s'accentuent même ordinairement sur l'antépénultième, conservant l'accent qu'ils ont quand il s'agit de noms : *Guéieguia, guéiegui* ; *chiquieguia, chiquiegui* ; *edérreguia, edérregui,* etc. De même *aguitz*, fort ; *gueldi*, peu à peu, doucement.

Les adverbes de qualité et de manière s'accentuent sur la dernière syllabe : 1° ceux qui, se terminant en *qui*, correspondent aux adverbes français en *ment* : *onqui, ongui*, bien, bonnement ; *gaizqui*, mal, méchamment ; *ederqui*, bellement ; *galanqui*, élégamment ; *itsusqui*, laidement. 2° Ces mêmes adverbes terminés en *tó* : *Ondó, ontó, edertó, galantó*, et encore *astiró*, doucement ; *garbiró*, proprement ; *deungaró*, mal, méchamment ; *zutic, chutic*, à pied ; *burúz*, de tête ; *belauricó, belaunicó*, à genoux ; *oquér*, de travers ; *zucén, chusén*, droit, etc.

Adverbes d'affirmation. Outre les monosyllabes *bay, ez, baietz, ezetz, berariaz*, à propos ; *benáz, benetán*, vraiment, sérieusement ; bien que ces trois derniers s'accentuent aussi sur la première syllabe : *Bérariaz, bénaz, bénetan*.

Adverbes de doute. *Omén bidé* (voir la Syntaxe), *ausá, noasqui, navasqui, noasquiró*, par hasard. *Oté* n'a pas de correspondant : *Nor oté da?* qui doit-ce être ? *Arrén*, vraiment ? *eguizú, arrén, bai arrén, ez arrén*. On peut aussi les accentuer à la première syllabe : *Eguizú, árren, nigatic*. De même pour *othoi*.

Adverbes de comparaison. Les uns sont simples, et ont l'accent à la dernière syllabe : *Alá, alán*, ainsi ; *nolá, celán*, comme ; *anitz, guciz*, beaucoup ; *chiléz*, tout-à-fait. D'autres sont composés et ont l'accent, ou sur la dernière syllabe, ou là où ils l'ont au comparatif du nom : *Gueiágo*, plus ; *guichiágo, ederrágo*, etc. Ces exemples donnent la clef pour les autres adverbes.

Nous n'avons rien de particulier à ajouter sur l'accentuation des autres parties du discours, parce que ou elle est déjà expliquée à l'occasion du nom et de l'adverbe, ou elle suit les règles générales.

CHAPITRE VI.

DE LA POÉSIE BASQUE.

Elle est de deux sortes : la première est plus libre, parce qu'elle ne s'astreint pas tant aux pieds et aux syllabes du verbe et du mètre qu'à l'air et à l'harmonie du chant et de la musique à laquelle elle s'adapte. Jadis, et même en parlant d'autres langues, nous pourrions dire que la musique s'assujétissait à la poésie ; mais, de nos jours, la poésie s'assujétit à la musique. Autrefois, le poète composait avec tout le prestige et les grâces de l'inspiration ; la fantaisie, le génie, les suaves pensées, se présentaient à lui, et aussitôt s'y adaptaient le ton et le chant qui convenaient le mieux à sa composition : ainsi, la poésie dominait la musique, et s'appréciait bien plus que celle-ci. Maintenant, au contraire, le compositeur s'inspire et produit ; puis, comme pour donner un corps à cette belle âme, on y adapte des paroles : aussi, le vers est-il pâle et languissant ; la musique, au contraire, variée, pleine de grâce et de vigueur. En basque, il ne surgit pour ainsi dire pas d'intonation nouvelle, à laquelle ne se prêtent ses vers et ses paroles, tantôt observant la consonnance, tantôt sans s'y astreindre ou en entremêlant les deux manières. Je ne donne pas d'exemple, ils sont trop nombreux.

Le second genre n'est pas aussi libre, mais il observe les lois du nombre déterminé de syllabes à chaque vers. On trouve en ce genre, dans le dialecte du Lampourdan, les exemples les plus intéressants et les mieux appliqués. Nous possédons même, dans ce dialecte, quelques ouvrages imprimés en prose et en vers. Le savant Jean de Echeberri, docteur en théologie, fut, entr'autres, particulièrement inspiré pour composer en vers basques, ainsi qu'on le voit dans le petit livre intitulé *Noelac, eta bercé cantá espiritual berriac*, et aussi dans un autre ouvrage plus important, connu sous le titre de *Manual devocionezcoa, edó ezperén orén oró escúetan erabilzeco liburuchoá, Escárazco versután eguiñá, eta gustiá bi partetán bereciá*. Dans le premier, formé en entier de pieuses pensées sur les principaux mystères de la vie du Christ, il suit le mode des quatrains, où chaque vers étant de huit syllabes, le second rime avec le quatrième. Je vais citer un exemple, dans la peinture qu'il fait de la douleur qu'éprouvèrent les mères des saints Innocents, quand, dans sa fureur, Hérode les fit massacrer :

Innocénten Amen dolorearén gañeán noela.

Innocénten ama ónac	*O háurchoac (errán zúten)*
Guztiz ciren arritú,	*Zuéc badá hain sarri*
Soldaduac cirenéan	*Galdú behár zaituztégu*
Bethleená hurbildú.	*Bihótzen hiragarri?*
Ici aldurá ethorri	*Madaricá dadilláta*
Citzaien bihotzerá,	*Herodes tyranoá,*
Nigarrá beguirá, eta	*Ceñác hambát altarátzen*
Icará gorputzerá.	*Baitú guré gozoá.*

Ñolá bátzuc haurrequin ihesi avialú cirén.

Bátzuc avialú cirén
Haurrequien ihesi,
Lastér ordéan citúzten
Burréüec ardietsi.

Bereald beré hármac
Ateralú cituzién,
Eta háurchoei lehónac
Leguéz iauci citzaisién.

Besoac cedutzateld
Aireán alchatude,
Amec ecártzen citúzten
Aitziñerá escude.

O burréu cruélac, andré
Nigarisáec diusté,
Guré haur gaisoéc Zuei
Cer eguin darotzué ?

Baldín hutsic badá, dituc
Guztiac guré aldetic,
Etá ez ezagutzaric
Eztutén haurretatic.

Gurí iguzquigutzúe
Heriozcó colpeac,
Etá utz bicirte guré
Jaió berri humeác.

Bañán hargatic etziren
Bátere guibelatú
Aitzitic escud zúten
Háurretara hedatú.

Bátac thira ; bérceac thira
Hari ciren gududn ;
Soldadua garaitzén-da
Ordeán azquén burudn.

Beré harmá sartzen dioi
Cruelqui gorputzeán,
Eta haur gaisoá uzten
Hedatuá lurreán.

Zaurietaric Cerión
Isurrica odolá,
Iturridn ur garbia
Chorroetaric nolá.

Dans le second ouvrage, qui renferme aussi d'utiles pensées pleines de piété, l'auteur suit un rhythme plus élevé, dont les vers observent rigoureusement la rime immédiate, mais non toujours le même nombre de syllabes à chaque vers. En voici un exemple, dans lequel l'auteur traduit les Commandements de Dieu donnés à Moïse sur le Sinaï :

Zuré leguéac háuchec dire, Sinaico mendián,
Berce ordúz Moisen emánac Arabian.
Jainco bat onéts-ezác etá adóra devotqui
Etá arén icenáz ez ciñic eguin vanoqui.
Gueiágo beguirdzac igandeá sainduqui,
Eta burasóac ondrá, bici-adin lucequi.
Nihór hill oztezaquelá, ez bihozéz gaitzetsi,

POÉSIE.

Ecén vengántzen Jaincoá ni behár nauc sinetst.
Paillardizá iguinari eguióquec ihesá,
Guztiz ere ez desirá lagunarén Esposá.
Bercerén oná hain gutti beharco-dúc iduqui,
Guztiz ere hauzoarén ontasuná ez uqui.
Fiñeán mihairi emóc guardid ezién guezurti,
Eta aicén, falseria iráuztera, beldurti.
Hauc bi manaméndutara biltzen dituc laburqui,
Céñac gogoán har ahal baitatzáquec errazqui.
Jainco bat onets-ezác gauzá guztien gañetic,
Eta Christau laguná ez heronéz beherettic.

Dans les deux genres de versification, il faut remarquer diverses choses, qui peuvent servir de règle.
1° Que parfois on fait synalèphe à l'aide de voyelles : *Ici aldurá-ethorri*, où il peut y avoir deux synalèphes, *ic aldurá* et *aldur-ethorri*, et où toutefois il n'y en a qu'une.

2° Que dans l'accentuation, on se permet de changer l'accent aigu d'une syllabe à l'autre, selon la convenance pour la quantité du vers : ainsi, *cituzten* doit avoir l'accent sur la première syllabe, et cependant il est reporté à la deuxième, dans ce vers : *Lastér, ordéañ citúzten*, et à la troisième syllabe, dans cet autre vers, *aleratú cituztén*. Jean de Aramburu se permet aussi cette licence, dans son petit livre *Devocino Escuarra, Mirailla, eta Oracinoteguia*, où l'on trouve beaucoup de prières en vers basques, et entr'autres, la traduction du *Te Deum laudamus* :

Jaungoicoá zu zaitúgu   *Aitá bethiereco d*
Bihótz osóz laudatzén,   *Cerén baitzará segur,*
Zu, zaitúgu gueuré Jáuntzat   *Andic emáiten darótzu*
Ahaldz definda tzén.   *Lurrác ohoréz agúr,* etc.

Dans ces vers, *zaitúgu* a l'accent sur la deuxième syllabe : *Jaungoicoá zu zaitúgu*, et selon la règle, ce devrait être sur la première syllabe, comme étant terminaison active de l'indicatif; aussi, il le reçoit sur la première, dans cet autre vers : *Zu záitugu gueuré Jáuntzat*. Même chose pour la terminaison *darótzu*, qui devant avoir l'accent sur la première syllabe, le reçoit ici sur la deuxième : *Andic emaiten darótzu*. On voit par là qu'aucun vers n'admet d'*esdrujulos* à la fin. On trouve cette même licence du déplacement de l'accent non-seulement dans les terminaisons, mais aussi dans les autres mots : ainsi, *laudátcen*, *defendátcen*, doivent avoir l'accent sur la deuxième syllabe, et le reçoivent cependant sur la dernière, dans ces vers : *Bihótz osóz laudatzén. Ahaláz defendatzén. Jauntzát* s'accentue sur la dernière syllabe, et l'accent passe sur la première, dans ce vers : *Zu záitugu gueuré jáuntzat*. Cette licence a lieu surtout dans les vers qui s'adaptent à la musique, à l'harmonie.

3° Que les terminaisons régulières actives et neutres sont en consonnes, non-seulement quand l'une d'elles s'emploie substantivement, pour signifier par elle-même et aussitôt avec terminaison ou modification du verbe, mais aussi quand il s'agit simplement d'une terminaison verbale. *Det, ditut, dizut*, par exemple, sont des inflexions qui, par elles-mêmes et substantivement, signifient *je l'ai, je les ai, je te l'ai*, et il n'est pas douteux que ce sont des consonnances de *ecarten-det, emaiten-ditut, quentzen-dizut*, je l'apporte, je les remets, je te l'ôte. Et la raison en est que, non-seulement dans cette phrase elles changent de signification, mais aussi qu'elles sont des modifications et des déterminations du verbe, et partie de l'inflexion composée. Aussi, par cette dernière raison, elles sont aussi consonnantes dans la seconde acception : *Ecár-*

POÉSIE. 243

ten-dét, *emáiten-dét*; *quentzen-dizut*, *ártzen-dizut*; *ecarri-diditut*, *eramán-ditut*, parce que en tant que simples terminaisons, on les considère précisément comme cette syllabe *ons*, dans les mots *nous allons*, *nous aimons*, *nous prenons*, etc.; ou comme *ment*, dans les adverbes *joliment*, *communément*, etc.

DE LA POÉSIE QUE COMPORTE LA LANGUE BASQUE.

On peut dire, avec vérité, que le basque se prête à tous les genres de poésie que peuvent admettre les langues du midi de l'Europe, sans plus de difficulté de composition. Nous donnerons quelques exemples pour rendre cette vérité plus évidente. Nous attribuons à nos genres de versification des qualifications pour lesquelles la langue basque a des noms; ainsi, elle nomme la pièce de huit vers *zortzicó*, et mieux encore, *zortzidún*; celle de dix vers, *amarcó*, et mieux, *amardún*: ces noms correspondent aux noms espagnols de *octava* et *décima*. *Laudún* pour *cuarteta*; *bostdún*, pour *quintilla*; *amalaudún* se dit pour le sonnet, etc. On doit, dans les exemples qui suivent, faire grande attention à l'accentuation, pour se rendre compte de la consonnance et de l'harmonie.

Voici, en premier lieu, une *euscára* qui se fit à Salamanque, à la mort de Louis 1er, en forme de glose de ce passage de Virgile, au 6e livre de l'*Enéide* : *Ostendent terris*, etc.

EUSCARA.	TRADUCTION.
1 *Erregué bat Ceruttc Madridén aguertú zán, Nolá noizbáit Ainguerú Edér bat guertátzen-dá.*	Un roi tout céleste apparut à Madrid, tel que pourrait, il semble, paraître un séraphin.

2 *Elurréz, ta carmiñéz*
Edértzen aurpegui-á,
Perlac, ta rubiac ére,
Norc guciágo cebiltzán.

La perle et le rubis en lumineux rayons répandaient sur sa face la neige et le carmin.

3 *Zuen isúrtzen galanqui*
Chit arguizcó itsasó bat,
Cergátic Ceruco gáuzac
Ez ot datóz besteld.

Il formait comme une belle inondation de lumières; car les choses du ciel ne peuvent venir autrement.

4 *Guipuzcoan goratuic*
Mendiac éuren gañeán,
Berá icústeco luzátzen
Zuten lepó gogorr-á.

Les monts Guipuscoains s'élançant sur eux-mêmes, allongeaient, pour le voir, leurs rigides sommets.

5 *Jaquiñéz, piztútzen zála*
Lengó urrezcó edade-á
Guelditúco eztá nigátic,
Cion mendi bacoitzác.

Et voyant l'âge d'or tout prêt à reparaître, chaque mont s'écriait.

6 *Naizuén mendi edoceñéc*
Potosí bézela izán,
Ez nai berni-á Emanic,
Báizen Ofircó urre-á.

Chaque mont disputait en richesses au Pérou, et ses veines de fer donnaient de l'or d'Ophir.

7 *Baña Ceruác goicegui*
Dio, Luiséz ascó da,
Badá Erregué aguertú dánac
Iraun du ascó lurrean.

Mais le ciel trop tôt déclara que Louis avait assez vécu, et qu'un roi à peine apparu avait déjà rempli sa carrière.

8 *Esferác eráman digu*
Gámbara urdin artara;
Eztá icústen, baña agutiz
Sentitzen lajatzen da.

L'empyrée le recueillit dans sa demeure azurée; hélas! il a disparu, son parfum se répand encore.

9 *España illumbéan dágo,*
Nola eclipse ciquiñác
Eguerdían queuntzen dio
Epuzquiari argui-á.

L'Espagne resta dans les ténèbres, comme si au zénith une éclipse prodigieuse eût voilé tout l'astre du jour.

10 *Nolá dan icústen maiz*
Soró edér, loredún bat
Ipár ert gaitzaréquin
Loré gozóen obi-á.

Telle on voit la fleur de pensée, frappée des fureurs des autans, se faner et périr au jardin.

11 *Burni edade-á berriz*
Dator zorí gaistoán,

L'âge de fer revient, il va tout revêtir de sa sombre cou-

POÉSIE. 245

Urre-orlac quendurican	leur; ils ne brilleront plus ces
Burnidún anz illundc.	beaux reflets de l'or!
12 *Ceruác eracdsten dlgu*	Ainsi le Ciel nous enseigne
Ecin vict direlá	que, loin de lui, le bonheur ne
Ondasúnac luzaró,	peut durer.
Ezpadá euren erridn.	

Cette *euscara* correspond au mètre de la ballade ou ancienne légende; nous ne saurions rendre le goût et la grâce qui règnent dans cette poésie, ni cette consonnance précise du vers.

Voici maintenant un autre genre; c'est l'éloge que fit un professeur d'un pigeon bien assaisonné dont on l'avait régalé.

Amardún.

Baldin badá ceruán	*Hil bat lézaque piztú*
Jaten usacumeric,	*Ecén ez ni sendatú :*
Ecin lizaque oberic	*Cer? uste-dét. Ainguerúae*
Auxé báño an ére jan.	*Ciradelá gosetúac*
Ha cer usaid ceúan!	*Usacuméz zaletú.*

Naguères, on a composé en basque, avec la traduction espagnole, un sonnet et trois dizains, qui sont la meilleure preuve du peu de connaissances que les Basques ont de leur belle langue et des lois de la traduction. Je ne suis pas étonné que le sonnet et les dizains basques, où règne un style un peu élevé et obscur, exigent un commentaire; même chose arrive pour beaucoup de poésies latines, espagnoles et autres, qui demandent des notes et des études pour être comprises. Ce qui m'étonne, c'est que les noms, même les plus clairs, deviennent difficiles pour ces traducteurs, par le seul changement de leurs cas, l'oubli de l'article, et d'autres négligences des règles si claires de la syntaxe. Ils diront facilement ce que signifie *zori on-*

can, ou *eché oncan*; mais si on leur demande ce que veut dire *zorí-á*, ils répondent *nic daquit bada*, qu'ils ne le savent pas ; *etá cer ote da eche-á? Ori badaquigu; Zori ónac? estet aditzen ; éche ónac? bai*. On ne peut pas imaginer plus d'irréflexion. Ils comprennent ce que signifie un adjectif accompagné d'un nom, et ils ne comprennent pas le même adjectif accompagné d'un autre nom : *Badaquizu cer dan leneua? jaquin bear bada ; aurreán doaná, edó dagoená, oró bat da, lenda vicicoá. Etá badaquizu cer esán nai duen goi lenén? ez nic, cer da goi ori? Atózca diozúncan goierriá edó goierritár, cer esan nai du goi orréc? Orain badá sinis nazázu ezdaquizulá euscáraz, eta aimbát guichiágo daquizulá, ccimbac gueiágo uste dezún*. Il est évident que, ne trouvant pas la solution de choses si faciles, ils pourront bien moins encore comprendre les passages obscurs et les difficultés qui ne se surmontent qu'à force d'étude et de travail.

Voici maintenant un sonnet et des dizains qui furent faits pour célébrer le courage que montra un roi d'Espagne, en s'élançant contre un taureau irrité sur le point de se jeter sur la reine. Le roi porta à l'animal un coup dirigé avec tant d'habileté, qu'il le jeta mort à ses pieds.

Españarren anciñacó Hizcuntzan.

Amalaudún.

Traduction du Sonnet.

Nor goi Lenén izán da, garr-ort
Piztú devaná? ausartzi, edó onesgún?
Ausartzi; ordeá siñ: onets, indardún.
Amodió ausárt zan, tan onesle-usartzi

Qui alluma cette flamme éclatante, fut-ce le courage, auguste Prince?le courage le plus beau ; fut-ce l'amour?ce fut le plus vaillant. Oh! oui, amour vaillant et valeur d'amant.

Etzevân aberéc usté egotzi
  Zeuré ausartziân cerbait icigún :
  Cégocan gustú bati (etzân mindún),
  Zuré onesgún chingartzen zauari.
	Ce ne fut pas l'audace qui poussa cette brute à tenter de trouver ta valeur en défaut; une seule chose l'inspira, ce fut de voir briller ton amoureuse flamme.

Auxé, escutagdi zeuré Esposarén,
  Garturic irtén zan ain biciró,
  Non arraió bati da berdindú.
	Elle devint bouclier pour ta royale épouse, et s'enflamma avec tant de vitesse, qu'elle égala la foudre.

Ta chimistá ain beró ont, ceñarén
  Polvorac, mirets dánean luzaró,
  Balarén indarrá ción cidatú.
	Ce fut une étincelle si rapide et si prompte, que la poudre étonnée y reconnut sa force quand elle chasse la balle.

J'ajouterai un commentaire très-court. *Nor izán da, izandú, edó, izatú da, piztu, viztú, iracequi devaná duená gar, edo car ori. Lenén, ori berá esan nai deu Principe, nolá latinéz badiogú*, principem locum tenere, *lenéngó becuá, edó lecu lencná iduquitzea, euquitzea. Lenén goia, goituá, goicoá, goratuá, orobatézcoac dira hitz oec* (synonymes); *tá emén ez hitzai, baicic hitzaquin esán, edó adierázo nai degunari oartú beár gátzaizca. Ausartziá alá déritza valentiari, onesguná, onétsi, amatú, maitatú; etá andic onesguná, amorea, maitetasuná. Gañeracoá erráz da; baita amardúnetan ere.*

Amardún.	Traduction.
Jauná, egun edet orréz *Zori on cecenari,* *Lun-erdiac dituenari* *Illargui betezcó ohorréz.* *Ceruá arguitasunéz,*	Ton action brillante, Seigneur, donna à la bête furieuse mille félicités en lui procurant un tel bonheur. Son éclat se répandit sur le globe comme

Artizdr berrt, doaqué,
Dala eguiazcó asnasé
Oi cegoend hilgundz;
Ta Maiatzarén lotsáz
Otzaillarén Signo obé.

un astre nouveau, et ce qui semblait devoir être défaillance devint au contraire un courageux élan; en rabaissant le beau mois de mai, il releva le signe de février.

Beste bat.

Ain cartsú bizarriá,
Jauná, etzenduenedn
Anim-erdí baicicán,
Esposdn besté, erdla?
Baldin escú ausartiá
Alá garai badá errdz
Basotiarén indarráz;
Cer izangó da, icusi
Bazaitzagu arméz jancí
Anima osó guciáz?

Autre.

Quel ardent courage, ô Seigneur, alors qu'il ne te restait que la moitié de ton âme, puisque ton épouse possédait l'autre! oui, si ta droite valeureuse sait ainsi triompher du choc impétueux d'un animal furieux, que n'obtiendra donc pas l'Espagne, si elle te voit entrer en campagne avec ton âme tout entière.

Beste bat.

Ez natz, Jauná, icará eyón
Icusiáz, cecenart
Ausartziác, icenart
Ohoreác tiratú dión.
Hirú bostgún, ta ain guizon!
Ez naz miretsi; cerrén
Igazcó Españdn, emén
Ler badezá esanguiác,
Dácusa orañ o etsaiác
Dirald Fernando aurtén.

Autre.

Non, Seigneur, il n'est personne qui puisse concevoir des craintes, puisque ta sage valeur vainquit la bête furieuse, et que ton honneur sut marcher de pair avec ton nom. Si grand homme déjà, ne comptant que trois lustres! Non, je ne puis m'en étonner ni le trouver étrange, l'antique Espagne ajoute une fleur à sa légende, ses ennemis verront qu'il est encore des Ferdinands.

FIN.

ROANNE — Imprimerie de FERLAY.

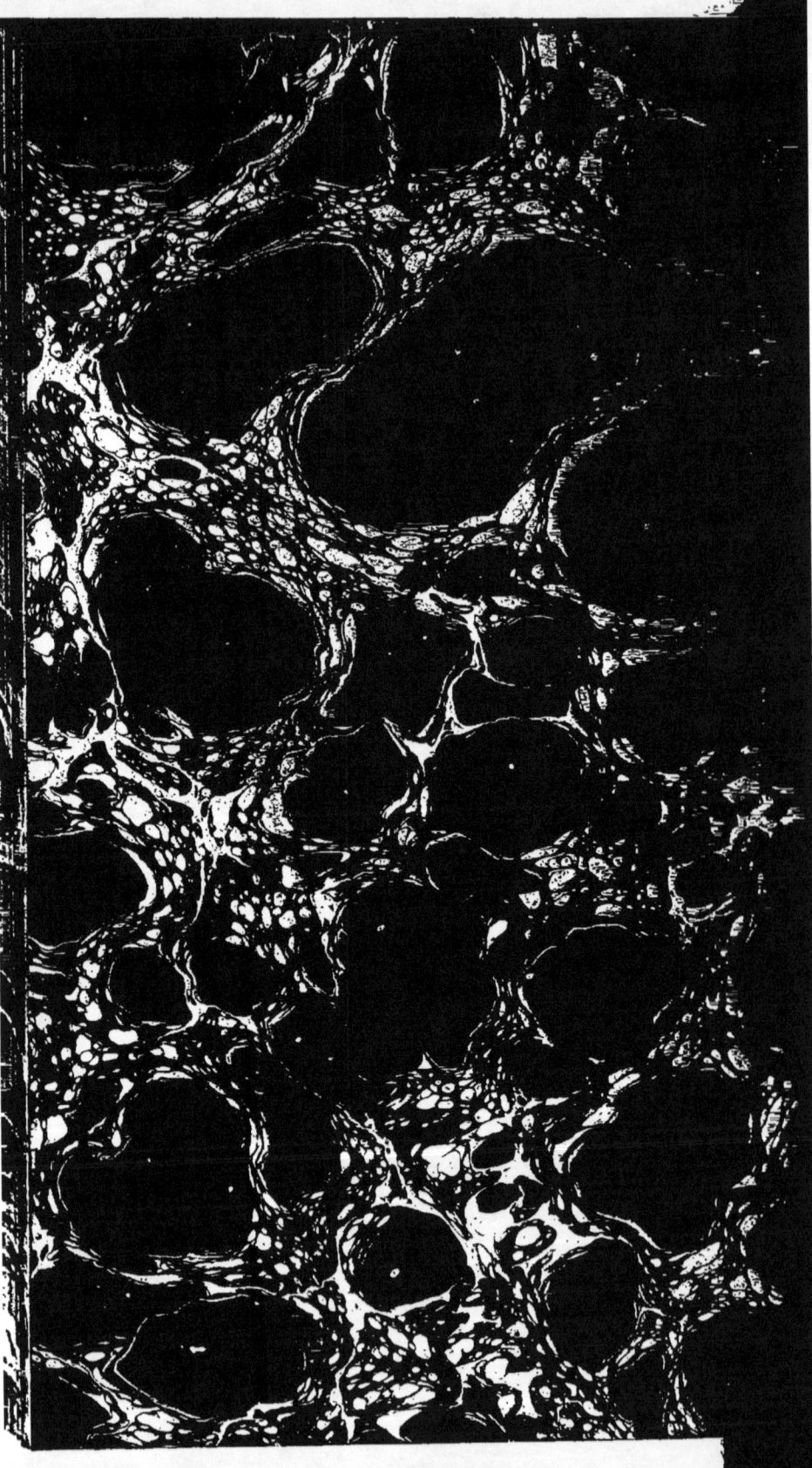

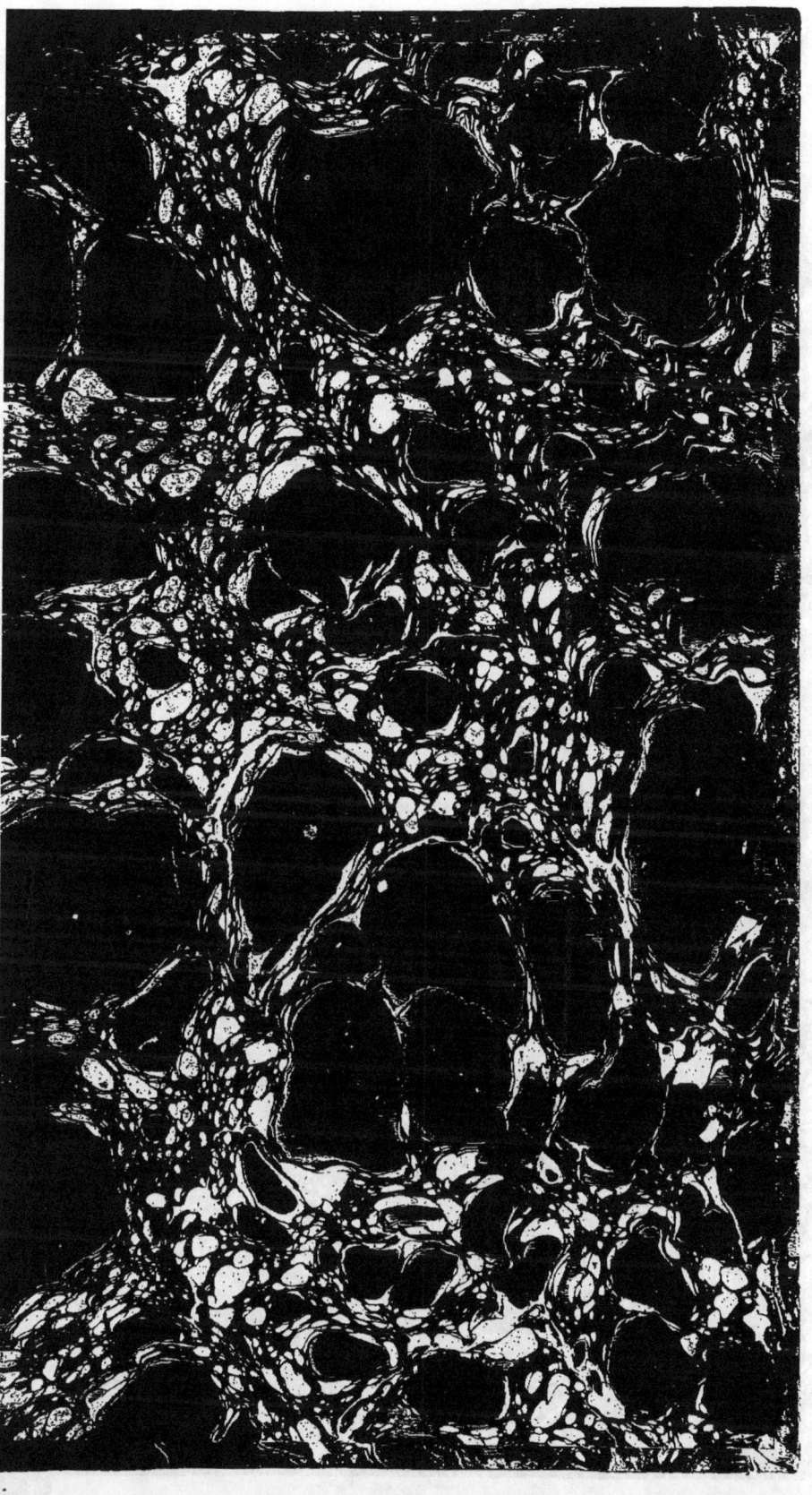

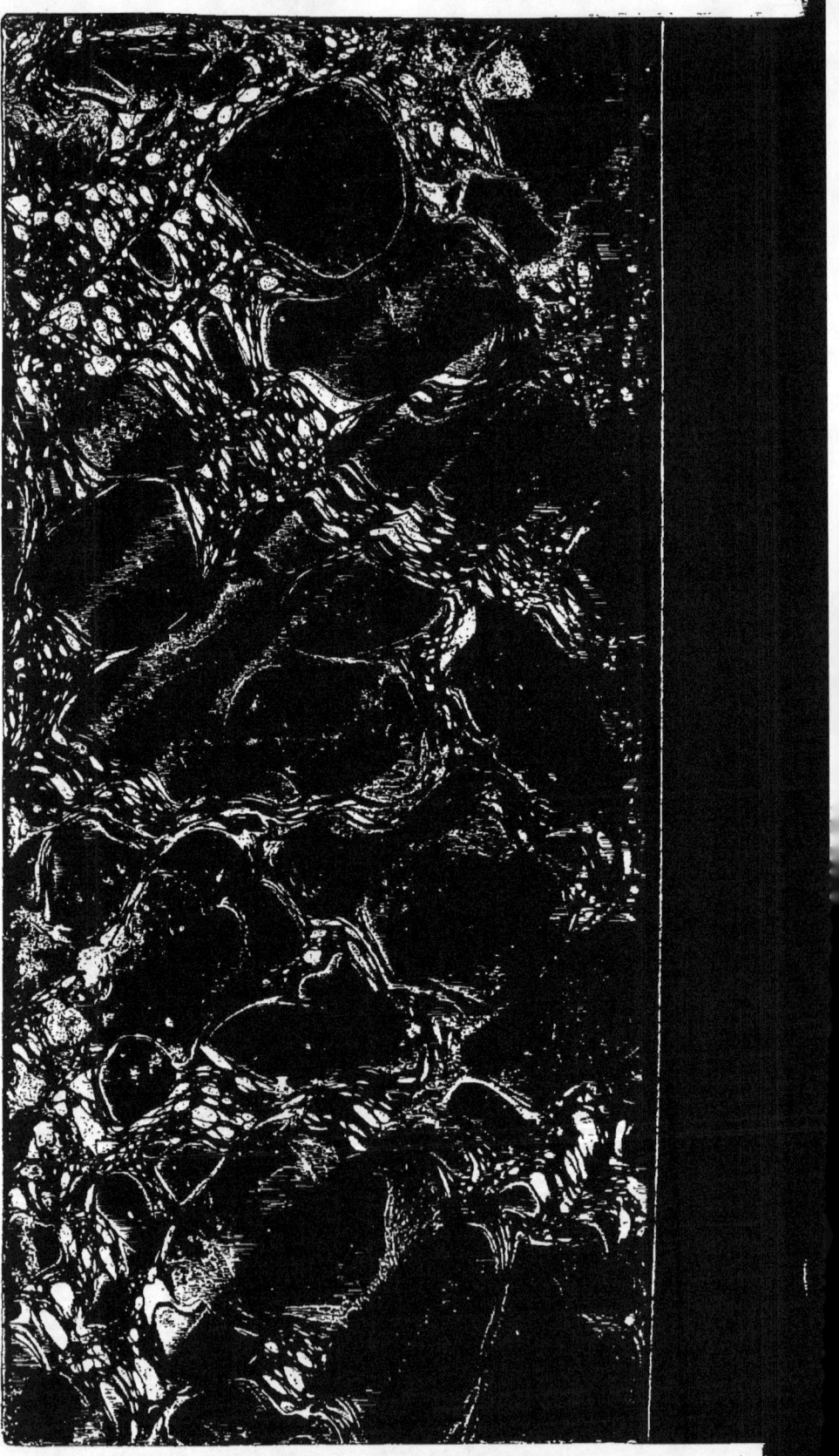

www.ingramcontent.com/pod-product-compliance
Lightning Source LLC
Chambersburg PA
CBHW070625170426
43200CB00010B/1917